GW00871522

Metamorfosis

Dirigida por:
Carlos Altamirano

LA PASIÓN
Y LA EXCEPCIÓN

por
Beatriz Sarlo

**Siglo
veintiuno
editores
argentina**

siglo veintiuno editores argentina s.a.
Tucumán 1621 7° N (C1050AAG), Buenos Aires, Argentina

siglo veintiuno editores, s.a. de c.v.
Cerro del agua 248, Delegación Coyoacán (04310), D.F., México

siglo veintiuno de españa editores, s.a.
c/Menéndez Pidal, 3 BIS (28006) Madrid, España

A864   Sarlo, Beatriz
SAR   La pasión y la excepción: Eva, Borges y el asesinato de
        Aramburu - 1ª. ed. 3ª reimp. - Buenos Aires :
        Siglo XXI Editores Argentina, 2008.
        272 p. ; 21x14 cm. - (Metamorfosis)

        ISBN 978-987-1105-39-7

        I. Título - 1. Ensayo Argentino

Portada de Peter Tjebbes

ISBN 978-987-1105-39-7

Impreso en Artes Gráficas Delsur
Almirante Solier 2450, Avellaneda
en el mes de febrero de 2008

Hecho el depósito que marca la ley 11.723
Impreso en Argentina - Made in Argentina

Índice

Prólogo

Hay razones biográficas en el origen de este libro y conviene ponerlas de manifiesto. Formo parte de una generación que fue marcada en lo político por el peronismo y en lo cultural por Borges. Son las marcas de un conflicto que, una vez más, trataré de explicarme.

En agosto de 1970, la revista *Los Libros* publicó "El otro duelo" de Borges. La nota editorial, escrita seguramente por Héctor Schmucler, decía: "El 24 de agosto Jorge Luis Borges cumple 71 años de edad. Coincidiendo con la fecha, aparecerá en Emecé un nuevo libro de cuentos: *El informe de Brodie*. El hecho adquiere especial importancia si se considera que el último había aparecido en 1953. De los once cuentos que componen el volumen, el autor de *Ficciones* ha seleccionado especialmente para *Los Libros* el que se publica en estas páginas". El cuento de Borges, quizás el más sangriento que haya escrito, presenta una carrera de degollados: dos gauchos soldados, cuya rivalidad es conocida por todos, prisioneros en uno de esos encontronazos desprolijos de las guerras civiles del Río de la Plata, son condenados a muerte. La ejecución será macabra y prolongará esa rivalidad. El capitán anuncia: "Les tengo una buena noticia; antes de que se entre el sol van a poder mostrar cuál es el más toro. Los voy a hacer degollar de parado y después correrán una carrera". Y eso es exactamente lo que sucede: la burla primitiva, la ejecución de la que Borges no silencia los detalles truculentos de la obra del cuchillo, los chorros de sangre, los pocos pasos que ambos rivales dieron, mientras sus verdugos sostenían las cabezas recién cortadas. El degüello de los prisioneros no fue sólo un acto de crueldad inconsciente sino una farsa macabra. Después de muchos años, Borges elige como anticipo de *El informe de Brodie* esta historia bárbara y de nuevo enfrenta a sus lectores con la diáfana narración de un suceso brutal y remoto.

Borges era tan legible como ilegible. ¿Por qué este viejo refinado visitaba otra vez la campaña del siglo XIX y otra vez escribía un cuento en el que un mundo primitivo y legendario es captado por una narración disciplinada y perfecta? En 1970, yo no podía saber que iba a seguir preguntándome por Borges y que no iba a encontrar nunca una respuesta que me convenciera del todo. En 1970, para mí Borges todavía era un irritante objeto de amor-odio. También para muchos otros la relación con Borges oscilaba en el conflicto entre denuncia y fascinación.[1] Algo quedaba claro: Borges era inevitable y, por eso, *Los Libros*, una revista de izquierda, le dedicaba la tapa de ese número publicado en agosto de 1970. En agosto de 1970, Borges ya comenzaba a ser la cifra de la literatura argentina que fue durante las tres décadas siguientes.

Dos meses antes, el 29 de mayo, los Montoneros habían secuestrado a Pedro Eugenio Aramburu. La casual proximidad de ambas fechas es sólo eso, una coincidencia de la que no podrían extraerse más conclusiones. O quizá solamente una. Borges y los hechos que se producen en ese año 70 definieron, de diverso modo, los años que vendrían (como si se tratara de dos naciones distintas que se entrelazaban momentáneamente para luego separarse). En agosto de 1970, yo leí, entre asombrada e irritada, el cuento de Borges. Semanas antes los Montoneros habían secuestrado a Aramburu. Ambos hechos (aunque entonces no lo supiera) serían fundamentales en mi vida. Este

---

[1] Esto queda demostrado en los textos que recopiló y comentó Martín Lafforgue en su *Antiborges*, Buenos Aires, Javier Vergara Editor, 1999.

libro intenta comprender algo de esa configuración política y de esa presencia cultural. Festejé el asesinato de Aramburu. Más de treinta años después la frase me parece evidente (muchos lo festejaron) pero tengo que forzar la memoria para entenderla de verdad. Ni siquiera estoy segura de que ese esfuerzo, hecho muchas veces durante estos años, haya logrado capturar del todo el sentimiento moral y la idea política. Cuando recuerdo ese día en que la televisión, que estaba mirando con otros compañeros y amigos peronistas, trajo la noticia de que se había encontrado el cadáver, y luego cuando también por televisión seguí el entierro en la Recoleta, veo a otra mujer (que ya no soy). Quiero entenderla, porque esa que yo era no fue muy diferente de otras y otros; probablemente tampoco hubiera parecido una extranjera en el grupo que había secuestrado, juzgado y ejecutado a Aramburu. Aunque mi camino político iba a alejarme del peronismo, en ese año 1970 admiré y aprobé lo que se había hecho.

El cadáver de Eva Perón fue invocado en el secuestro de Aramburu, en su interrogatorio y en la sentencia a muerte. Sobre ese cadáver, ya había escrito Rodolfo Walsh su cuento "Esa mujer" y allí una frase tuvo la capacidad profética de anunciar lo que vendría después: "Ella no significa nada para mí, y sin embargo iré tras el misterio de su muerte, detrás de sus restos que se pudren lentamente en algún remoto cementerio. Si la encuentro, frescas altas olas de cólera, miedo y frustrado amor se alzarán, poderosas vengativas olas, y por un momento ya no me sentiré solo, ya no me sentiré como una arrastrada, amarga, olvidada sombra". Se alzaron esas olas y barrieron los primeros años de la década del setenta. El secuestro de Aramburu fue el comienzo de la marejada. Ese cadáver también era una cifra.

El cadáver de Eva Perón era parte de un pliego de exigencias que incluían también el regreso de Perón a la Argentina. Estos reclamos atravesaron dieciocho años desde 1955 hasta 1973, dándole dimensiones épicas a la lucha de una Argentina verdadera e irredenta. Para alguien como yo, cuya familia participó de la oposición "gorila" al primer gobierno peronista, tanto la figura de Eva como la admiración por el talento maniobrero, la astucia socarrona, las ideas y el carisma de Perón fueron el capítulo inicial de una formación política que implicaba una ruptura con el mundo de la infancia. Ser peronista (significara eso lo que significara) nos separaba del hogar e, imaginariamente, también de la clase de origen. Quienes no heredamos el peronismo sino que lo adoptamos, no teníamos de Eva casi ningún recuerdo, fuera de los insultos que se pronunciaban en voz baja, las fotos de los diarios, y el revanchismo triunfal de septiembre de 1955. Debimos, entonces, conocer a Eva, recibir el mito de quienes lo habían conservado. Tanto como ella fue producto de la voluntad y la audacia, nuestra Eva salía de la voluntad política impulsada por la leyenda peronista.

Eva había muerto cuando yo tenía diez años. Mi padre no me permitió ir a su interminable velorio en el Congreso. Pocos años después, con la dudosa ayuda de un ejemplar de *La razón de mi vida* encuadernado en cuero rojo, debo de haber construido para mi uso (como tantos otros) la imagen de una Eva revolucionaria, movida por la ingobernable fuerza de lo plebeyo, más militante que aventurera, para citar la disyunción clásica de Juan José Sebreli. Sin embargo, Eva seguía siendo una figura ajena a mi experiencia, una condición a alcanzar o una alegoría cultural del peronismo, el personaje de un relato del estado peronista que, en sus manos, había tenido algo de edad de oro. Recuperar su cadáver, era un proyecto de piadosa justicia y reparación de un crimen alevoso; pero, sobre todo, significaba que el peronismo había ganado la partida.

Por eso, este libro vuelve a Eva para averiguar algo más. El camino hacia ella comienza con un texto de Copi, escrito también en 1970 con los restos de discursos oídos en la Argentina de nuestra infancia. Y termina con un texto de Borges, el otro argentino inevitable. También vuelve a Borges para intentar saber algo más de la venganza política con que se inició el último tercio del siglo XX. Quise plantear de nuevo la pregunta de por qué el secuestro de Aramburu fue vivido por miles como un acto de justicia y reparación. Borges dijo que todas las historias estaban en unos pocos libros: la Biblia, la *Odisea*, el *Martín Fierro*. Probablemente también casi todos los argumentos estén en Borges.

He trabajado en tres planos que se fueron intersectando a medida que avanzaba. El saber del texto borgiano, la excepcionalidad de la belleza, la excepcionalidad extrema y pasional de la venganza. Un personaje, un acontecimiento, una escritura, si no me he equivocado, forman la trilogía excepcional a la que traté de encontrar algún sentido.[2]

---

[2] Debo agradecer al filósofo español Manuel Cruz el primer impulso para este libro que, en realidad, tomó el lugar de otro, sobre las pasiones, que me había comprometido a escribir para una colección dirigida por él. También debo agradecer, una vez más, a Carlos Altamirano que creyera, en 1998, que yo podía escribir algo interesante sobre Eva Perón para un simposio en la Universidad de Quilmes. Después, la crítica que Altamirano hizo de los originales de este libro me planteó la necesidad de fortalecer mis argumentos para responder, en parte, a los suyos.

Belleza

Buscá un vestido, dijo Eva

Eva Perón, la obra de teatro de Copi, escrita en francés, se estrenó en París en marzo de 1970. La acompañó el éxito y el escándalo, como a su protagonista. A Copi se le prohibió el ingreso en la Argentina hasta 1984. Dos fechas significativas: en 1970, los Montoneros secuestraron a Aramburu buscando, entre otros objetivos, que se devolviera el cuerpo de Eva Perón; en 1984, la restauración democrática cerró el ciclo de violencia política y asesinato masivo que había comenzado con el de Aramburu. Ese primer año de una democracia confiada y triunfante (que no imaginaba el futuro o lo imaginaba llanamente) fue el de la crítica del terrorismo de estado y también el momento en que comenzó el debate sobre la violencia revolucionaria.

Leída hoy, la *Eva Perón* de Copi no forma parte del arco ideológico que trazan esas fechas. Su materia es la "leyenda negra" del evitismo, no su leyenda revolucionaria. Y es interesante precisamente por eso: la obra de Copi *Otra* trabaja sobre la leyenda negra, invirtiendo su discur- *lectura*[3] so moral: la crueldad, el ensañamiento, la falta de piedad atribuidos a Eva Perón por los antiperonistas anteriores a 1955, caracterizan al personaje de Copi, pero la obra no los

---

[3] Las palabras en negrita remiten a los **hipotextos** que están en el final del libro, un acompañamiento de citas, reflexiones y perspectivas teóricas que también pueden leerse de modo continuo.

juzga como perversiones, sino que los presenta como las cualidades inevitables de una especie de reina que es a la vez víctima y victimaria de su propio séquito. A la inversa, las cualidades que el mito peronista encontraba en Evita están ausentes de la obra de Copi y, más que ausentes, aparecen explícitamente refutadas: Eva, la defensora de las mujeres trabajadoras, asesina a su joven enfermera; Eva, madre de los humildes, provoca una escena fuertemente homosexual antes de darle muerte; Eva, la que recuerda su pasado de humillada para que nadie más tenga que soportar humillaciones, en la obra de Copi somete a su madre a la abyección de mendigar por su próxima herencia.

Al revés de lo que sucede con el texto hagiográfico de *La razón de mi vida*, donde Eva recuerda el pasado para que nadie en la Argentina vuelva a sufrirlo, en la obra de Copi, ese pasado la impulsa al desquite y a la inquina. Más cerca de la "dama del látigo" que de cualquiera de sus denominaciones santas, la Eva de Copi tiene mucho de parecido con la de la ópera-rock de Webber y Rice. Lejos de la Eva revolucionaria de los años sesenta y setenta, es una mujer despótica y vengativa, a quien el pueblo sólo le interesa como friso para la escena final de su muerte y consagración en el templo obrero de la CGT.

El único punto de contacto entre la Eva del mito evitista y el personaje de Copi es la resolución, un extremismo pasional que desemboca (muy en el estilo del teatro de Copi) en un frenesí de acciones contradictorias y carnavalescas: el proyecto de organizar un baile, las discusiones de grand-guignol con la madre sobre los números de las cajas de los bancos suizos donde guarda su dinero (y no se trata como podría pensarse fácilmente de una metáfora de la discusión sobre la herencia del poder, sino del eco de la leyenda negra antiperonista sobre la avaricia con que Eva y Perón habrían amasado una fortuna), el sometimiento de su séquito que la obedece y la desobedece como a una reina en decadencia sobre la que se pueden ensayar todos los engaños y, al mismo tiempo, cuyos caprichos no deben quedar sin respuesta. Un frenesí circense de violencias verbales y físicas, un clima de extrema insensatez en el que se cruzan discursos calculadores y fríos (esa combinación que se conoce en el teatro de Jean Genet), insultos y ruegos. Como en la Eva del mito peronista, la de Copi no ha olvidado su pasado. Pero el recuerdo no es la base de un sentimentalismo generoso, sino el de un saber desencantado y cínico de la vida. Evita "le da una bofetada a su madre" y le dice: "Vamos vieja, si sabés bien que voy a acabar por darte el número de la caja fuerte. Tené un poco de paciencia. En un mes vas a estar en Monte-Carlo y te la van a dar los gigolós franceses".[4]

Copi conserva en el centro del personaje a la actriz de pasado dudoso que no se ha convertido en una reformadora social sino en una despótica Reina de Corazones de la baraja criolla. Su Eva es una conocedora de las estratagemas del odio y, por eso, premonitoriamente, sabe que sus joyas van a ser expuestas (lo que ocurrió en efecto con sus vestidos y sus zapatos después de la Revolución Libertadora, alimentando el voyeurismo de los antiperonistas escandalizados que visitaban esa especie de feria política donde se alineaban las pertenencias de Perón y su esposa muerta). Es más, Eva dice que prefiere que sus diamantes sean expuestos antes de que queden en poder de su madre: los niega para entregarlos, como póstuma muestra de poder, a sus enemigos y, también, a su pueblo.

La fuerza de esta Eva teatral tiene mucho de desafío convulsivo, sádico y masoquista, cuyo cinismo refuta la hipocresía bienpensante. Es implacable y enfrenta a otros igualmente implacables, que la "ven morir como una bestia en el matadero", al acecho de sus despojos. A ellos, Eva los acusa en un discurso donde el reparto de bienes a los pobres es presentado como un dispendio soñado por un lumpen: "Me volví loca, loca, como

[4] Copi, *Eva Perón*, Buenos Aires, Adriana Hidalgo, 2000, traducción de Jorge Monteleone, p. 43.

aquella vez en que hice entregar un auto de carrera a cada puta y ustedes me lo permitieron. Loca. ... Hasta mi muerte, hasta la puesta en escena de mi muerte debí hacerla completamente sola. Sola. Cuando iba a las villas miseria y distribuía fajos de billetes y dejaba todo, mis joyas y mi auto y hasta mi vestido, y me volvía como una loca, desnuda, en taxi mostrando el culo por la ventanilla".[5] Esta Eva-personaje de Fassbinder tiene el resentimiento que le atribuía la oposición antiperonista y lo compensa no con la filantropía de la Eva abanderada de los desposeídos, ni con el mordiente revolucionario de la Evita montonera, sino con el desorden carnavalesco de quien ni olvida ni perdona, pero tampoco cambia. Eva, una lumpen fascinante e inmortal que realiza la fantasía de todas las prostitutas, las ofendidas y las humilladas.

Las primeras palabras de Eva, en la obra de Copi, son: "Mierda. ¿Dónde está mi vestido presidencial?". Nada hay de más verdadero que la respuesta de su madre: todos sus vestidos son "vestidos presidenciales". Eva revuelve baúles, dice que se volvió loca buscando el vestido; luego pide "el maletín de las joyas"; la madre dice que Eva se ha levantado muy temprano "para probarse todos sus vestidos". El "vestido presidencial" está arrugado, tirado en el suelo, la madre ofrece plancharlo, la enfermera que debería haberse encargado está superada por el desorden de Eva, que revuelve sus baúles todo el tiempo, como una loca, como una obsesa, como alguien que se está despidiendo de esa ropa que la ha convertido en *ella misma*. Poco después, Eva ordena a la enfermera que le pinte las uñas (esas uñas que en las fotos aparecen siempre perfectamente manicuradas, nítidas y rojas).

En el ajetreo incesante de encontronazos físicos y descargas de cólera, de impetraciones e insultos, en la oscilación entre la

---

[5] Ibid., p. 81.

resistencia a la muerte y la preparación del teatro público de su cadáver, en una insistencia en el movimiento pasional donde los cuerpos se chocan, Eva ordena que le pinten las uñas; primero acepta el rojo, luego afirma que deseaba el color negro; finalmente su vestido queda manchado, como si fuera de sangre; la enfermera culpable es relevada por la madre: "Pintame las uñas, mamá". Lejos de la miniatura sensiblera del Kitsch, esta Eva combatiente contra la muerte, que mata para no morir, y que también prepara el espectáculo de su muerte, tiene la grandiosidad accesible del melodrama y del *camp*. Como si se preparara para volver desde la muerte y encontrar los personajes de "Evita vive" de Néstor Perlongher.

"Buscá un vestido", "Pintame las uñas". De eso se trata. Del vestido presidencial y de las uñas. Cuerpo visible y trajes de ceremonia, que se llevan como atributo porque se sabe que son una dimensión fundamental del personaje (teatral y político). La excepcionalidad de Eva Perón es el tema. Copi la muestra en el paroxismo de la pasión vital, como alguien que defiende su cuerpo (aunque también se entregue a la muerte) sabiendo que ese esmalte de uñas granate o negro, que esos vestidos presidenciales la han singularizado ante millones. Los mitos (diferentes) que se sostienen sobre Eva tienen que tomar a ese cuerpo como una dimensión fundamental: sus cualidades no agotan ningún mito, pero los sostienen a todos. La pasión mueve el cuerpo cubierto por sus vestidos. Se trata, entonces, de seguir el camino que condujo a Eva hasta esos "vestidos presidenciales".

Pasión, muerte y belleza

Nadie discute su excepcionalidad, la dureza de su temperamento, la fortuna que la hizo caer en el centro de los acontecimientos, el final trágico y las revanchas innobles de sus enemigos. ¿Por qué Eva Perón fue excepcional? O, más bien, ¿su excepcionalidad fue una emanación de cualidades que ella ya tenía o una producción en la que las circunstancias privadas, la vida de artista, su marido, y la coyuntura también excepcional de la Argentina se combinaron de un modo sorprendente? Eva es única. Esto explica la fascinación, el odio, la devoción que la rodearon (hoy, todavía su retrato decora las paredes de muchos despachos políticos, en algunos casos insospechados de peronismo). Eva es única. Se puede repetir esto, de hecho se lo ha repetido durante décadas; las celebraciones editoriales y de la cultura pop, en los últimos años, dieron vueltas y vueltas a esa afirmación sencilla, como si fuera una novedad sorprendente. Por supuesto, en estas celebraciones, la belleza de Eva fue una especie de tema, que tejía sus notas con el tema político y con la prehistoria de muchacha provinciana a la caza de Buenos Aires. Tanto como los llamados gorilas vivieron afiebrados por los lujos de la vestimenta oficial y expusieron, después de 1955, sus joyas, sus zapatos, sus pieles en un bazar chabacano que debía aleccionar sobre los excesos de todo género de la tiranía depuesta, las celebraciones iconográficas francamente evitistas de los últimos aniversarios aplicaron a Eva instrumentos variados para decir, una vez más, que ella era única y excepcional.

Eva fue única. Esto podría decirse casi con un tono de alivio. Pero quizá podría intentarse una explicación. Su excepcionalidad no se mantiene sólo por la belleza, ni por la inteligencia, ni por las ideas, ni por la capacidad política, ni siquiera por su origen de clase, ni su historia de aldeana humillada que se toma revancha cuando ha llegado arriba. Hay algo de todo esto: Eva sería entonces una suma donde cada uno de los elementos son relativamente comunes, pero que se convierten, todos juntos, en una combinación desconocida, perfectamente adecuada para construir un personaje para un escenario también nuevo, como lo era la política de masas en la posguerra.

¿Qué hizo la excepcionalidad de Eva Perón? ¿Respecto de qué fue excepcional? ¿De qué tipo de mujeres, de actrices, de políticas, de esposas de presidente se diferenció? Aunque cueste creerlo, Eva pareció siempre tan excepcional (a sus enamorados y a sus detractores), que pocos se entretuvieron en un ejercicio comparativo relativamente obvio. Eva fue una actriz que compitió con otras actrices y, si no hubiera existido la intervención de varios hombres (como los militares llegados al poder en junio de 1943), hubiera perdido esa competencia. Su carrera había llegado a un punto de donde difícilmente se salta a ningún estrellato. Mucho de lo que después fue la base de su magnetismo corporal, estuvo en el origen de su fracaso como aspirante en el mundo bastante poblado de la industria cultural argentina. Su diferencia, que la favoreció en la escena política, no la había impulsado en la escena del radioteatro ni del cine. Más tarde, como mujer del presidente, Eva marcó esa diferencia hasta el escándalo: contra el bajorrelieve de matronas presidenciales y de la elite local, Eva era, a veces, glamorosa, brillante como las stars del celuloide; otras veces, austera de un modo que tampoco tenía que ver con el estilo de la austeridad patricia.

Ninguna de estas cualidades podía sencillamente confundirse con la guaranguería que, para la oposición de la época peronista, daba la explicación más sencilla, precisamente porque era una explicación de clase. La apariencia de Eva, que no hubiera podido llevarla a ninguna parte en el mundo del espectáculo sin la intercesión de los militares nacionalistas de 1943, era excepcional, en cambio, en la escena política. Por lo tanto: Eva no fue una actriz hecha política. Fue más bien alguien que no podía ser actriz por algunas de las razones que la entronizaron en la cima del régimen peronista. Lo que era insuficiente o inadecuado en el mundo del espectáculo valió como una posesión rara y sorprendente en el mundo de la política.

El secreto de Eva es un desplazamiento. Su excepcionalidad es un efecto del "fuera de lugar", que no quiere decir lo obvio (que llegaba de afuera de la clase, del sistema), sino que sus cualidades, insuficientes en una escena (la artística), se volvían excepcionales en otra escena (la política).

Naturalmente, para alcanzar el rendimiento multiplicado de ese "fuera de lugar" fue necesaria una pasión, sentimiento de lo excepcional, que Eva experimentó primero por su marido, mentor y cabeza de la sociedad política que ambos habían formado un poco por azar (tanto la sociedad como su carácter político). A Perón la unió primero una relación sentimental que, en pocos meses, se transformó en un amor político, que Evita transfirió del hombre al líder y del líder al pueblo.

En la excepcionalidad de Eva hubo un "fuera de lugar", un pasaje de cualidades que, precisamente en el pasaje, se potenciaron y se volvieron adecuadas, aunque adecuadas no es una palabra exacta, ya que no se adecuaron a nada que estuviera antes, sino que crearon la situación para la cual serían adecuadas. Y hubo también un sentimiento hegemónico, que organizó, dominó, alimentó y destruyó todos los demás sentimientos. Lo que se llama, independientemente de su objeto, una pasión.

La pasión

De la pasión, Eva fue completamente consciente, aunque esto parezca una paradoja. Casi podría decirse que la actuó en todos los escritos publicados con su firma, en todos sus discursos y en la rabiosa desesperación que rodeó su enfermedad y su muerte. Eva se da en sacrificio, ofrece el don de su cuerpo a la extinción física. Heroína dispuesta a la muerte para que soplen los vientos en las velas de la nave donde va su marido, que es su padre espiritual como lo es de todo el pueblo, Eva habla de su disposición a morir mucho antes de que la muerte estuviera tan próxima. Esto podría leerse como un clisé. Pero también como una forma extrema de vivir la relación con la Causa, una forma total que siempre exige el juramento de que se está dispuesto a perder la vida y que eso, la vida, sólo tiene el sentido de su entrega a la Causa. Te quiero hasta la muerte, te sigo hasta la muerte, estoy pronta a morir: los juramentos de la pasión.

Eva tiene esa cualidad unilateral que es indispensable a la pasión, que la sirve y le permite dominar por completo a quien la experimenta, organizando su relación con el mundo, y ofreciéndole un modo de conocimiento. La pasión la guía hacia un objeto y Eva, esa mujer débil e ignorante como ella se describió muchas veces, conoce por sus pasiones. El mundo que antes de conocer a Perón parecía injusto pero inexplicable se organiza en oposiciones comprensibles.

La pasión da la fuerza necesaria para seguir experimentanto la pasión: esta tautología del impulso y el afecto se despliega magníficamente en los últimos meses de Eva en *Pasión y conocimiento* los que maldice su muerte y, al mismo tiempo, no puede detenerse para intentar un reposo, una curación, un fortalecimiento. La pasión es la dichosa hoguera. En la pasión está, también, la excepcionalidad.

La pasión es tautológica porque se alimenta de su propio

impulso: no es gasto, simplemente, como la prodigalidad. Es gasto y acumulación: Eva quiere cada día más a su pueblo, a Perón, a su Causa. Una "débil mujer", como se describe, es fuerte, decidida, una roca, un ariete contra el enemigo, un escudo, protección y defensa de aquel que la protege y defiende. Encomienda a Perón a su pueblo, cuando ella esté ausente, porque sabe que ella, la humilde discípula, es garantía del amado. Es intercesora y mensajera al mismo tiempo; va de un lado a otro sin escapar del vector que la impulsa. El círculo en que la pasión se gasta y se alimenta es perfecto. Y por eso, también, excepcional.

Eva sabe que nadie, sino el Pueblo, podrá tomar su lugar cuando ella muera. En este saber está toda la conciencia de su excepcionalidad: nadie, excepto el Pueblo, querrá a Perón como ella, nadie le será tan perfectamente leal, nadie podrá sentir lo que ella siente porque eso que siente es una excepción, un don, una gracia que ella recibió al encontrar a Perón. Sólo el Pueblo podrá ocupar un lugar que ella dejará vacío porque es el Pueblo, otra forma de la tautología, un principio sufrido e incorruptible, y, sobre todo, colectivo. Estas declaraciones, que se leen en todos los escritos que aparecen con la firma de Eva y que ella reconoció como propios no importa quién los hubiera confeccionado, son banales si se las juzga como piezas de pensamiento político (ya que en efecto fueron utilizadas de ese modo y no hay forma de convertirlas en documentos privados).

Sin embargo, la redundancia temática y la reiteración formal son significativas. A diferencia de Perón, quien incluso en sus intervenciones más sencillas es fuertemente doctrinario, Eva no construye en estas piezas ningún argumento político más complejo que el de la oposición ricos y pobres, movida por el principio de justicia y, en ocasiones, claramente traducido en revancha. Pero la repetición de las reiteraciones pasionales explican mucho más que lo que estos escritos dicen sobre el pensamiento político de su autora. Son monotemáticos y expresan así la verdadera forma obsesiva y unilateral de la pasión.

Poco importa si Eva se pensaba excepcional. Sin duda, se pensaba muy poderosa, ya que las necesidades y privaciones de su vida anterior le habían enseñado a distinguir los atributos que posee el poder. Lo que importa (porque ello se prolonga en su estela post mortem) es que estaba dirigida por una pasión y que su aceptación de este impulso era voluntario y al mismo tiempo irrenunciable. Eva se somete a esa pasión y, en consecuencia, nunca la considera excesiva. Por el contrario, predica su pasión al pueblo. Dice: a Perón no es posible quererlo demasiado, todo amor, toda fidelidad, todo sacrificio son poco. Ante un objeto pasional gigantesco, no hay exceso en las manifestaciones de la pasión.

Tampoco puede haber cálculo entre medios y fines, entre los actos y sus consecuencias. Eva tiene la ética de la convicción, enfrentada con la ética de la responsabilidad.[6] Ella no es prudente. Las creencias que la impulsan se fortalecen en el suelo original de la experiencia, que recibió una forma cuando Perón convirtió esa experiencia en sentido. En ese momento, quedó marcado un territorio donde el cálculo de las consecuencias posibles de la acción quedaba confiado al líder. Eva se transforma cuando conoce a Perón y se reconoce en él.

Se puede leer toda *La razón de mi vida* (libro tan incómodo para el feminismo, por supuesto) con esta clave: Eva sentía afectos difusos, aunque intensos, antes de encontrar a Perón; su sentimiento de injusticia permanecía inexplicable e inerte; su indignación no tenía fuerza para traducirse en acciones; su vida carecía de objeto. Perón articula en una trama nítida todos estos impulsos vagos. Les da una razón (que no se opone a la pasión sino que actúa como su vector).

La relación entre propaganda política y expresión pasional en los escritos de Eva es interesante, pero no explica todo. Los

---

[6] Max Weber, "La política como vocación", en *El científico y el político*, Madrid, Alianza, 1967.

actos del régimen peronista estaban claramente marcados por
la estrategia de la propaganda política; la iconografía, las noticias de los periódicos, las manifestaciones y mitines formaban
parte de un ininterrumpido discurso publicitario, independientemente de su contenido de justicia o su sentimiento de benevolencia hacia los humildes. Los textos de Eva no podían escapar a esta función omnipotente. Pero podrían haber sido otros
textos, con otros temas y otros clisés los que hubieran cumplido idéntica función. Fueron, sin embargo, estas efusiones pasionales.

Las otras efusiones de Eva fueron las del odio o, más bien,
esa forma plebeya del odio que es el resentimiento; las de la cólera y las de la venganza sostenida por una noción revanchista
de la justicia y una convicción de que, detrás de la obsecuencia
cortesana, acecha la traición que arma sus tramoyas tanto como las conspiraciones de la "antipatria".

La pasión de Eva fortalece el sentido de diferencia radicalizada que da el estilo a su figura pública. La pasión es en ella
la forma afectiva de la excepción; y la excepción es la cualidad
del sujeto apasionado. En este cruce se tratará de leer, una vez
más, las razones por las que se ha dicho, y posiblemente se siga diciendo, que Eva fue única.

La excepción y el gasto

La adulación dio el tono del tratamiento oficial a Eva. Lo normal fue la hipérbole. Ninguna virtud, ninguna comparación pareció inadecuada en un culto de la personalidad que el peronismo convirtió en pivote de su política de masas. En las intervenciones parlamentarias que acompañaron el proyecto de ley pro monumento a Eva en vida, se destaca una: "Eva Perón resume lo mejor de Catalina de Rusia, Isabel de Inglaterra, Juana de Arco e Isabel la Católica, pero multiplicando sus virtudes y llevándolas a la enésima potencia, hasta el infinito". Esta serie comparativa le pareció insuficiente a otra parlamentaria que agregó una corrección: "Eva Perón es el honor de los honores. No acepto que se la compare con ninguna otra mujer, ni con ninguna heroína de ninguna época".[7] Eva era esta armazón de cualidades, aunque nadie podría decir de qué modo penetraba en ella el ditirambo espeso con que se manifestaban en el discurso oficialista.

La abyección aduladora del régimen ha sido un tema del antiperonismo; las lecturas que simpatizan con el peronismo pasan por alto el rasgo altamente antirrepublicano del lenguaje que emplean diputados, senadores, ministros, periodistas. Sin duda, las imprecaciones y homenajes que acompañaron la

---

[7] Quienes pronunciaron esas palabras fueron las senadoras Hilda Castiñeira y Juana Larrauri, citadas por Alicia Dujovne Ortiz, *Eva Perón; la biografía*, Buenos Aires, Aguilar, 1995, p. 287.

agonía de Eva estuvieron a la altura de las glorias póstumas, que fueron de una magnitud sólo comparable con el entierro de un monarca o la pomposa escenografía fúnebre de los líderes totalitarios.

Hasta el infinito y repetidamente, la hipérbole y la redundancia, el clisé y las imágenes de stock fueron la lengua de la propaganda peronista. No importa. Algo se repite sin embargo en esta lengua formulaica que habla de una percepción no distorsionada por los adornos que alimentaban el rito cotidiano de la cortesanía en la prensa y en las instituciones: Eva era la garantía *trascendente* del régimen, el honor de los honores, como la madre de Cristo. Con propiedad, ella dice: "Yo no soy más —y trato de serlo siempre— que el corazón de Perón".[8]

El encanto de Eva se alimentaba de su juventud, por supuesto. No se alimentaba, en cambio, de ninguna cualidad frágil ni blanda. La determinación, la voluntad de hierro, la tozudez son virtudes masculinas: "la dama del látigo", la llamó una opositora furiosa, también podría llamarse una dama de hierro. La juventud ponía una temporalidad de corta duración en este ensamblaje de virtudes duras. Como en el tópico romántico, la idea de juventud está unida a la de muerte: una extinción que consume ese fuego, que ha consumido a quien lo llevaba como don. Los héroes, los valientes, los excepcionales mueren jóvenes. Emblema de la revolución peronista, Eva era una antorcha: "Estoy dispuesta a quemar mi vida si sabiendo que quemándola puedo llevar felicidad a algún hogar de mi patria".[9] La dama de hierro se quemaba (quedan a cargo del lector todas las derivaciones, que fascinan por lo común a los semiólogos, de esta materialidad simbólica contradictoria).

---

[8] Eva Perón, *Mensajes y discursos*, Buenos Aires, Fundación pro Universidad de la Producción y del Trabajo, 1999, p. 246, discurso pronunciado el 16 de mayo de 1950.

[9] Eva Perón, ibid., p. 54, discurso pronunciado el 19 de mayo de 1949.

Además, Eva nunca fue joven a la manera en que, en esos años, se era joven (nunca fue una "actriz joven", por ejemplo). Era joven (llegó al poder como consorte a los 26 años), pero no tuvo estilo juvenil que, en la década del cuarenta, era el estilo ingenuo, el de la virgen que se prepara para el matrimonio. Era joven, pero sus días estaban contados.

Desde el comienzo, Eva tuvo esa convicción: "Me dicen que me estoy gastando, pienso que me estoy gastando demasiado poco para un pueblo tan extraordinario como este".[10] Repite frases por el estilo como el ritornello obsesivo de una premonición no sólo en las páginas testamentarias de *La razón de mi vida*. No hay tiempo que perder es una consigna que justifica el funcionamiento atropellado de la Fundación Eva Perón, donde se trabajaba sin método y sin horario como lo relatan los testigos más favorables a ese estilo de caridad estatal plebeyo, paternal, desordenado, sensible a la empiria del sufrimiento y atado a los detalles como si todo plan fuera un insulto a las necesidades de sus beneficiarios. Pero atenido también a un principio de abundancia estética, que otorgaba a los pobres lo que pedían y lo que no se atrevían a pedir, no simplemente lo que necesitaban. Por este exceso, la Fundación se separaba de las sociedades de beneficencia tradicionales de la elite, que desconfiaban de los pobres y consideraban sus reclamos como impertinentes en la medida en que no coincidieran con la idea de necesidad que la beneficencia tenía acerca de ellos. La Fundación ofrecía el plus de Eva como dadora: el don venía acompañado de su imagen real o de su iconografía.

Rodéenlo a Perón, repetía Eva no sólo en sus discursos finales. La exhortación remite al universo de las traiciones políticas, habitualmente superpoblado de candidatos sospechosos,

---

[10] Eva Perón, ibid., p. 45, discurso del 6 de mayo de 1949, pronunciado mucho antes de que se detectara algún síntoma de su enfermedad.

y ellas están supuestas en las imágenes de lealtad hasta la muerte que exige el código de fidelidad a los seguidores. Rodéenlo a Perón quería decir también que ella, Eva, su primer escudo, primera discípula, primera seguidora (es decir su círculo más inmediato, el que encerraba el núcleo originario de verdad, voluntad y poder) podía desaparecer antes que el líder y necesitaba delegar, sobre todo en "sus mujeres" del peronismo, esa función indelegable.

La delegación imposible y, al mismo tiempo, necesaria espolea la rabia ante la muerte. Y esa rabia mueve a Eva. No hay tiempo que perder, esa convicción la sostuvo desde el principio, porque la miseria no tenía ese tiempo y, además, porque Eva tampoco lo tenía. El huracán Eva. Eva se consu*Gasto*   me porque es una mediación tan necesaria como frágil (frágil mujer, débil mujer). Por su cuerpo pasan demasiadas cosas: cuerpo emblemático del régimen, cuerpo del estado de bienestar a la criolla, cuerpo de la primera dama, cuerpo traductor de las necesidades de unos en acciones de otros, de los deseos en respuestas, de los afectos en lealtades. Cuerpo puente: "Yo he de tender con mi cuerpo un puente para que el pueblo pase sobre él con la frente alta y el paso firme hacia el supremo destino de la felicidad común".[11]

El cuerpo consuma así su destino de médium. Y se consume bajo esa carga. Para llevarla, Eva dijo siempre que las fuerzas de una débil mujer no bastaban. Como Juana de Arco, Eva recibe una ayuda que viene desde fuera, porque ha sido elegida y en la elección cabe también el don de una fuerza extraña a la elegida. Del pueblo y de Perón viene la fuerza de Eva, que es depositaria, como Juana, de una voluntad más extensa y poderosa que la suya. El don que Eva hizo de su cuerpo es la de-

---

[11] Eva Perón, ibid., p. 258, discurso del 5 de junio de 1950. En el mismo año, el 1º de mayo, dice Eva: "Trataré de ser a diario un puente de amor entre ustedes y el general Perón".

volución debida al don de la fuerza que le ha sido dada para que ella pueda darse.

Lo complicado de este don y de su devolución como don proviene de la asimetría entre donante y receptor. El donante, porque ha recibido algo inmenso, debe devolver inmensamente. Debe devolver el don bajo la forma del reconocimiento: el fanatismo es el sentimiento que corresponde a la inmensidad de lo recibido. Lejos de ser un acento indebido del afecto, un desafío impío de la voluntad, una cualidad ejercida contra el espíritu, el fanatismo es, en la religión civil de Eva, una virtud:

> El fanatismo es la sabiduría del espíritu. ¿Qué importa ser fanático en la compañía de los mártires y de los héroes? Al fin de cuentas, la vida alcanza su verdadero valor no cuando se la vive de una manera egoísta —nada más que para uno mismo—, sino cuando uno la entrega toda íntegra, fanáticamente, en aras de un ideal que vale más que la vida misma. Yo contesto que sí, que soy fanática de Perón.[12]

Es difícil no exagerar en declaraciones de este tipo, que se repiten sin ninguna prudencia, porque el fanatismo es la pasión contraria a la prudencia. La exageración es la forma que modela y necesita el fanatismo. La exageración le da al discurso de Eva su cualidad cortante, intransigente, dura, amenazadora y terrible. El fanatismo es la pasión en su hipérbole, en el momento en que alcanza el punto más alto y, por lo tanto, el punto que más la acerca a su objeto. Eva fanática está más cerca de Perón, porque todo desaparece (política, estado, cálculo, prudencia) y se resume en el sentimiento único. El fanatismo, al aplastar todo otro sentimiento, garantiza la relación más intensa entre la pasión y su objeto, los vincula (aunque sólo sea unilateralmente) hasta confundirlos. Eva

Absoluta pasión y fanatismo

---

[12] Eva Perón, ibid., p. 126.

es Perón, porque vive, respira, se mueve, piensa, se sacrifica y
está dispuesta a gastarse por él. Nada hay de privado en este
sentimiento. El fanatismo de Eva es político-religioso.

Algún escriba de la propaganda oficial captó perfectamente la tensión de la pasión fanática:

> Hablemos ahora de la pasión de Eva Perón. Fue ella una inmen-
> sa fuerza espiritual, encarnada en una bella y simple mujer del
> pueblo... La pasión es en Eva, como quería Empédocles, como
> quería después Malebranche, un 'término generoso de acción',
> una arrolladora potencia del bien inspirada y movida por una
> conciencia dominante. Bossuet... la hubiera clasificado en el or-
> den de las pasiones del mundo moral, sometidas a la racionali-
> dad del espíritu y de la mente, y alentadas de constante por la
> noción y el anhelo del bien común, individual y colectivo, has-
> ta suscitar una fuente de energías invencibles. Y aquí cabe ya ha-
> blar entonces de heroísmo civil, de mística laica, que es en rea-
> lidad el sentido de la pasión que consumió los días y las noches
> de Eva Perón, consagrándola en el sacrificio.
> ...
> Ella fue consciente a su fin, sin cuidarse en lo más mínimo de
> los estragos del trabajo, adaptada, por un fenómeno de extra-
> versión material y espiritual, a la vida de los demás, de la que ha-
> cía la suya propia. El misticismo no es en sustancia otra cosa, y
> se complace, como en Santa Teresa de Ávila, en hallar, por el
> amor irradiado a sus semejantes y la continua presencia del do-
> lor, el camino recto de la perfección moral. Su actividad sin pau-
> sa, hasta vencer el sueño y no doblegarse a la enfermedad que
> iba físicamente consumiéndola, era asimismo una manifesta-
> ción preciosa y recóndita de su libertad. Sí; hacer el bien, darse
> sin tasa ni cansancio a su tarea prodigiosa de sembrar el bien,
> la tornaba cada vez más libre en su fuero interior, la revestía de
> fuerzas insospechadas y de sugestión que sólo la conciencia y el
> sentimiento del bien otorgan, transfigurándola, elevándola, li-
> bertándola de las cadenas de la tierra.[13]

---

[13] Subsecretaría de Informaciones de la Presidencia de la Nación, *Presencia de Eva Perón*, Buenos Aires 1953, pp. 45-6 y 55.

Está todo en la cita, que no sería sensato contradecir porque Eva *era* este discurso oficial propagandístico, que fue igual antes y después de su muerte. Ella era esa mezcla de cosas aprendidas en diálogo con los escritores de radioteatro, con su confesor el padre Rubén Benítez, nombres de la cultura que parecían preferibles a las carencias culturales de origen. ¿Por qué no Bossuet o Malebranche? Daban lo mismo esos nombres u otros. Finalmente, si ella reconocía en Perón los atributos de un semidiós, ¿por qué no Santa Teresa de Ávila? La hipérbole de las comparaciones es sólo eso, una hipérbole que funciona como recurso retórico: dice la verdad exagerándola, no miente, simplemente presenta una modalidad estética, cultural, de los atributos. Ningún peronista podía percibir ese discurso como falso. Simplemente debían de ser traducidos sus términos retóricos (si es que a alguien esta traducción le era necesaria) a condiciones más terrenales. Desde afuera de la cultura peronista, esa retórica sin duda era percibida como falsedad (Eva y Perón eran el exacto opuesto de las virtudes que se les atribuían) y, por supuesto, como alucinada cortesanía.

El discurso opositor, sin embargo, decía del extremismo de Eva y en eso hablaba una verdad. Eva fue una jacobina del peronismo, para quien la virtud estaba en el lugar exacto donde el líder se encontraba con su pueblo y el ejercicio de la virtud obligaba al celo del fanático porque ese encuentro estaba amenazado por conspiraciones diversas (de la oligarquía y de los "malos peronistas"). Eva jacobina aborrece a los tibios y desprecia cualquier vacilación como un vicio o una deslealtad; sus argumentos no siguen la lógica de las razones políticas (ni de la táctica), sino el impulso de un solo principio (un vector estratégico, que excluye las concesiones). El discurso y el estilo de Eva radicalizaban los actos más sencillos de su acción pública, incluso aquellos que hubieran podido ser reconocidos como necesarios por la oposición. Su furor ponía en tensión cada una de sus intervenciones, y su repetido juramento de fi-

Virtud y jacobinismo

delidad al pueblo y al líder alimentaba un fuego misional. Se la pensó inquebrantable y vengativa (no sólo los opositores, que la consideraban tan temible como a la emperatriz Teodora, sino muchos peronistas pudieron dar pruebas de su vigilancia revolucionaria).

Eva nunca pensó al peronismo en términos de régimen consolidado. Por el contrario, una conspiración en marcha lo amenazaba constantemente; frente a ella, toda tibieza, toda blandura equivalían a una defección. Por otra parte, cuando enumeró los logros de ese régimen y los de su propia acción siempre lo hizo en términos de falta: no tanto lo que se había conseguido como lo que se estaba por hacer; no tanto las necesidades satisfechas como las que todavía no habían recibido respuesta. Siempre, la falta es mayor que lo alcanzado, porque no hay tarea asegurada ni completa. En esta situación de dinamismo, la cualidad fanática de la pasión no era un plus del celo, algo que está allí pero que podría no ser indispensable, sino un instrumento de la revolución peronista que no podría cumplirse en su ausencia.

La tarea era tan grande que los modelos ofrecidos a quienes debían realizarla debían serlo. Santa Teresa está bien, o Juana de Arco, o Catalina de Rusia o Isabel I. Los nombres son relativamente indiferentes; en cambio, lo que ellos evocan como gestas de la historia le trasmiten su fuerza a la gesta presente. Nadie sabía bien, y Eva menos que nadie, por qué Santa Teresa. Lo que valía era ese nombre como representación no sólo de una persona (Eva), sino de una hazaña política como la que se había asignado el peronismo. Más ignorante que el líder, Eva no tenía un saber que la hiciera desconfiar de las proporciones de aquello con que podía comparársela. Más bien, en su discurso, las virtudes del líder y sus propias virtudes eran un mantra justicialista, la canción que se canta para marchar, el grito que da fuerzas a los combatientes.

Y el mantra, la fórmula del encantamiento, el avemaría peronista también construye identidad. Su repetición (Eva repetía sus temas, como la propaganda los suyos) solidifica a alguien en su figura pública, comprometiéndola de tal modo con ella que borra casi por completo una identidad íntima y privada. Borrar el pasado de Eva no sólo reparaba un honor ofendido por actos que habían sucedido hacía pocos años. Ocuparse de esas cosas era inevitable para los opositores del régimen. Borrar el pasado era darle a Eva las bases desde las cuales podía pensar su presente: olvidar a Evita Duarte para ser la abanderada de los descamisados. En la exagerada propaganda oficial, Eva podía encontrar sus propios temas de dignidad y respeto.

De ella se había escrito, en la sección de chismes de la revista *Antena*, no en un pasado remoto sino en enero de 1942:

—¿Sabe que a Evita Duarte se le ha visto llorar desconsoladamente?
—¿Y qué es lo que puede afligirle? ¿Puede pedir algo más que encabezar una compañía?
—No; sus lágrimas, según se dice, son porque el amor no le corresponde...
—¡Pobrecita!...Quién iba a decirle a Evita que pudiera existir un hombre capaz de no amarla... En realidad tiene motivos para llorar.[14]

Esto debía ser borrado, falso o verdadero, no importa. Lo que importan son los términos en los que se habla, que indican de quién se pueden decir estas cosas. En 1942, Evita encabezaba una de las 28 compañías de radioteatro que emitían durante el verano. En Radio Argentina (una emisora poco importante), ocupaba el horario de las 10.15 de la mañana, una franja normal aunque destinada siempre a figuras secundarias. En abril desapareció de la programación. En el balance de 1942

---

[14] *Antena*, número 570, 22 de enero de 1942. Sobre Eva Perón actriz ha investigado, con detenimiento, Noemí Castiñeiras: *El ajedrez de la gloria*, Buenos Aires, Catálogos, 2003.

de *Antena* sobre la actividad radioteatral, Eva Duarte no es mencionada ni como actriz ni como compañía. 1942 es un año de los malos para Eva, lo mismo que el primer y segundo trimestre de 1943, donde está completamente ausente de la programación y de los chismes del ambiente publicados por las revistas especializadas.

Desde mediados de 1943, Eva los borra de su carrera artística. Pero lo que se borra deja un vacío de cualidades: ¿si no es una mujer fatal, qué debe ser? ¿Si no es una actriz de tercera línea que asciende vertiginosamente después del golpe de junio, cómo debe pensarse a sí misma? Eva se vuelve hija de sus palabras y de las que escucha a su alrededor. En ellas encuentra las cualidades cuyo lugar había quedado vacante cuando se borra la actriz Evita Duarte.

Papeles secundarios

¿De dónde llegó Eva a la vida de Perón? La proliferación biográfica de los últimos años ha dejado las cosas bastante claras.[15]
Sin embargo, concentrarse en estos primeros años quizá permita
capturar la excepcionalidad de Eva en su momento menos visible.

(Membrete de Annemarie Heinrich)
Recibí del Fotoestudio Annemarie Heinrich todos los filmes
existentes en mi archivo de la señora Eva Duarte de Perón.
Estos filmes, en cantidad de quince, los solicita en calidad de
préstamo la Subsecretaría de Informaciones de la Nación.
Buenos Aires, Agosto 5, 1952

A. de Saravia (firma)
Secretario General de la Subsecretaría de Informaciones

Muerta Eva, los burócratas de la Presidencia buscaban terminar de borrar una historia que los opositores contaban a los
gritos. Anécdotas de camarín, favores dados a cambio de otros
favores, un ascenso vertiginoso a partir del golpe de junio, probablemente fotos que se consideraban incriminadoras.[16] En esa

---

[15] De todos modos, la investigación pionera de Marysa Navarro sigue siendo el
hilo principal del capítulo pre-peronista de la vida de Eva.
[16] Por ejemplo fotos de publicidad, quizá semivestida. Otras actrices hicieron
fotos de este tipo. Aída Luz, Irma Córdoba y Aída Alberti, consideradas perfectamente respetables, son modelos de los avisos de jabón Lux ("nueve de cada
diez estrellas de cine lo usan") y se muestran, casi en la misma pose, envueltas
en una toalla, con un hombro al descubierto, o tomadas de atrás, con la espalda desnuda. Alicia Dujovne Ortiz menciona unas fotos de Eva, en otras publi-
cidades.

historia borrada por la hipérbole de la santidad de Eva y por
las marcas que un trabajo de siete años habían dejado en su
pueblo, hay muchas cosas que convergen hacia la excepcionalidad de alguien que sólo mereció que se la considerara excepcional una vez llegada al poder.

En 1935 Evita Duarte llegó a Buenos Aires; hasta el segundo semestre de 1943 mordió apenas las orillas del reconocimiento, con meses en los que encabezaba alguna compañía y
períodos en que desaparecía por completo de las noticias y la
programación. Sólo en la segunda mitad de 1943, se convierte
en una actriz publicitada, pieza central de la programación de
Radio Belgrano. Esta bonanza dura hasta octubre de 1945,
cuando empieza la otra historia.

Todo el mundo sabe que comenzó con papeles ínfimos en
el teatro. Pero su campo fue el del radioteatro, un espacio estelar en aquella época. Consiguió muy poco. 1938, "Gran cer-
tamen de popularidad de Sintonía": se elegía Miss Radio por el
voto de los lectores. Una larga columna de candidatas, 38 exactamente, no incluye a Evita Duarte. Los nombres al tope de la
lista son los de las grandes estrellas, Libertad Lamarque, que
era una diva[17], Amanda Ledesma (finalmente la más votada),
o los de actrices muy populares según el lugar que ocupan en
las revistas: Aída Luz, Carmen Duval, Elena Lucena, Nelly
Omar, Juana Larrauri (a la que también esperaba una carrera
política como diputada justicialista), Dorita Norby, la amiga de
Evita. La que está al final de la lista, Mary Lewis, recibe poco
más de mil votos y Amanda Ledesma, unos 41.000. Nada sobre
Evita Duarte, que estaba entonces en la zona opaca de quienes
a veces encabezaban una compañía en radios de segunda y durante períodos breves.[18]

---

[17] Con esta palabra la define el director Mario Soffici (*La Opinión Cultural*,
22 de julio de 1973).

[18] *Sintonía*, número 258, 31 de marzo de 1938.

Un año y medio después, Evita Duarte y Alberto Vila, "dos celebradas figuras del elenco artístico de Radio Prieto" son tapa de *Sintonía*. Quien hubiera pensado que esto era el éxito se habría equivocado porque cuando la revista le dedicó una página entera al aniversario de Radio Prieto, las fotos que ilustraban la nota eran las de Mecha Caus, Amanda Ledesma e Inés Edmondson (todas ellas muy retratadas no sólo en relación con una emisora). El texto menciona a Evita Duarte en un lugar secundario: "Ha logrado éxito con obras del gran escritor argentino Héctor Pedro Blomberg". El grande es Blomberg, aunque Evita hubiera conseguido una tapa dos meses antes.[19] Su lugar es ciertamente precario, una de esas pequeñas notoriedades que no desbordan de un medio a otro, que carecen de continuidad y que han sido conseguidas con la decisión de utilizar todos los recursos. Evita debía ser su propio agente, presentarse ante personas que no la conocían, ofrecer intercambios si era necesario, y estar siempre dispuesta a encarar con una franqueza adecuada a la precariedad de su nombre: "Soy actriz de radioteatro, me llamo Evita Duarte y necesito una foto en la tapa de su revista para llegar a ser cabeza de compañía". La frase es, en sí misma, un ejercicio de humillación.[20]

---

[19] La tapa corresponde al número 340 de *Sintonía*, del 25 de octubre de 1939; la nota sobre el aniversario de Radio Prieto, al número 348. En otra nota sobre la programación de los radioteatros de Blomberg en Radio Prieto, publicada en el número 323, del 28 de junio de 1939, la compañía de Evita Duarte es mencionada en último lugar aunque se le adjudica un "indiscutido éxito". La estrella de la emisora es, nuevamente, la popularísima Mechita Caus. No es una nota sobre Evita, aunque aparece su foto entre otras (la de Blomberg, la del director general y el director artístico de la radio).

[20] Así consiguió ser tapa de *Damas y Damitas* en 1939, según recuerda Vera Pichel, secretaria de redacción de la revista (*Evita. Testimonios vivos*, Buenos Aires, Corregidor, 1996, pp. 55-58).

En la tapa de *Sintonía*, Evita Duarte muestra una imagen sin "tipo" ni estilo. No es una ingenua, a lo Delia Garcés, ni una mujer de carácter, a lo Mecha Ortiz; si se la quisiera encuadrar, la cualidad romántica es la que parece más próxima a una cara agradable, simple, regular, una criollita linda y sencillamente vestida, con la única decoración de unos pimpollitos de organdí sobre el peinado recogido "a la banana" sobre la frente. Se la ha hecho posar recatadamente, los ojos bajos y sombreados, muy seria; con las manos, de uñas sin el esmalte escarlata que fue su marca, ciñe un jarrón de cristal, en cuyas transparencias se refleja el corsage rosa de un vestido sin gracia, sobre el que no ha prendido ninguna joya. Es Evita Duarte antes de Eva.

La modelo de esta tapa, cuatro meses antes, había formado parte de una fila de siete actrices (la única verdaderamente conocida de las siete era Aída Luz), con las que *Sintonía* produjo una nota de *back stage*: "Cómo son y cómo creen ser. Toda actriz se descubre íntimamente al posar frente al fotógrafo". Es bien curioso: la nota la presenta como la menos exigente con el fotógrafo, una muchacha conversadora y despreocupada que se inclina por la simplicidad: "No tiene capricho ni voluntad para adoptar iniciativas... ante el fotógrafo. Es una muchacha dócil". ¿Quién lo hubiera dicho? Los puntos suspensivos son ambiguos, y quizá sean el único momento de verdad de la nota. Los epígrafes que acompañan las fotos de las otras chicas muestran un esfuerzo por atribuirles algún rasgo más interesante que la servicial mansedumbre ante el objetivo: una se comporta como una modelo, otra es más linda personalmente que en las fotos, otra es una intelectual que mira fijo, otra parece un poco apática pero "muy decorativa", etc.[21] Evita, en ese momento, era la amante de Emilio

---

[21] *Sintonía*, número 321, 14 de junio de 1939.

Kartulowicz, el dueño de la revista que la presentaba con cierto descuido.

La falta de interés de la imagen de Eva contrasta con las fotografías magníficas que, por esos mismos meses, tomó Annemarie Heinrich. El descuido, entonces, no puede ser explicado solamente por la insignificancia de la modelo sino por la mediocridad del fotógrafo.

Evita Duarte tuvo que esperar esas tapas. La primera con foto de Heinrich fue la de la revista *Guión*, a comienzos de 1940. Muy reproducida en los libros gráficos de los últimos años, la foto muestra a Evita en malla, con las piernas recogidas y los brazos cruzados detrás de la cabeza, el pelo todavía renegrido. Heinrich recordaba que esa foto había sido tomada dos años antes, en un momento en que también le atribuye a Evita gran cercanía con el general Pablo Ramírez que habría encargado la serie de fotos, no publicadas en esa época, donde ella acaricia un gato, recostada en una chaise-longue, en deshabillé, con la sugestión de una muy joven démi-mondaine. La foto de la revista *Guión*, que esperó entonces muchos meses para hacerse pública, es bien particular si se la compara con la copia del negativo original que el estudio de Heinrich salvó de la requisa posterior a la muerte de Eva. En un sobre de papel madera, Heinrich: anotó "Evita. Concurso Stampa (sic). 12 concursantes. Primeras tomas para el concurso". Y, al dorso: "Niní Gambier, Aída Alberti, Fanny Navarro, Zully Moreno, Inés Edmondson, Evita Duarte". Todas ellas, menos Evita, se consagraron uno o dos años después. Entre la copia del negativo original y la imagen publicada hubo varios retoques que aumentaron el pecho y afinaron la cintura de la modelo.[22] Evidentemente,

---

[22] Debo agradecer a Alicia Sanguinetti este señalamiento así como el haber puesto a mi disposición lo que queda del archivo de su madre, Annemarie Heinrich.

la foto de un concurso anduvo dando vueltas hasta que fue recogida por otro medio.[23]

El reciclaje de fotografías de actrices ubicadas en la segunda línea (a las que los medios no se preocupaban de enviar un fotógrafo) es habitual. La foto de tapa de *Damas y Damitas* que Eva consigue en 1939, se publica dos años después en *Antena*, reducida al tamaño de una estampilla, en una sección de informaciones sobre proyectos, filmes en rodaje y próximas audiciones.[24] Esta estampilla es la primera aparición gráfica de Evita Duarte en *Antena*, y después de ella sólo se la menciona muy esporádicamente.

Las grandes indiscutibles son Libertad Lamarque y Niní Marshall, que firman contratos de cinco cifras, discuten sus exclusividades, viajan al exterior y brillan más que el gran astro masculino, Hugo del Carril (que se fotografía de smoking blanco en la cubierta de los paquebotes en los que, con frecuencia, viaja a Brasil). Libertad Lamarque y Hugo del Carril aparecen en todos los números de todas las revistas del *show business*. No hay nadie que pueda comparárseles, son jóvenes, visten imitando con cierta imprecisión a los de Hollywood, tienen simpáticas dificultades sentimentales (Libertad tarda años en conseguir un divorcio para poder, finalmente, casarse con el director de orquesta típica Alfredo Malerba; Hugo, un enamoradizo,

---

[23] La revista *Estampa*, a la que se acostumbra atribuir las fotos de ese concurso, puso en la tapa de su primer número a Mecha Ortiz; en contratapa, con la rúbrica "Radiotelefonía", una foto a toda página de Tita Merello. El primer número de *Estampa* es del 29 de agosto de 1938. Durante el primer año no se publican las fotos del concurso que pudieron haber sido encargadas pero descartadas finalmente. Heinrich en varios reportajes insiste en que se trataba de un concurso organizado por esa revista (que ella escribe "Stampa" en sus materiales de archivo) en 1937, es decir cuando la revista aún no había aparecido.

[24] *Antena*, número 520, 6 de febrero de 1941.

sostiene su romance medio turbulento con Fanny Navarro, de ojos brillantes y gatunos, redondita y moldeada).

En este mundo de cabarets, smokings y trajes de satén como los que se ven en las películas nacionales, transatlánticos y viajes a Brasil o México, donde está bastante claro que el ideal del placer y la elegancia viene de Beverly Hills, Evita Duarte no tiene ningún lugar, no aparece ni en los segundos planos de las fotografías festivas, como si no formara parte de esa efervescencia. No era un personaje en el marketing del *show business*. Sólo a partir del golpe de 1943 y de los sólidos lazos de los militares de junio con Radio Belgrano, Evita Duarte formó en la fila de quienes festejaban. Durante años, en el centro de esa burbuja estuvo Libertad Lamarque y era completamente imposible desplazarla. Para medir rápidamente la distancia que separaba a cualquier aspirante de Libertad Lamarque, hay que recordar la reiteración periodística de sus cachets y la pregunta siempre abierta sobre si "Hollywood nos la robaría". Medidas y pesos: todavía en octubre de 1943, *Radiolandia* opinó que Evita era una "promesa interesante". En un sentido imprevisible entonces, no se equivocaba.[25]

Podría argumentarse: Libertad Lamarque, la reina, tenía diez años más que Evita Duarte. Ese tiempo las separaba y podía explicar diferencias. Pero no es así. Libertad Lamarque actuaba y cantaba, de modo insuperable si el juicio se atiene a los gustos de época (incluso sin esta caución: cantaba de modo perfecto, sencillamente). Tenía ojos claros, una sonrisa adecuada al ideal y gran fotogenia, incluso en las circunstancias más absurdas de guión y vestuario. Ya era famosa fuera de la Argentina precisamente porque reunía, según las necesidades de un género cinematográfico popular, la actuación y el canto. Libertad era sencillamente inalcanzable. Sólo un ejemplo: para presentar el tango "Caminito", *Antena* armó una doble página don-

---

[25] *Radiolandia*, 12 de octubre de 1943, número 812.

de se intercaló una fotografía de Libertad Lamarque cada dos
líneas de la letra de Juan de Dios Filiberto. Esa galería Lamarque, pórtico de una canción que será un *hit* de la cultura de
masas, muestra a Libertad en un elenco de poses que realizan
el momento perfecto de una codificación estética: la cabeza
siempre hacia atrás, el mentón levantado, como los ojos que
miran un punto en altura con expresión sufriente, o están entornados turbando el brillo de las pupilas claras, las manos con
la palma hacia la cámara y los brazos un poco flexionados. La
fotogenia con la que romperá Eva cuando le llegue a ella el turno, en otro escenario, de ser la gran fotografiada. Eva no tenía
esa belleza y su rasgo más admirado, la piel traslúcida e inmaculada, otras podían lograrlo a fuerza de filtros y difusores.

Debajo de Libertad Lamarque, de Amanda Ledesma y de
Mecha Ortiz, estaban las filas de actrices que respondían a tipologías en las que Evita Duarte no había sabido o no había podido inscribirse. Las "damitas jóvenes" o las "ingenuas": las mellizas Legrand y la instantáneamente consagrada Delia Garcés
presidían una formación de decenas de *starlettes* rubias, casta-
ñas, de ojos claros o brillantes ojos negros entornados detrás
de un cerco de pestañas postizas, boquitas pequeñas y cara redondeada. Evita Duarte no respondía a este tipo. Pero, además,
no cualquiera puede ser una "ingenua". Las fotos las muestran
como lo que muy probablemente (con toda seguridad las Legrand y Delia Garcés) eran: chicas de familia pequeñoburgue-
sa, donde habían aprendido modales alambicados, cursis pero
respetables, con sonrisas inocentes y, sobre todo, en condiciones de aguantar el tiempo que corría entre los concursos, las
primeras presentaciones y el éxito. Evita Duarte no tenía ninguno de estos bienes. Tampoco tenía formación como actriz ni
sabía cantar, ni bailar, ni un cuerpo o una desenvoltura adecuadas al teatro de revistas, como Olinda Bozán o Tita Merello.
Verdaderamente, llegó con bastante poco.

En 1941, Evita Duarte está prácticamente ausente de las noticias y su radioteatro no aparece programado (más aún, las

obras de Blomberg son presentadas por otras actrices). Es el año de las mellizas Legrand y las otras tres "revelaciones" o "consagraciones" son Zully Moreno (de una belleza estable y persuasiva), Silvana Roth y Nuri Montsé: "las tres gracias eran cuatro... Todo un surtido de bellezas que reunió Lumiton para *Los martes orquídeas*".[26] En el balance de 1941, *Antena* hace el inventario de los habitantes femeninos del parnaso criollo, dividiéndolo en dos clases: las estrellas y las "actrices de segundo plano". Estrellas son Delia Garcés, Niní Marshall, Libertad Lamarque, Mecha Ortiz, Amanda Ledesma, Olinda Bozán y Paulina Singerman. Las actrices de segundo plano son dieciséis.[27] En todo caso un combinado inalcanzable.

Y los segundos planos seguían incorporando nuevas elegidas. A los quince años, con un peinado de colegio de monjas, que rivaliza con la cursilería de los moñitos Legrand, María Duval comienza una carrera en la que se la proclama "la mayor esperanza del cine nacional".[28] Evita tiene una fugaz aparición en la columna de chismes de *Antena*, en junio de 1941, con un romance con el actor, de segunda fila, Olegario Ferrando. El texto está cosido de fórmulas, como todos los demás de la sección, y cuenta el fin de una amistad sentimental: "El amor pasa y en determinadas circunstancias lo hace aceleradamente, no dejando tras de sí nada concreto, nada sustancial que permita la evocación de un recuerdo grato". Se trata de un "amor" y no de un "noviazgo", única relación sentimental que las revistas atribuían a las damitas jóvenes. Tampoco por este lado, Evita Duarte daba el tipo.

1942 fue un año de grandes proyectos en la *pop culture* argentina. Radio Belgrano gastó dos millones y medio de pesos en elencos estelares y amplió su red de broadcasting con un

---

[26] *Antena*, número 520, 6 de febrero de 1941.
[27] *Antena*, número 567, 31 de diciembre de 1941.
[28] *Radiolandia* y *Antena*, durante 1941, *passim*.

transmisor gigantesco. A comienzos de temporada se anunció el rodaje de ochenta filmes, en los que las mujeres estrellas (Libertad y Niní) ganaron más plata que los hombres. Las radios organizaban "embajadas" que recorrían el país con los astros de su programación a bordo de trenes especialmente fletados (en los que no viajaba Evita aunque bien podrían haber sido la inspiración en el *show biz* del tren de la victoria peronista que la tuvo varias veces a bordo en la campaña electoral de 1946). La temporada marplatense se inauguró con una delegación de Radio Splendid y las de Córdoba y San Luis con dos embajadas de Belgrano. Varios concursos se lanzaron a la búsqueda de estrellitas.[29] Es un momento culminante de la cultura popular de masas.

Se tiene la sensación, por supuesto llena de anacronismo, de que nadie miraba hacia donde estaba Evita. No había razones especiales para reparar en ella. Durante 1942, *Radiolandia* y *Antena* (que creaban la opinión y la gloria) hacen literalmente miles de menciones cortas, aparte de los largos reportajes, las secciones de chismes, las noticias de las productoras. Hoy la débil presencia de Evita nos impresiona como singular, pero no lo era. Y en cuanto a los concursos, ni hablar. Por su colocación en el campo, donde ya había hecho algunas cosas, Evita Duarte no podía presentarse a ser descubierta (lo que ella necesitaba más bien era que le dieran una "oportunidad", que la recordaran en el momento de un *casting*).

Pero hay una razón más importante que descarta los concursos: se trata de la búsqueda de "estrellitas", "ingenuas", "damitas". Se escribían críticas a este sistema actoral excesivo en sus clasificaciones y caído hacia la pacatería de la damita joven: "Un defecto capital en nuestro cine: hay exceso de niñas y carencia de mujeres" y, además, no surgen nuevas figuras

---

[29] *Radiolandia*, número 766, 24 de noviembre de 1942 y número 768, 5 de diciembre de 1942.

porque "la carrera cinematográfica aún no ha interesado a los sectores femeninos capaces de darle sus mejores aportes"; y los concursos sólo promueven caras de adolescentes, muchachitas y muchachitas, como repite impacientado un columnista que desespera porque la Argentina no tendrá nunca su Veronica Lake; los directores son perezosos y no salen a buscar, como se cree que hacen en Hollywood, caras nuevas en los escenarios mismos de la vida.[30] No importa, son todavía, por bastante tiempo, los años en que a la consagración se llega por el camino de la ingenua. Eva no daba ese tipo, ni había salido de una familia que pudiera haberle ofrecido el entrenamiento cultural necesario.

En esos concursos no se buscaba nada diferente a lo que había sido descubierto el año anterior, se buscaba un tipo establecido para el que los guionistas sabían escribir sus comedias, los fotógrafos iluminar y los directores terminar rápidamente un film. Cuando Eva llegó finalmente al cine con un papel estelar en *La pródiga*, filmada durante 1945, el *miscast* es obvio: nadie había pensado cuál era el papel para una actriz que debía encabezar un reparto por primera vez, tenía 26 años y no parecía "joven" según las normas usuales. Se la encuadra en un rol que iba a hacer Mecha Ortiz, diez años mayor y, desde siempre, actriz "de carácter", algo que Eva, que apenas actuaba, tampoco era. Nadie había descubierto lo que Evita Duarte podía hacer. Ella no fue descubierta por el mundo del espéctaculo, sino llevada allí por la revolución de junio, cuyas consecuencias la sacaron poco después de la escena de la *pop culture* para instalarla definitivamente en la escena de la política de masas.

---

[30] *Radiolandia*, número 855, 5 de agosto de 1944. Tesis similares aparecen antes y después de esta fecha. Notable por la conjunción de todos estos temas y la comparación con Hollywood, el artículo "Nuestro cine no encuentra el material humano capaz de darle tono universal", en *Radiolandia*, número 739, 16 de mayo de 1942.

Evita no era la única en dificultades, naturalmente. La potencia de la industria cultural argentina atraía a centenares:

El sueño de gloria en que se perdieron tantos esperanzados
Hace pocos días llegaron hasta nuestra redacción dos muchachos provincianos. Venían en demanda de ayuda.
—Vinimos a triunfar en el cine. Hace seis meses que estamos en Buenos Aires, viviendo como podemos, angustiosamente. Y no hemos podido aún siquiera ser probados.
Planteaban, violenta, dolorosamente... la situación de quienes se lanzan a la gran aventura, sin siquiera un mínimum de posibilidades. Ilusionados que vienen a la gran ciudad sin más bagaje que sus entusiasmos, convencidos de que la fama y la fortuna están esperándolos... De que por el solo acto de presencia, el cine o la radio —metas de la mayoría— van a darles la condición estelar con que soñaran tras el encumbramiento sensacional y brillante de muchas figuras surgidas ante las cámaras o el micrófono, de un día para otro. Y la realidad, lamentablemente, es otra.

Gloria para pocos entre miles
Lo hemos dicho. Y lo repetimos, siquiera sea para llamar a la reflexión a tanta gente que, por mucho entusiasmo que traiga, carece en realidad de la condición indefinible que consagra a los predestinados.
El cine y la radio reservan gloria y dinero sólo a unos pocos entre miles de ilusionados. Casi siempre, vuelcan las posibilidades de triunfo sobre quienes menos lo buscaron... Por cada Elisa Galvé, Mirtha o Silvia Legrand, María Duval, Zully Moreno o Ángel Magaña, hay cientos y cientos de muchachas y muchachos a los que desde el primer momento se pudo decir rotundamente que el éxito estaba más allá de sus condiciones. Más allá de su voluntad o perseverancia. Cientos y cientos de esperanzados que no hubieran creído en la sinceridad de quienes los llamaron a la realidad, porque el triunfo de otros era la certificación de que podía ser el propio...
Ese es el mal. El no saber realizar a tiempo un análisis desapasionado de las propias condiciones. El imaginar que sólo

un físico interesante o el deseo de llegar eran suficientes...
El cine o la radio reservan, sí, puestos estelares a muchos hasta hoy desconocidos, que un día suplantarán en las carteleras del éxito a Libertad Lamarque, Niní Marshall, Pedro López Lagar, etc. Tienen que estar escondidos, ignorados, en cualquier rincón del país. Hacia ellos, por uno u otro camino irá esa oportunidad que buscan hoy infructuosamente miles y miles de aficionados. Pero esa gloria de la popularidad sin reservas no alcanzará para todos.[31]

Cuando llegó a Buenos Aires, Evita Duarte encontró ese paisaje superpoblado de aspirantes, cuyo desenlace más seguro era el fracaso o la entrega a los falsos influyentes, los agentes inescrupulosos, los amigos de los amigos que otras notas denuncian. Los concursos no eran un camino para quien tenía la urgencia inmediata de encontrar un trabajo. Por supuesto, había concursos a montones: de caras bonitas, de *misses*, de aspirantes al cine, de sonrisas insinuantes, de tango, de baile, competencias para carnaval donde se coronaba a la reina de la radio, lo que fuera...[32] Evita no fue descubierta de ese modo, ni de ningún otro. Consiguió, como se sabe por las revistas que registran la programación en todo detalle, algunos trabajos de radio y algunos bolitos en el teatro; encabezó compañía sin llegar al éxito; fue desapareciendo en 1941 y 1942, cuando casi no se la menciona. Todo cambió en 1943, cuando llega en calidad de estrella patrocinada por el poder político. Allí establece su primera diferencia. Antes había sido invisible: en todos los sentidos, no daba el tipo.

---

[31] *Radiolandia*, número 730, 14 de marzo de 1942.
[32] Por ejemplo, se lee en *Sintonía*, número 252, febrero de 1938, el desarrollo de competencias en todos estos rubros.

La comparación

La ingenua: sonrisa abierta de una boca pequeña con las comisuras bien curvadas hacia arriba; mejillas carnosas y redondeadas, narices cortas; semisonrisas angelicales, graciosas, encantadoras; muchas pestañas y efecto de ojos claros producido por la iluminación; miradas levantadas, que muestran el blanco del ojo, debajo de la pupila, pensativas; ojos muy abiertos y redondeados, sorprendidos; mirada al sesgo, un poco pícara, un poco caprichosa (Delia Garcés, inigualable); óvalos sin aristas ni ángulos; pelo fino, liviano y vaporoso con reflejos y bucles; cuerpos redondeados, de líneas suavemente curvas, hombros estrechos, cinturita; manos y pies chicos; pose recatada, un pie delante del otro, manos entrelazadas o que apoyan, con levedad, sobre una consola; cuellitos, apliques, guardas, puntillas, pespuntes, polleras con un poco de vuelo o fruncidas en la cintura; telas estampadas, a lunares, tonos pastel; algún anillito o pulserita, aritos dé perlas. Efecto delicado y un poco "miniatura", virado siempre hacia el Kitsch.

Las actrices fuertes (Mecha Ortiz, inigualable): boca grande, carnosa, prototípicamente sensual, cruel, imperiosa, decidida, triste; mirada penetrante que puede ser torva; pelo pesado aunque dúctil; gran torso, hombros anchos, piernas vigorosas; movimientos pausados, casi solemnes; vestidos drapeados, ceñidos, reflejantes, envolventes, fieles al cuerpo; una mujer con historia, una mujer interesante.

Las bellezas: la actriz fuerte diez años antes de serlo; la misma boca de labios llenos; aletas de la nariz abiertas y temblorosas; bocas modernas, que no se rizan en el labio superior; el mismo cuerpo pero más joven y perfecto, pechos grandes, brazos y piernas torneados, dedos largos; anchos pantalones de satén y blusas ajustadas, pañuelos de gasa al cuello, una mano en el bolsillo, la otra con un cigarrillo sin encender (tipo inigualado: Zully Moreno); también bellezas de ojos claros (Amelia Bence, inalcanzable); destellos fotográficos en los ojos, en el pelo, en los dientes; cara ovalada, con pómulos y nariz enérgicos; buenos perfiles, muy regular la unión de la nariz con la frente, mentón redondeado pero fuerte, algún hoyuelo matizando cierta severidad de la mirada o retocando una promesa demasiado *risquée*; pocas melenas a la moda, corte Veronica Lake y mucho rodete, con arreglos de torzadas y ondas amplias sobre la frente.

Nadie, ninguna de las actrices en ninguno de los tipos, es demasiado flaca; piernas y brazos son "torneados", ningún vientre es completamente chato: las caras, incluso las de las actrices de carácter, tienen un arabesco suave de curvas. Ninguna actriz usa el pelo completamente lacio; todo peinado tiene una zona, atrás, sobre la frente, en la parte superior de la cabeza, que lleva ondas o rulos (la forma más estilizada de ese rulo es la gran torzada o jopo "a la banana"). Nadie tiene el pelo completamene renegrido.

Los ojos son el pivote sobre el que se arma una belleza. En esos años treinta y cuarenta, la parte del cuerpo que define, compensa y hace la diferencia son los ojos (tiene lindos ojos, equivale, por sí solo, a un argumento a favor o a un atenuante de cualquier defecto). Los ojos claros de Libertad Lamarque, Paulina Singerman, Amelia Bence, Zully Moreno, los ojos tormentosos de Mecha Ortiz, los ojos pícaros de Delia Garcés, los ojos inocentes de las Legrand. La fotogenia está más comprometida en los ojos que en los ángulos del rostro o en los contornos. Saber mirar es una técnica fundamental de la actuación, hacer valer los propios ojos: entornarlos, sesgarlos, relucientes por la emoción o la alegría. La expresividad está en los ojos, que dicen lo que no se puede. Los ojos, arma decisiva también para las actrices de radioteatro, que trabajaban sobre escenarios, frente a un público que contemplaba la trasmisión como espectáculo: "El público que concurre habitualmente a los auditorios no va sólo con el propósito de oír a sus artistas predilectos... Lo lleva una curiosidad: la de saber si esos artistas son tal como los han creído, en virtud de

la imagen creada bajo el influjo de su arte. De esa impresión
que el espectador recibe depende en mucho el futuro de un
astro o una estrella. Y ellos cuidan por todos los medios a su
alcance de mantener viva la llama del interés, ya que la acogi-
da que se les presta determina en la mayoría de los casos el favor del anunciante".[33]

Evita Duarte era diferente de todas estas estrellas de audi-
torio. No encuadraba dentro de ninguna de las categorías que
dividían a las actrices: ni grandes ojos, ni boca a la moda, ni un
cuerpo definidamente clasificable dentro de algún tipo. Era alta (lo que no se consideraba una cualidad indispensable: según
algún columnista, un metro con sesenta y cinco, incluidos los
tacos altos, daba una altura ideal), su piel mate era traslúcida e
inmaculada, tenía linda sonrisa y buenos dientes; su pelo lacio,
grueso y negro, que con los años soportará bien las semanales
oxigenaciones para llegar al rubio, todavía no estaba explota-
do en sus posibilidades originales, probablemente porque ningún peluquero se había ocupado seriamente. Todas las cualidades que, pocos años después, se unirían en la producción de
una personalidad, estaban libradas a su espontaneidad, sin trabajo estético. Su futura fotogenia todavía no había sido descubierta, a excepción de lo que en ella ve la cámara de Annemarie Heinrich.

En efecto, el talento de Heinrich (fotógrafa de casi todos
los artistas de éxito), logró bastante temprano algunas tomas
que hoy parecen anunciar la belleza futura. Es la serie de Evita con un gato. Tres de estas fotos tienen, al dorso, escrito por
Heinrich, la fecha 1937 y una, 1940. Se trata de la misma sesión, y por lo tanto una de las dos fechas es errónea. Como sea,
fueron tomadas antes de que Evita Duarte tuviera su gran oportunidad en el segundo semestre de 1943. Precisamente porque
ni la fotógrafa ni su modelo podían saber lo que sucedería en

---

[33] *Sintonía*, número 363, 3 de abril de 1940.

ese futuro no muy lejano, las fotos tienen el interés de algo que se hizo sin saber que su personaje iba a transformarse.

Como nadie hasta ese momento, Annemarie Heinrich produce una Eva, con el cuidado y la dedicación que se usaba para las fotos de estrellas. Naturalmente, las fotos son un capítulo brillante en la pobre iconografía que Evita tuvo hasta ese momento. Heinrich la trató como a una modelo cuya imagen debía ser producida: el deshabillé (se dice que era una cortina del estudio), la chaise-longue de raso, el abstracto ámbito de un estudio, donde las luces sólo dependen de criterios estéticos (la iluminación del pelo de Eva lo transforma, lo hace más liviano, lo levanta con reflejos y brillos), y la composición de su figura con el agregado del gato, inmenso y esponjoso, cumpliendo la doble función simbólica y de soporte para las poses de una Evita que, según contó Heinrich, no era dúctil. La sugestión de la cara proviene de la iluminación, muy contrastada en luces y sombras que la perfecta juventud de la modelo toleraba. La sonrisa y la mirada, en algunas tomas, son lo mejor que hay de una Evita previa a su consagración: apoyada la cabeza en la mano derecha, el ángulo le permite sesgar los ojos con naturalidad y sonreír enigmáticamente, mientras su mano izquierda acaricia el gato: joven en salto de cama, escena íntima, sugerencia de que la modelo es captada como nadie puede verla, en chinelas, como si acabara de levantarse y se hubiera recostado, por pura pereza, en el sillón de su antecámara.

Ninguna de las fotos publicadas en revistas, en cantidad creciente a partir de 1943, da esta Evita Duarte. Ninguna de las fotos de las actrices de éxito, publicadas en los mismos medios, tiene esta sugerencia. La serie del gato muestra, en otro estilo que Eva no adoptará en el futuro, lo que ella podía dar como fotogenia. La serie del gato muestra la *diferencia* de Eva. Prueba que allí había una materia no convencional, insubordinable a los tipos de la época. Sin saberlo son un ensayo, realizado en un estilo que no sería el adoptado en los años de gloria. Pero, en un estilo de interior mundano y algo equívoco, la serie del gato muestra lo que esa cara podrá decir cuando encuentre su expresión, cuando ya no sea necesaria ni la semisonrisa poco decidida, ni los ojos entornados con un recato débilmente verosímil. Por la misma época de esta sesión con el gato, Heinrich hizo otro retrato de Evita Duarte, donde ella parece muy joven: una hermosa fotografía, muy contrastada, con sombras expresionistas en el cuello y un tercio del rostro, que se aclaran en el gris de los hombros desnudos; tomada desde abajo, la cara, todavía redondeada, se destaca contra una masa de pelo negro y suelto, peinado sin marcas de una moda de época. Esta Evita joven también muestra su diferencia en la expresión reconcentrada, casi severa, ajena a las expresiones que entonces se pedía a las modelos jóvenes.

Las de Heinrich (estas fotos y otras, como la del solero blanco en la que Eva arquea la cintura hacia atrás, provocadora; o como el perfil que muestra, en la línea tupida del nacimiento del pelo, la tensión de su torzada, y el aro estrellado en el lóbulo que brilla sobre el cuello desnudo, una foto tan perfecta que la propaganda justicialista la inmortalizó en los almanaques de la Fundación Eva Perón)[34] son fotos que muestran lo que no había sido visto: la excepcionalidad de la modelo. Lo muestran al hacerse cargo de que Evita era diferente de las otras chicas que aparecían en las revistas.

Su diferencia era una serie de *cualidades ausentes* (ni grandes ojos, ni sonrisa según la norma, ni un cuerpo excepcional, ni buen gusto, ni poses que denoten buenos modales, ni inocencia, ni ingenuidad, ni siquiera la impresión de ser demasiado joven pese a que lo era). Lo que Eva no tenía era, precisamente, lo que la moda exigía como signo de la belleza. Lo que ella tenía debía ser descubierto como originalidad, valorado como rasgo diferencial. Hasta que no alcanzó la fama, por razones ajenas a todo esto, esa diferencialidad no podía convertirse en estilo.

---

[34] Almanaque correspondiente al año 1953.

Por eso son tan malas las fotos de Eva en las revistas de la farándula. Cuando comenzó su éxito en Radio Belgrano (la más grande, la más poderosa y la más oficialista de todas las radios), Evita Duarte no va a cultivar su excepcionalidad sino a trabajar en una imagen asimilable y parecerse, cuanto sea posible, a las actrices a las que, en verdad, no se parecía mucho. El éxito alcanzado por fin no habilitaba para la diferenciación, porque, naturalmente, nadie sabía cuál iba a ser la transformación del escenario político en octubre de 1945. Evita se produjo dentro del medio artístico, borrando cuanto fuera posible aquello fuera de serie que había captado Heinrich en las fotos del gato. Al contrario, por última vez en su vida, Evita Duarte trabajó para ser cabeza de serie y no mujer excepcional.

Eva muestra una cara fresca, que no piensa, sin resistirse a las sonrisas o a las poses bobaliconas. Si se comparan las tapas de *Radiolandia* de 1944, dibujos de Vitucho sobre fotografías (procedimiento que corrobora el ideal de artisticidad de la revista, atenuando todo defecto que la foto hubiera dejado pasar después de los pesados retoques), la tapa de Evita Duarte muestra una mujer sonriente, de rostro oval pero no delgado, nariz recta y ojos poco expresivos: una mujer feliz, nada especial, tan convencional como el resto de las que llegaron a ser tapa. Eva no es más sugerente, ni más misteriosa, ni más interesante. Parece una mujer sencilla que no puede creer su buena suerte. De ella se dice que "ha superado con su actuación en Radio Belgrano toda su anterior labor".[35] Pero no es glamorosa, porque el glamour tiene su marca de época y nadie en esos años hubiera pensado en sostener su tipo de criollita y trabajarlo hasta que se convirtiera en un estilo. Para alcanzar su estilo de Eva, Evita tuvo que ser rubia y volver a ser tan delgada como a su llegada a Buenos Aires. Eva adelgazó a partir de su dedicación completa a la política,

---

[35] *Radiolandia*, número 832, 26 de febrero de 1944.

reencontrando el cuerpo anguloso de su adolescencia. En 1944 y 1945, según cuenta Mario Soffici (que la dirigió en *La cabalgata del circo* y *La pródiga*), Eva "estaba gorda".[36]

En las fotos de 1943 hasta su retiro como actriz, Evita muestra los esfuerzos para normalizarse según las pautas del *mainstream*. Reproducidas décadas después en los libros gráficos, estas fotos aparecen resignificadas por las que las acompañan, las de la Eva guerrera y pasional. Leídas sin ese anacronismo, como si las fotos posteriores no hubieran existido, como si Evita Duarte no hubiera llegado a ser Eva, muestran el esfuerzo exitoso de una normalización. Eva no encuadró en el tipo de la damita joven y eso quedó definitivamente descartado; tampoco se reencuadró como actriz de carácter (aunque el último intento de su vida de artista fue un rol como el de *La pródiga*, que estaba destinado a la *non plus ultra* del género, Mecha Ortiz, descartada, con poca sensatez artística, porque Eva ya era muy poderosa). Lo más que puede decirse, en cuanto a estilo, es lo que dijo el vestuarista de ese film: Evita daba bastante bien el tipo romántico.

Las fotos de este período la muestran entonces como una señora joven y feliz, seria y dulce, plácida, distendida, muy ocupada en la lectura (decenas de fotos con libros en la mano o sobre la mesa, libros de regalo para la fiesta de Reyes, menciones varia-

---

[36] "*La pródiga*, el film que Evita protagonizaba, nunca lo terminé del todo. Faltaba un truco, que no quise hacer por la crueldad que insumía (el desbarrancamiento de un caballo) y se lo encargué a Ralph Papier. Pero en ese momento tenía yo otros compromisos, y cuando volví ya estaba sonorizada y con música. Se le pasó en privado a Evita y Perón. Entre paréntesis, ella me reprochó que la había sacado gorda. 'Señora —le dije— entonces estaba gorda y ahora está delgada'. Ella se reía, muy amable. Ese film nunca se estrenó. Creo que los motivos reales fueron que, como en esos momentos asumía el poder como presidente el general Perón, no creyeron oportuno estrenarlo." ("Recuerdos de Mario Soffici, el director de *La cabalgata del circo*", *La Opinión Cultural*, 22 de julio de 1973.)

das a su biblioteca de clásicos), con frecuencia sentada al piano, frente a un escritorio evidentemente masculino (ya vivía entonces con Perón) o admirando de reojo alguno de sus cuadros favoritos. Los decorados responden a esta voluntad de adecentamiento y normalización de imagen: sillones franceses de raso, *bergères* de chintz, mesitas con floreros, un tocador cubierto de frascos de cristal, el escritorio masculino y militar, con réplicas de soldaditos y bustos en bronce, de donde no está ausente un libro gigantesco encuadernado en cuero de vaca, bibliotecas con puertas de cristal, mapas y grabados en las paredes. Nada en estas fotos indica el esfuerzo de los años pasados: Evita Duarte cayó en estos interiores burgueses como si hubiera vivido siempre en esa escenografía de imitación. Nada marca tampoco en ella las malas épocas: está más redondeada, sin aristas, hogareña, sin ninguna sofisticación que la acerque al chic hollywoodense de Zully Moreno o la sugerencia tormentosa de Mecha Ortiz. El tema es "una mujer como todas". Dos cualidades bien evidentes: perfectamente peinada, con rodete, torzadas, jopos levantados sobre la frente, tres grandes ondas encontradas en lo alto de la cabeza, pelo suelto atrás y elevado a los costados. Dientes parejos y blancos que aparecen en estas fotos porque en ellas Evita ha aprendido a sonreír de manera plena.

Hay otras fotografías, instantáneas de actos en Radio Belgrano, con abundante presencia de militares, incluido el sonriente coronel Perón, que parece encantado entre los artistas. Evita Duarte muestra sus primeras joyas, sus primeros trajes de fiesta, con abundancia de lamé, de plisados y drapeados en las caderas, malos diseños que no le quedan bien.

Nada más que anuncie el modo en que esa señora joven y algo doméstica, siempre recatada cuando se viste de gala, se va a convertir en una Ninoschka de día y en una provocativa reina para las grandes veladas. Sin embargo, en las fotos de 1944 aparece un elemento fundamental de la imagen futura: el traje sastre. Haberlo elegido (o aceptado) es un ensayo general de los cambios de la Eva futura.

Nace la estrella

Durante los primeros nueve meses de 1943, Evita Duarte no figuró en la programación de ninguna radio: tampoco había tenido demasiado trabajo en 1942. Pero, a partir de junio, comienza a tejerse la trama que la conducirá, en el tercer trimestre de 1943, a la consagración. Evita pasó desde una casi total invisibilidad al estrellato. Ella era la misma; lo único que había cambiado era el gobierno y las relaciones de los gobernantes con los medios de comunicación.

Después del golpe, el teniente coronel Aníbal Imbert fue designado director general de Correos y Telégrafos. Recibió, de inmediato a los representantes de las dos radios más importantes (Isidro Odena, por Splendid y Jaime Yankelevich por Belgrano). Les reclamó que la radio contribuyera a la "cultura popular". Se promovieron algunas iniciativas nuevas y curiosas. Desde la Dirección de Radiocomunicaciones, ocupada por el mayor Carlos H. Farías, se organizaron cursos "de perfeccionamiento para radioyentes, a quienes se les encargará la fiscalización de todas las trasmisiones a objeto de que estén encuadradas dentro de las normas reglamentarias y de corrección prosódica".

Legislación de los medios de radiodifusión

El mayor Farías, en la misma semana de julio, indicó su disgusto ante la "desorientación cultural" que afectaba a las radioemisoras, y otorgó personería jurídica a la sociedad anónima Radio Belgrano, empresa que, al mismo tiempo, se enorgullecía de haber aumentado entre un diez y un treinta por ciento el sueldo de sus colaboradores. La coincidencia, tan evidente que casi parece fabricada, marcó el acuerdo entre los militares de junio y la radio de Yankelevich, que sería el escenario de consagración de Evita Duarte. Belgrano era la radio hegemónica, por su potencia y su política de contratación de las estrellas más populares. Ya en 1940, los dueños de emisoras pensaban que Yankelevich les había ganado en innovación técnica e inversiones, por su "audacia, dinamismo y espíritu comercial".[37]

En 1943, este empresario habilísimo encontró su contraparte en algunos funcionarios que también consideraban a la radio de un modo nuevo, como pieza de construcción política. De hecho, Perón e Imbert comenzaron a visitar, con una frecuencia desconocida hasta entonces, las radioemisoras: brindis, primeras emisiones, inauguraciones, los tuvieron en el primer plano de las fotos. Los discursos del 1º de mayo de 1944 fueron trasmitidos por radio y la misma trasmisión se convirtió en noticia, ilustrada por una fotografía donde Edelmiro Farrel y Víctor Mercante aparecen al lado de Yankelevich y de Perón, orador central de ese día en el que "se dirigió a la masa obrera del país en un prolongado discurso en que estudió todos los problemas que afectan a la clase trabajadora, apuntando, de paso, las soluciones que a los mismos serán dadas".

---

[37] *Sintonía*, número 363, 3 de abril de 1940. Desde 1942, Radio Belgrano tenía el transmisor más poderoso de América, con el que se proponía crear una red internacional. Sus contratos son descriptos como "la danza de los millones", que fueron a parar a las manos de Libertad Lamarque, Hugo del Carril, Niní Marshall y Fernando Ochoa. Frente a esta hegemonía, otros opinan, por ejemplo *Sintonía*, que la radio "soporta hoy una virtual dictadura y monopolio". Radio Splendid, sin embargo, se consolida en ese mismo comienzo de los años cuarenta con una programación algo más selectiva que la de Belgrano, bajo la dirección del departamento artístico ocupado por Isidro Odena. Sus artistas son Paulina Singerman, las mellizas Legrand, Pedro López Lagar, Mecha Ortiz, Zully Moreno y María Duval (*Radiolandia*, número 774, 16 de enero de 1943).

Frente a esta nota de *Antena*, en página impar y titular a la cabeza, se lee: "Fue objeto de una expresiva demostración de simpatía la primera actriz Evita Duarte". En la foto aparece sonriente y de gran saco de piel, escoltada por Jaime y Samuel Yankelevich. Al costado de esta foto, otra, donde Evita está rodeada por su compañía, en ocasión de firmar el contrato para el resto de 1944 y 1945. En el número siguiente, continúan los homenajes: foto de un banquete donde la agasajada fue también Evita.[38] En febrero de 1944, Evita recibió a los coroneles Perón y Mercante en la trasmisión de uno de sus programas. Con corsage negro y aigrette blanca en el pelo todavía oscuro, sonríe entre los militares de guerrera blanca que también sonríen. Esta foto indica que prácticamente lo primero que hizo Perón después de intimar con Eva en el festival por los damnificados de San Juan, de mediados de enero, fue asistir a su programa de radio.[39]

Los coroneles de junio no visitaban solamente las broadcastings. Van a los estudios de filmación, a los festivales y a los teatros. Perón muestra la sonrisa y la sencillez de trato que se harán famosas, conversando con Niní Marshall, Amelia Bence y los productores de la familia Mentasti. En ese encuentro, quien iba a ser secretario de Informaciones de la Presidencia, Raúl Alejandro Apold, agradeció la presencia de los jefes militares en su calidad de representante de Argentina Sono Film.[40] Todo parece coincidir casi de manera excesiva. Pero, en ocasiones, esos excesos son la prueba de una situación excepcional. Este es el caso: las fotos y las visitas cuentan la historia de la fundación de un *régimen de innovación cultural* donde, por primera vez, se mezclan en público (y no en las *garçonnières* donde ya se habían conocido) los militares y la gente de la farándula.

[38] *Antena*, números 690 y 691, del 11 y 18 de mayo de 1941.
[39] *Radiolandia*, número 829, 5 de febrero de 1944.
[40] *Radiolandia*, número 811, 2 de octubre de 1943.

Evita Duarte, de la noche a la mañana, es iluminada por todos los focos, sin que nada lo anunciara en su carrera anterior que se había opacado, atravesando una meseta bien baja que no permitía pronosticar ese estrellato súbito. Entre fines de septiembre y comienzos de octubre de 1943, las dos revistas principales, *Antena* y *Radiolandia*, anunciaron su radioteatro en Belgrano, con una noticia curiosamente diferente. *Antena* la llama artista de "amplio y justificado renombre", aunque, poco después, algún prurito informativo le hace publicar que "se encontraba alejada del micrófono desde hace mucho tiempo". *Radiolandia* la considera una "promesa interesante" que será lanzada en un "puesto estelar" y que tiene todo "para lograr el éxito".[41]

La divergencia en la caracterización de Evita Duarte es una señal de la fluidez del momento: ¿cómo llamar a quien hasta pocos meses antes no podía, ni en su sueño más loco, ser cabeza de compañía en Belgrano, la radio de los verdaderamente grandes? Evita no podía ser "descubierta", porque ya había trabajado antes. Oscila entonces entre promesa y protagonista de una carrera "interesante". La idea de "promesa" se borró por completo en cuestión de unas pocas semanas, y Evita Duarte se convirtió súbitamente en la "popular", la "brillante". Si en octubre se la presentaba como una joven que "tiene todo para lograr el éxito", en noviembre ya había llegado. Su radioteatro va a las diez y media de la noche, *prime time*. Con un par de meses de interrupción por "agotamiento" o rodaje de un film, los asuntos de Evita Duarte siguieron en ese camino triunfal hasta que las consecuencias de los sucesos de octubre de 1945 la llevaron, no hacia la tranquila domesticidad que Perón le había prometido y ella afirmaba co-

---

[41] *Antena*, número 658, 30 de septiembre de 1943 y número 661, 21 de octubre; *Radiolandia*, número 812, 9 de octubre de 1943. En el título, *Radiolandia* repite la idea de que Evita Duarte es una "promesa radioteatral".

mo deseo en muchos reportajes,[42] sino hacia el centro del torbellino. Con todo lo que había aprendido en esos dos años de estrellato, sumado a la dureza y la decisión que fueron armas de supervivencia antes, Evita estaba lista para la política.

Le habían sucedido cosas excepcionales, y sus cualidades, que antes la ubicaban en un indiferenciado montón de aspirantes hambrientos, resaltaron con el éxito, la ropa más cara y mejor elegida, la seguridad de su amparo militar. Infinidad de fotos publicadas en estos dos años (entre octubre de 1943 y octubre de 1945) muestran una mujer plácida, feliz, un poco bobalicona en la imitación de poses burguesas, sin demasiado estilo ni chic, aunque elegante. Siempre su peinado es impecable y su pelo va virando definitivamente al rubio. Radio Belgrano le da tratamiento de estrella con avisos a toda página (como los que obtenían Libertad Lamarque o Hugo del Carril), donde se anuncian sus dos o tres programas cotidianos.[43] La prosperidad de Evita es la del grupo militar que la condujo hasta el escritorio de Yankelevich.

Evita Duarte se construye un personaje para reparar episodios pasados, que sus colegas maledicentes recuerdan:

> Ya ven (le dice a un periodista), sólo una mujer... Sin los atributos que me adjudican los amigos. Ni tampoco con los defectos que apuntan los que no me quieren... Mi vida es cristalina. Mi carrera, común... Se han dicho de mí toda clase de

---

[42] "Pero 1945, dulce secreto de Eva Perón, puede ser también el último de su carrera": "muchacha joven, feliz y enamorada" (jamás se menciona el nombre de Perón como unido sentimentalmente a Evita Duarte, pero se repite varias veces que ella está enamorada), *Radiolandia*, número 875, 23 de diciembre de 1944.

[43] Los detalles de títulos y contenidos de estos programas están en todos los avisos de Radio Belgrano; su continuidad y cortas interrupciones quedaron registradas en la programación que publicaban revistas como *Antena* y *Radiolandia*. Sobre el carácter de esos programas: las biografías de Marysa Navarro y Alicia Dujovne Ortiz y el libro ya citado de Noemí Castiñeiras.

infundios... No soy pues, como quieren hacerme aparecer aquellos que no perdonan nunca que una mujer joven llegue a una posición destacada, una advenediza... Semanas atrás —ustedes lo recuerdan—, tuve que hacer una aclaración pública acerca de lo que llamaríamos mis finanzas. A tanto había llegado la maledicencia de algunos.[44]

Lógicamente, Evita Duarte quiso presentar un ascenso construido de a poco, disimulando el salto de la mediocridad al estrellato o las lagunas sin trabajo que fueron su verdadera historia:

> El estrellato no la tomó desprevenida. Idiomas, danzas y música venían siendo sus inquietudes desde mucho atrás. Creía, de tal modo, ir perfeccionando sus condiciones. Y, por vía de su empeño, llegó al triunfo y a ser una excelente pianista. ¿Sus preferencias? Chopin y Debussy en lo clásico. En lo popular, nuestra música folklórica.[45]

La necesidad de dar coherencia a una historia llena de contratiempos humillantes y la necesidad de presentarse como una "señora" (finalmente se iba a casar con el militar más poderoso de la Argentina) regulan la campaña de prensa de Evita Duarte. Todos los reportajes son un ejercicio en la construcción de una imagen y en el establecimiento de una coherencia.

Por fin, en noviembre de 1944, después de un año en Radio Belgrano, Evita Duarte torció ese discurso autocentrado, obsesionado con el pasado y la maledicencia. Firmada de su puño y letra, *Antena* publicó una "carta a sus oyentes" que ofrece un nuevo repertorio temático y el ejercicio de otras virtudes y emociones más públicas. Otras actrices, antes que Evita Duarte, habían creído descubrir que el recurso a la simpatía con los

---

[44] *Radiolandia*, número 890, 7 de abril de 1945.
[45] *Radiolandia*, número 875, 23 de diciembre de 1944.

que sufren podía completar una imagen edificante. *Radiolandia*, en su sección de chismes, cuenta que Delia Garcés, de camino hacia Rosario, se emocionó a tal punto ante una criatura muy miserable que le dejó todo su dinero, averiguó su nombre y desde ese momento se convirtió en su protectora. Pero esta anécdota no es, de ningún modo, ni típica ni reiterada. Más bien las revistas se encargan periódicamente de aclarar a sus lectores que los astros de éxito, cuyos cachets de cinco cifras publican, no son empresas de beneficencia. [46] Y, sobre todo, las actrices no hablaban en los términos de esa carta (escrita seguramente por Muñoz Aspiri, uno de sus guionistas, que Eva, como lo hará de ahora en más con sus diferentes *ghost writers*, asume como voz propia), donde hay un esbozo del discurso en el que se especializará a partir de 1946. Una especie de ensayo atenuado, prepolítico, de comunicación de ideas sostenidas sobre las emociones que se comparten y que acercan a la primera actriz (o la primera dama) al mundo de sus escuchas:

> Amigos:
> Por fuerza, esa vinculación de tantos meses con el micrófono de LR3 Radio Belgrano debe habernos creado ya la categoría especial de amigos. En verdad, lo somos, y lo somos con ese tipo de amistad que genera la gustación compartida de algo emotivo y conmovedor: mis personajes del éter. ¿Se acuerdan de Elisa Lynch, cabalgando sobre los esteros paraguayos, con el drama de su amado mariscal? ¿Y de Cristina de Suecia, la mujer que perdió su trono por el amor? ¿Y de la última zarina de Rusia, ahogada en misticismo? ¿Y de Margarita Weild de Paz, sublime página de heroísmo y de fe en un hombre, cuya figura de ninguna manera decae ni se borra? Y, por fin, este último mes, ¿la figura de Carlota López Celada, una porteña que sucumbe al trágico zarpazo de la fiebre amarilla? Sí, amigas, todas esas heroínas palpitantes de vida y de fres-

---

[46] *Radiolandia*, número 689, 31 de mayo de 1941.

cura literaria, todas esas "amigas" nuestras, han ido creando esta corriente de mutua simpatía entre ustedes y yo. Ahora mismo acreciento ese gesto, al comenzar la irradiación de "La doncella de la Martinica", exaltación romántica de la vida de una mujer que estuvo al borde de la guillotina, y se elevó de allí al trono que ocuparon antes los Luises. Josefina de la Pagerie, la bella criolla, que alentó a Bonaparte, nos volverá a reunir en el éter, a la hora propicia de la noche, cuando toda historia novelada es una confidencia, un cuento entre amigas, una delicada y soñadora visión de corazones, que ya son polvo, sin que por ello pierdan, a través del recuerdo, su perfume viejo. Josefina de la Pagerie será la embajadora de esta corriente melancólica y delicada, que nos une en el centro de una misma correspondencia emotiva.

¿Qué más puedo decir de mí que no haya recogido la abundante crónica y la reseña siempre diligente y siempre amable de *Antena*? Posiblemente, nada más. Pero, quizás, MUCHO MAS. Esto hay que aclararlo ¿no es cierto? Pues bien, en el fondo les diré que vivo y sueño casi infantilmente cada uno de mis personajes radiales. Lloro de veras, con sus extraños y alucinantes destinos, y me resulta a veces ingrato compenetrarme hasta un punto tal de sus fatalidades. Vaya esto como confidencia de actriz y como pequeño secreto que ustedes recordarán cuando me oigan todas las noches.

¿Agregaré algo de mí? Sí, debo agregarlo. Soy sentimental, soy romántica y me agita poderosamente cualquier emoción. Vivo mis obras porque vivo mi vida con la intensidad de una bella obra. Así, con esta sincera y fresca voz, quisiera proclamar lo leal que soy para con todas ustedes, y lo reconocida que me siento cuando en vuestras cartas alguien desliza el párrafo amable que toda actriz aguarda. No reparo en la lisonja, pero me angustia pensar que no llego a vuestros corazones. Por ello, las cartas son el termómetro de un cariño constante que noto devuelto con creces. Creo poder terminar mi confesión agregando que desdeño la frivolidad y me enternezco al notar piedad en los hombres y en las cosas. La máxima satisfacción mía —como mujer y como actriz— sería la de tender mi mano a todos aquellos que llevan dentro de sí la llama de una fe en algo o en alguien, y a aquellos que alientan alguna esperanza. Mis heroínas son así, en todo momento, documentos vivos de la realidad. Sobre la faz un poco absurda de la novela radial, prefiero la biografía, donde está el testimonio de algo que se llamó "mujer" y que amó, sufrió y vivió, no importa el lugar, ni el tiempo, ni la distancia. Amigas, he cerrado otro capítulo de mis confidencias y espero que en todas ustedes no habrá caído en vano, sabiendo que en Evita Duarte está la mejor compañera de todos ustedes.[47]

La mejor compañera, la leal, la que acompaña todas las esperanzas nobles, la que tiende la mano, la que sufre con todos. Evita ha encontrado algunas frases que tomarán un sentido excepcional, de crisis y pasión permanente, cuando formen parte de otros discursos. Ese es su imaginario como actriz y, finalmente, toda su cultura.

En esos meses pregnantes de 1944, Evita Duarte encontró también algunos rasgos de una nueva imagen. Imaginario cultural e imagen corporal: nadie supo entonces que serían los de una mujer tan excepcional como sus heroínas de la ficción histórica con las que la propaganda oficial la compararía sin encontrar las palabras que expresaran su verdadera, intolerable, originalidad. La lengua de la propaganda justicialista no expresaba la desordenada acción que desarrolló Eva.

---

[47] *Antena*, número 716, 9 de noviembre de 1944. La carta (citada en versión completa) oscila entre el femenino y el masculino para el vocativo y el trato a sus destinatarios. Enigmáticamente se refiere a "otro capítulo" de sus confidencias, cuando es la primera publicación, y la única, de esta índole. Las biografías de Eva Perón mencionan los radioteatros históricos de este período, cuya nómina completa está en los avisos de Radio Belgrano y en la programación diaria de las revistas especializadas. En efecto, como primera actriz de Radio Belgrano, Evita Duarte sólo hizo adaptaciones noveladas de biografías de "grandes mujeres", en sus programas nocturnos. El espectro casi inverosímil de las protagonistas de estos radioteatros no es extraño a un momento de la industria cultural donde también el cine argentino se animaba prácticamente a todos los temas históricos y todas las grandes novelas.

Las otras

"Hay gentes que exageran la miseria en que viven; otras lloran apreturas infinitas, pero no desean hacer nada por dejar de padecerlas, y también existen aunque parezca exageración, las que se niegan a hacer abandono del conventillo para trasladarse a un lugar más habitable."[48] Esto, dicho en 1938 por la presidenta de la Asociación El Centavo, Celia Martínez Seeber, marca límites blindados. Evita era una aspirante en dificultades cuando la señorita Martínez Seeber juzgaba a sus favorecidos con ese duro prejuicio. Con estas mujeres, naturalmente, Eva no se entenderá nunca. Las damas y niñas de beneficencia condenaron el peligroso fuego justiciero que Eva alimentaba y se enfrentaron, de inmediato, con ella porque les ganaría el lugar que habían creído ocupar hasta entonces. Y se lo ganaría convirtiéndolo en una forma del estado justicialista.

En 1946, Evita Duarte se convirtió en la primera dama Eva Duarte de Perón. A partir de ese momento, su cara, su cuerpo, sus ropas y sus poses no se compararon sólo con las de las actrices fotografiadas en las revistas del espectáculo sino con las de las señoras, cuya imagen aparecía en otras revistas. El escándalo de Eva se medía respecto de esas mujeres de políticos y de militares, muchas de ellas pertenecientes a la buena sociedad, otras burguesas acomodadas. Esas mujeres ocuparon siempre un plano secundario respecto del círculo de poder o de las prelaciones institucionales que rodeaban a sus maridos. Ninguna esposa de mandatario o representante se había convertido nunca en una pieza central en la construcción y la consolidación del poder.

---

[48] *Estampa*, número 7, 10 de octubre de 1938, bajo el título: "De cómo un grupo de distinguidas niñas porteñas transforma el aporte de un centavo diario en obras de ayuda social". La señorita Seeber le asegura al periodista que se han tropezado con "mucha ingratitud y bastantes engaños".

Perón, al contar con Eva como *partenaire*, introducía una novedad radical en las costumbres. El tren fletado durante la campaña electoral tuvo a Evita Duarte varias veces como pasajera. Su cara ya era muy conocida por el público, y ella actuaba en ese tren como las artistas de las radios habían actuado en las "embajadas" que Belgrano y Splendid enviaban a las provincias. Acostumbrada a moverse en un mundo de hombres, a encararlos y defenderse entre ellos, Evita tiene destrezas que no tenían las mujeres burguesas de los políticos convencionales. Las instantáneas tomadas a bordo de ese tren la muestran juvenil y distendida, con vestidos floreados tan veraniegos como las camisas de *voile* de mangas cortas que invariablemente lleva Perón. Esas instantáneas no delatan el esfuerzo de quien se siente fuera de lugar; muestran, por el contrario, la proximidad de la pareja y la naturalidad con que Eva observa las maniobras de la campaña política. La cara rellena y plácida, los brazos redondeados, el pelo suelto y los vestidos de verano, si se los recortara de la escena publicitaria montada en el tren peronista, parecen los de una joven esposa en su primer veraneo de casada.

En las estaciones, medio cuerpo fuera de la ventanilla, Evita Duarte estrecha manos y sonríe, como si lo que estaba sucediento fuera una continuidad de los dos años anteriores vividos bajo el signo del éxito artístico. En esas circunstancias, su juventud, que nunca pareció excesiva cuando se la comparaba con las damitas y las ingenuas, resplandece en el cambio entre la esposa joven y alguien que está aprendiendo el arte de la agitación política, que está ensayando una transición entre las formas con que una actriz agradece a su público, y las formas con que Eva va a recibir, desde entonces, las pruebas de su nueva popularidad.

Ella era excepcional, tanto como lo era el escenario del peronismo. La excepcionalidad en primer grado: el traslado del campo artístico al campo político de destrezas y cualidades que, en el campo artístico, habían sido insuficientes, y que en el campo político mostrarían su extremo valor. La excepcionalidad de quien llega desde fuera. La excepcionalidad en segundo grado: el lugar de donde llegaba Eva era inapropiado como origen de una primera dama. Era inapropiada también la confianza con la que ella se mezclaba con los hombres en faenas tan masculinas como la política. Su marido no parecía dispuesto a ponerla en "su lugar"; por el contrario, jugaba a la reina en todas las posiciones posibles.

La excepcionalidad de Eva no podía sino presagiar el escándalo que rodeó a su figura con la misma intensidad que el odio. Se salía de la norma tanto por su pasado como por su presente: había sido la amiga de militares y empresarios, una actriz poco destacada artísticamente, cuyo triunfo siempre agregaba un detalle más a la sospecha. Como mujer de Perón desaprovechaba la oportunidad de normalizarse a los usos y costumbres, adecentarse y dar vuelta la página; por el contrario, hacía cosas excepcionales: tuteaba a los hombres, se mezclaba en las discusiones de poder, su antecámara funcionaba como antesala del acceso a Perón, etc.

Ninguna mujer de presidente había sido como Eva. Matronas rechonchas, como lo fue María Luisa Iribarne de Ortiz fotografiada esporádicamente, con tremendos bordados sobre la pechera gorda y chata, y un peinado de trenzas alrededor de la cabeza.[49] Delia Luzuriaga de Castillo fue la última primera dama antes de Eva. Su aparición pública anual consistió en un mensaje a las familias, en ocasión del fin de año. Nadie esperaba originalidad en ese rubro. Sobre todo, la imagen de la señora de Castillo era tan adecuada como la de la señora de Ortiz. Ambas, por otra parte, hablaron poquísimo y sólo dieron un mensaje de paz (de manera cómica, la señora de Castillo, en 1943, se refiere extensamente a la bonanza, pensando sólo en

---

[49] En ocasión de un mensaje irradiado por la Radio del Estado (*Sintonía*, número 254, 3 de marzo de 1938). Otra foto de consorte presidencial, en este caso de Ramón Castillo, *Antena*, número 621, 14 de enero de 1943.

la que se estaría viviendo en la Argentina). Nada que haga recordar el *sermo plebeius* de Eva cuando se presente como escudo del líder frente a las alimañas de la maledicencia, los traidores y los vendepatria.

Mujeres como esas dos primeras damas aparecen en las fotos de asociaciones de beneficencia, de los tedéums o de los palcos en los desfiles militares. Naturalmente no todas son matronas mayores de sesenta años. Pero siempre que Eva es fotografiada junto a mujeres de políticos o militares, es la más joven y, además, es distinta. Ninguna es tan delgada como ella, ninguna es tan fotogénica; casi todas tienen el seño perturbado por la inseguridad propia de quien no está acostumbrada a ser vista en público, fuera de su círculo. Siempre parecen fajadas, empaquetadas en su ropa, incomodadas por el sombrero o las sobrefaldas. Carecen de la nitidez de imagen que tiene Eva casi siempre, y que en uno o dos años, cuando el peinado con jopo deje paso al pelo tirante, será un estilo. Pero incluso antes, en una foto captada en circunstancias verdaderamente inaugurales, el 4 de junio de 1946 cuando Perón asume la Presidencia, la señora del vice Hortensio Quijano lleva sin elegancia su gran sombrero, con un velo espeso recogido sobre el costado; en cambio Eva, con un traje sastre negro simple, estropeado por un exagerado aplique de piel en el ruedo de la chaqueta y zapatos abiertos inadecuados, muestra una cara original que se recorta, joven y nítida, debajo del gran casquete oscuro, retirado hacia atrás, que libera la frente y los ojos expectantes.

Las fotos del viaje de Eva por Europa, donde parece una miss universo vestida por las *griffes* más famosas, que ha condescendido a mezclarse con mujeres distinguidas pero feas, como la de Franco, reforzaron esta diferencia glamorosa que Evita Duarte no había conseguido en el mundo del espectáculo pero que le fue dada en la vida política.

Las mujeres jóvenes y las niñas de buena sociedad que son fotografiadas en las páginas de una revista como *El Hogar* son más graciosas y encantadoras de lo que Eva pudo ser. Se las ve sueltas dentro de sus ropas de fiesta o con sus faldas y tricotas deportivas que Eva no alcanzó y ni siquiera buscó. Las señoras argentinas que decoran las avisos de cremas Ponds son muy hermosas. Josefina Riglos de Blaquier, Susana Dhers Zapiola, Susana Uriburu o María Luisa de Bary de Pacheco portan apellidos tan distinguidos como sus peinados sencillos y sus vestidos de fiesta de organdí claro con cinta de raso a la cintura. Sin embargo, la moda de los años cuarenta, aun en estas mujeres de sociedad, exige demasiados apliques, canesús, pespuntes, cuellitos dobles, abotonaduras falsas, ribetes al contratono y jabots. Es el momento en que la "aplicación" de tela sobre tela en colores contrastantes marca la tendencia. La sección "Creaciones porteñas" de *El Hogar* publicaba, en la segunda mitad de los cuarenta, infinidad de variaciones sobre este repertorio de la moda. Incluso las elegantes están a veces un poco demasiado vestidas, demasiado "terminadas". Las notas frecuentes sobre los ajuares de las novias de sociedad muestran ese estilo un poco cargado que las elegantes locales no simplifican mucho.[50] Se parecen en algo a las artistas "respetables" de Hollywood: Kay Francis, Diana Durbin, Norma Shearer, Irene Dunne, con sus pelos claros, sus poses apacibles, la mirada franca, los cuerpos encerrados por los brazos sobre el pecho.

Eva justamente está yendo en dirección contraria. Cada vez se parecerá más a los dibujos planos de los figurines o a los estilos más modernos del cine. Nunca es graciosa, ni suave, ni lánguida, ni chispeante. Nunca podría decirse de ella que tiene aspecto distinguido ni aspecto angelical. Está lejos de las fotos y las poses de las mujeres "normales" que salen en las noticias so-

---

[50] Hay excepciones, también presentadas por Josefina Vivot en su sección de *El Hogar*, como las del guardarropa de Teresa y Mercedes de Anchorena, traído todo de París, como se aclara oportunamente (número 2024, 30 de julio de 1948).

ciales. Es más perfilada y su tipo más moderno (el que ha ido explorando a partir del momento en que asume funciones públicas) se parece más a los dibujos que ilustran las novelas en revistas como *Estampa* que a las fotografías. Cuando Eva comienza a usar regularmente el pelo tirante hacia atrás, sin jopo ni relleno en lo alto de la cabeza, nadie se peinaba como ella. La nitidez del cráneo que prolonga la nitidez del perfil, que se ha aguzado en pocos años, la separa por completo del resto de las mujeres que, todavía en los años cincuenta, usan melena suelta, lacia pero con bucles en las puntas, o casquete de rulos o rodete precedido por una media cabeza de ondas.[51]

En enero de 1946, trepada al tren peronista, Eva comenzó un viaje hacia el escándalo. Como primera dama, su creciente singularidad, sostenida tanto por el exceso de lujo en "ropa de estado" como por la sobriedad de su aspecto en "ropa de trabajo", originada también en una juventud que no la eximía de ese pasado que toda la oposición juzgaba poco menos que infame, se apoya en un cuerpo que, a su vez, va siguiendo un camino de singularización. La delgadez y luego la enfermedad van a favor de su estilo y de su diferencia.

La moda contemporánea a los primeros años de carrera de Evita Duarte, tanto en la sociedad porteña como en el mundo del espectáculo, fue inalcanzable por falta de distinción en un caso y de medios económicos en el otro. Sólo entre 1943 y 1945, los años buenos, Evita empezó a distinguirse por la ropa, aunque no había encontrado entonces su estilo.

---

[51] Aviso de la peluquería Pozzi que sintetiza las diferentes opciones del momento (*El Hogar*, número 2175, 20 de julio de 1951).

Vestir a la estrella

En sus años de actriz, Eva no tuvo sólo una figura hasta 1945, sino dos. Por un lado, se mostró como mujer domesticada, enamorada y hogareña, una joven dulce y, por momentos, amanerada por el esfuerzo de adoptar poses que respondieran a un ideal de educación elegante (sentada sobre el brazo de un sillón, con una taza de té, sentada al piano, arreglando innumerables ramos en jarrones de cristal, apoyada contra una biblioteca, enfrascada en la contemplación de un cuadro). Por otro lado, ensayaba una versión todavía imperfecta de la Eva rutilante, en trajes de fiesta o de noche, con mucha lentejuela y paillette, lamé, plegados, escotes amplios aunque nunca excesivos, e inadecuados casquitos decorados con una aigrette o una rouche blanca. Las dos Evita eran necesarias a la imagen de una actriz completa. En los años de éxito en Radio Belgrano, Eva fue mejorando su estilo, además de adquirir las primeras joyas importantes, nada en comparación con lo que luego vendrá precisamente en este rubro millonario.

Antes de ser primera dama, Evita Duarte tenía un oficio (completamente excepcional en la mujer de un presidente: el caso de la esposa de Alvear, cantante de ópera, que se retira con el matrimonio, es bien distinto) que le permitió entrenarse en la composición de su imagen visual. La ropa de una actriz obedece también a una exigencia expresiva y representativa, cuando se muestra en su "intimidad" tanto como cuando se la observa como profesional. Las dos películas en las que participó Evita en papeles importantes, primero como segunda y luego como protagonista, *La cabalgata del circo* y *La pródiga* le enseñaron a llevar el disfraz de un vestuario de época. En los dos filmes ella viste una ropa inadecuada, pero la experiencia de usar un vestuario completamente ajeno al "normal", un vestuario de personaje, permite ejercitar un cuerpo con ropas más pesadas y diferentes que las habituales, como luego serán los grandes trajes de noche de la reina peronista.

El tema de la ropa de las actrices ocupa las revistas especializadas en este comienzo de los años cuarenta. Tienen al respecto una opinión insatisfecha. Se dice que las artistas de Hollywood no deberán nunca preocuparse por la rivalidad de las argentinas, para subrayar la "total ausencia de buen gusto", "el desesperante mal gusto innato", la ausencia de estilo, de sencillez y sobriedad, el agregado de "accesorios" que lo arruinan todo, incluso cuando el vestido sea pasablemente discreto. Las fotos que prueban estos juicios negativos muestran el rollizo cuerpo de Azucena Maizani envuelto en un vestido de noche en franjas bordadas de arriba abajo; a Mercedes Simone con un traje de fiesta brillante, decorado con racimos de uva, y cosas aún peores.[52] Por supuesto que hay excepciones: Delia Garcés, Zully Moreno, Amelia Bence, y mujeres como Thilda Tamar cuyo tipo refinadísimo soportaba cualquier torpeza de vestuario. Los comentarios se extienden sobre el vestuario cinematográfico, caso especial que muchas veces no es solucionado por especialistas, sino por las actrices mismas que llevaban al set lo que ellas pensaban que les quedaba bien.

Poco puede saberse de la ropa de Evita Duarte antes de los años de éxito, que comienzan en octubre de 1943. Sus fotos anteriores son producidas con vestuario *ad hoc*: una solera, un short y saco de playa, la camiseta de Boca Juniors, un traje de baño, un deshabillé de florcitas y flecos, nada que permita pre-

---

[52] *Sintonía*, número 384, 10 de abril de 1940 y número 397, 10 de agosto de 1940.

ver el estilo ni la centralidad que la ropa va a tener en su imagen de excepción. Cuando comenzaron a publicarse sus primeros reportajes ilustrados, a fines de 1943 y comienzos de 1944, Evita Duarte carece de estilo. Únicamente lo tienen sus peinados impecables, más elaborados que lo que serán en el futuro, pero bien definidos y resueltos, sin ondas sueltas, sin rulos, tensos, voluminosos los rodetes, lacio y sencillo el pelo suelto. Los peinados ya son totalmente ella. Pero la ropa es un poco de cualquier cosa, aunque variada y en cantidad.

En octubre de 1943, cuando comienza la campaña de prensa alrededor de la nueva star de Radio Belgrano, *Antena* publicó una nota gráfica en la que Evita Duarte muestra varios modelos de primavera de su "colección". Son cuatro poses bastante convencionales (cerrando su cartera como si estuviera por salir de compras, arreglando claveles en un florero, mirándose en un espejo de cuerpo entero y apoyada sobre un muro claro, retocándose con una polvera). Los vestidos, un traje en seda natural a rayas, un vestido de shantung blanco y otro de seda natural estampada, una casaca de brocato claro con pollera negra, son discretos: una mujer joven de la pequeña burguesía con ropa decente, de buen material, con las rayas y los dibujos bien combinados. Más sencilla que muchas de sus colegas artistas y, por supuesto, muy lejos de un efecto glamoroso o un golpe de efecto.[53] Se diría que busca un estilo "fino", a lo Delia Garcés. La ropa de calle o de casa que muestra Eva en estos años incluye muchas blusas de seda, a uno o dos colores, muchos chemisiers y vestiditos floreados (como los vestiditos de algodón, sencillos, que usa en algunas fotos de la campaña de 1946).

Naturalmente, hay dos rubros donde Eva comienza a construir su excepcionalidad: la ropa de fiesta y cóctel y su traje sastre. Mecha Ortiz era más elegante, Zully Moreno impresionaba mucho más, sin duda, pero Eva también encuentra en los brillos,

---

[53] *Antena*, número 661, 21 de octubre de 1943.

las sedas y las joyas, sus aliados. De a poco van apareciendo los anillos, los prendedores y las pulseras, a medida en que también su pelo va virando al dorado. Annemarie Heinrich la fotografía en febrero de 1945 para la tapa de *Antena*.[54] El retrato muestra a Evita en su transición hacia una imagen lujosa, que no había tenido antes (sus escotes y drapeados de las celebraciones en Belgrano son indecisos y de mal corte). Lleva un top bien original: malla de red negra en paillettes, sobre body blanco, con un refuerzo de paillettes en el cuello y los hombros. Todo brilla: las medialunas de diamantes en los lóbulos, los dos anillos, la pulsera de oro y la de plata, el pelo decididamente rubio. Portadora de este despliegue de luces, Evita Duarte tiene una expresión severa y reconcentrada, con los brazos cruzados sobre el pecho.

> —Su guardarropa (avanza el periodista de *Radiolandia*) tiene la fama de ser uno de los más fastuosos del ambiente...
> —Fastuoso, no. Completo, sí.
> —Habría que saber a qué llama usted completo.
> —A tener todo aquello que nos gusta a las mujeres. Tapados, vestidos, zapatos, carteras, alhajas... Aunque mi pasión, lo confieso, son los vestidos y las pieles. Las alhajas me gustan, aunque no me conmueven. En materia de vestidos tengo la suerte de contar actualmente con los tres modistos más en boga en Buenos Aire: Jamandreu (sic), Thomas Haig y Campana. Los tres dan prioridad a mis pedidos... Y puedo afirmarles, aunque ustedes varones no entienden mucho de esto, que en materia de modelos tengo exclusividades magníficas... No es mi única pasión. Me encantan las flores y los perfumes.[55]

Evita hizo estas declaraciones, que pese a la convencionalidad, no son sospechosas, en febrero de 1945. Dos meses después, volvió a mostrar ropa en la misma revista: un traje de fiesta de dos piezas con bordados y aplicaciones de raso en las caderas (nada

---

[54] *Antena*, número 728, 1º de febrero de 1945.
[55] *Radiolandia*, número 890, 7 de abril de 1945.

muy juvenil, efecto contenido, lejos del riesgo de la sensualidad); anticipa también imágenes de la ropa que usará en *La pródiga*, el film donde reemplazó a Mecha Ortiz, tuvo mil dificultades de rodaje y no llegó a estrenarse. Este vestuario es una catástrofe de amaneramientos, un disfraz de falso siglo XIX, con algo de emperatriz Carlota que representa a una señora aldeana española en una película argentina.[56] El vestuario habría costado treinta mil pesos: "Todas mis aspiraciones de modisto —dice Thomas Haig— se han cumplido... no es fácil mantenerse a la altura de la juventud, la belleza y la elegancia de Evita... Todo el lujo de sedas, terciopelos, pieles, encajes y bordados...".[57] Este vestuario disparatado, que no se adecua ni a la actriz ni al argumento aldeano del film, fue probablemente el último paso en falso en la elegancia de Eva. Las exageraciones que vinieron después son diferentes porque, ellas sí, tenían gran estilo.

Antes, Evita Duarte recibió la modesta consagración de una sección, "Desfile de modelos", muy leída en la revista *Antena*:

> Se acaba de inagurar el atelier de Jamandreu. Una fiesta bonita y simpática en la que el destino había dividido a la concurrencia en dos bandos: el de la gente de cine y el de una clase de damas encogidas y virtuosas... La más elegante recién apareció cuando Evita Duarte hizo su entrada en el salón. Doy su fotografía porque fue, también, la más elegante que yo he visto durante esta semana. Llevaba vestido y sacón negros, con adornos dorados sobre el escote, formando collar; sombrero amarillo *chartreuse* y aros de brillantes y perlas.[58]

56 *Radiolandia*, número 890, 7 de abril de 1945. Sobre el rodaje de *La pródiga*: *Antena*, número 756, 16 de agosto de 1945 (este film "podría titular La película de los inconvenientes").
57 *Antena*, número 735, 22 de marzo de 1945.
58 *Antena*, número 721, 14 de diciembre de 1944. El atelier de Jamandreu seguramente reunía esa noche a varias estrellas, Zully Moreno entre otras era su cliente antes que Eva (*Antena*, número 646, 8 de julio de 1943).

La foto muestra efectivamente a una Evita muy próxima de la imagen buscada de elegancia respetable, pero, al mismo tiempo, con el suficiente riesgo como para aparecer brillante, por una vez: glamorosa, en la medida local. El sombrero de cartuja, de copa muy baja y ala chata, queda asentado espléndidamente sobre el jopo sencillo que lleva el pelo lacio hacia arriba. En la solapa negra, el prendedor brilla discreto pero ostensible. Esa *toilette* ya no es un tanteo ni una imitación mediocre. Se siente la relación, encomendada por Perón, con el modisto Paco Jaumandreu, el inventor del gran traje evitista: el tailleur príncipe de Gales.

Perón eligió en el mundo del espectáculo un diseñador para Evita. Jaumandreu vestía a las estrellas en la vida y en las películas y precisamente también a esa clienta preferida del modisto que, según dicen, rehusó ser presentada al coronel Perón cuando este andaba en busca de una compañera vistosa y desenvuelta, Zully Moreno, la Eva que no fue.

Vestir a la reina

La ropa de Eva fue una cuestión de estado para un régimen que descubrió las formas modernas de la propaganda política y el peso decisivo de la iconografía. La radio y la plaza fueron el medio y el espacio a los que el peronismo dio un uso desacostumbrado por lo intenso y por lo novedoso. Los medios gráficos del régimen llevaron adelante una política altamente visual, donde decenas de fotografías diarias (literalmente son decenas en *El Mundo*) confirmaban la presencia de las voces radiales y acercaban los cuerpos de los líderes. La alta visualidad de la cultura peronista encontró en el cuerpo de Eva un soporte que ya se había preparado para ser visto, para mostrarse y repetirse en gestos y poses, durante los dos años de éxito en su carrera de actriz.

La excepcionalidad cultural del peronismo se alimentó

con el cuidado de estas cuestiones que, antes, pudieron parecer secundarias. Elegir los vestidos de Eva no fue una tarea banal, y sólo una percepción descuidada de la naturaleza de su carisma podría pasarla por alto. Eva fue amada por su obra y por la manera en que la representaba. Acción y representación son inescindibles: lo personal de la relación de Eva con su pueblo se apoyaba en una mostración incesante, repetida pero capaz de renovar el efecto de lo "maravilloso", de la presencia que, sobre la repetición, construía también una ilusión de proximidad.

"Yo vestí a Eva Perón al comienzo de mi carrera y al comienzo de la carrera política de ella. Después, durante algunos años no la vi. Comenzó a vestirse en París." La cita es del primer modisto de Eva Perón. Las *Memorias* de Paco Jaumandreu están redactadas por una especie de Manuel Puig espontáneo que no domina del todo el oficio de la escritura, pero igualmente atraído por el chisme de la farándula, la belleza de las estrellas, la suntuosidad de los escenarios y los destinos de las mujeres que va conociendo. Tiene sensibilidad *camp*, sentimentalismo y agudeza. Dúctil y muy joven, hizo a golpes de audacia y de fortuna una carrera como vestuarista de cine y teatro (había vestido a las divas más famosas de la Argentina en filmes modernos o de época) y como diseñador de modas, cuando esas profesiones eran incipientes en Buenos Aires, excepto las casas de modistas francesas que surtían a la clase alta entre viaje y viaje a Europa. El oficio de Jaumandreu exigía no sólo la destreza y la imaginación sino la habilidad mundana. Sabía responder a los berrinches temperamentales de mujeres carismáticas, aunque hasta que conoció a Eva Duarte, nunca había estado cerca del poder (a los políticos y militares los conocía por confidencias de probador, como amantes de las actrices).

No todas ellas podían vestirse con Jaumandreu y cuando Evita Duarte se jacta de que él antepone sus encargos a los de otras, está asignándole y asignándose un lugar. Jaumandreu conoció a

Eva cuando ella empezaba un camino que "podía llevarla a la gloria o al infierno". Ese fue el comentario de otra actriz, enterada de que lo habían llamado para aconsejar y vestir a la nueva primera figura de Radio Belgrano. Evita necesitaba retocar su imagen un poco banal, necesitaba potenciar sus cualidades (la estatura, las piernas y brazos largos, los buenos dientes, el buen pelo y la piel perfecta, la regularidad nada vulgar de la nariz, el perfil fino, la vibración radiante de la piel). Jaumandreu fue una pieza de la máquina que montó un espectáculo que poco después sería de una originalidad extrema. Pero no es un empresario del *showbiz* quien tuvo la idea de perfeccionar la imagen de Evita Duarte, sino Perón. "Eva Perón es un producto mío. Yo la preparé para que hiciera lo que hizo."[59]

El modisto visitó a Eva el sábado siguiente a su llamado:

> Me pareció altísima y muy desteñida. Me impresionó su piel desde el primer día; blanca, transparente, increíble. He conocido muy pocas mujeres con una piel semejante, casi transparente, como de marfil. Era rubia, de pasos muy largos y decididos. Usaba pantalones de satén gris plata, un chemisier celeste y zapatos blancos con grandes plataformas de corcho. [...] Me hizo pasar a un cuarto de vestir que tenía dos placards. Entre ambos se extendía un grueso hierro del que colgaban varios tapados de piel, largos y cortos, zorros plateados, zorros azules, nutrias, pasados de moda. Le hice ver que ese tipo de pieles eran para figuras de segundo orden, que estaban *demodé*. Se sonrió. Su sonrisa era cautivante, la iluminaba. Me pidió telas y dibujos.[60]

Esa tarde, Jaumandreu inició una relación profesional que continuó dos o tres años, hasta que los trajes de Eva empeza-

---

[59] *Panorama*, 27 de abril de 1970. Citado muchísimas veces por casi todos los que han escrito sobre Evita.

[60] Paco Jaumandreu, *Memorias; la cabeza contra el suelo*, Buenos Aires, Corregidor, 1981 (segunda edición), p. 71.

ron a llegarle directamente de París, enviados por la casa Dior. La alejó de los ostentosos tapados de zorros y las telas drapeadas, que evocaban los típicos regalos masculinos recibidos a cambio de favores o subrayaban la ansiedad por ser vista de una actriz que había estado algunos años en un tedioso segundo plano. Le dio a Eva el *look* ultramoderno, ese *look* Garbo de Eva trabajando como una Ninotchka del peronismo.

El estilo

Cualquier comparación entre Eva Perón y otras mujeres que aparecen en las fotografías de la época, muestra que ella se diferenciaba por un estilo menos sometido a los amaneramientos de la moda, que favorecía los rulos en el peinado, el rostro redondeado, el maquillaje ingenuo con labios en forma de corazón, los pliegues, puntillas y frunces, los sombreros cargados, la cintura de avispa.[61] Eva luce más intemporal, en un cruce de dos figuras del cine, una del pasado, Garbo, y otra del futuro, Audrey Hepburn. Por supuesto, su cuerpo sin curvas marcadas, cada vez más delgado, contribuye a la ilusión de que está más arriba o más allá de la moda. Lo que podía ser una desventaja cuando Evita Duarte se propuso una carrera de actriz, aparece como la cualidad de su belleza no tocada por las marcas más evidentes de lo perecedero de la moda.

Por motivos con los que probablemente Jaumandreu tuvo que ver (y que contradicen el tipo de ropa que habitualmente

---

[61] Incluso un defecto que Jaumandreu le señaló a Eva (su "pancita", para usar el diminutivo del modisto) jugaba a favor, porque se la disimulaba creando la ilusión de una diferencia menor entre cintura y caderas, que resultaba, visto de frente, en un cuerpo no curvilíneo.

diseñaba para las actrices), Eva logró un estilo nítido y anguloso que hoy parece menos contaminado por la afectación un poco empalagosa de la moda femenina de la posguerra, incluso
la del mejor diseño internacional.

Jaumandreu diseñó el vestido correspondiente al cuerpo
político de Eva Perón. De inspiración clásica (en la misma línea del tailleur que también vistió otra argentina diestra con
las modas, la escritora Victoria Ocampo[62]), Jaumandreu creó
el traje sastre príncipe de Gales, con cuello de terciopelo oscuro, ropa oficial de trabajo de Eva, que llevó en muchísimas
fotos instantáneas y periodísticas. Es un traje público, tanto
como los vestidos de noche enviados por la casa Dior, con los
que Eva posaba para las fotografías oficiales (los grandes re-
tratos), acorazada por las joyas, envuelta en sedas y rasos en-
crespados. Cuando se viste de fiesta, los trajes son tan sobre-
cargados y las joyas tan espectaculares que casi no pueden ser
juzgados en relación con la moda, sino como construcciones
arquitectónicas sobre un cuerpo alegórico: el del poder peronista. Vestida de fiesta, Eva es la pieza coronada de una escenografía del poder.

Pero con el traje sastre príncipe de Gales y otros muy parecidos, Eva asistió a los actos emblemáticos del estado de bienestar: se reunió con los pobres, recorrió las provincias, dia-
logó con los sindicalistas, atendió en su oficina, fue oradora
en palcos y plazas, recibió pergaminos, medallas, joyas, aceptó y entregó cheques, asistió a actos en estadios de fútbol,
inauguraciones de hospitales o escuelas y, finalmente, escu-
chó a la multitud que le ofrecía la Vicepresidencia en el Cabildo Abierto del Justicialismo del 22 de agosto de 1951. Trabajó como figura segunda y primera al mismo tiempo, doble

---

[62] Sobre la moda en el caso de Victoria Ocampo (para quien el estilo era fundamental), véase: B. Sarlo, *La máquina cultural; maestras, traductores y vanguar-
distas*, Buenos Aires, Planeta, 1998.

providencial de la figura de Perón. El traje príncipe de Gales tuvo todas las cualidades para convertirse en ropa de trabajo completamente identificada con la función pública. Es, en un sentido, un uniforme. Pero, en otro sentido, no lo es ya que sólo puede usarlo (por acuerdo tácito) una persona especialísima.

En una quincena clave de agosto de 1951, pero puede ser cualquier otra de cualquiera de los años de su vida política, Eva usó un traje sastre gris, con blusa negra, para recibir al Comité Central Confederal de la CGT; el mismo traje, con blusa clara, cuando recibió a los docentes que "ratificaron su adhesión al presidente y su esposa"; el mismo, con pullover oscuro, cuando le entregaban un aporte para las obras de la Fundación; un traje oscuro, en la recepción de una delegación del Sindicato Argentino de Escritores; otro traje gris con ribetes negros en la entrega de un préstamo de un millón de pesos a la Federación Obrera del Caucho; el mismo, con casquete oscuro, cuando aceptó un cheque por veinte millones de pesos como parte de los noventa y siete con que se sancionó a las empresas de la sucesión Bemberg, y también para pronunciar una conferencia en la Escuela Superior Peronista sobre la "concepción peronista de la historia"; un traje gris más claro con un ramo de flores en la solapa, para ser aclamada por los niños de la Nueva Argentina en el Luna Park; tres veces consecutivas, ese mismo traje recibiendo al ministro de Hacienda, a los integrantes de una cooperativa y a los trabajadores forestales de Santiago del Estero; con traje sastre negro y casquete, le entregó a Perón una urna de oro "símbolo de la redención cívica de la mujer en la Nueva Argentina"; en el Cabildo Abierto del Justicialismo, frente a unas dos millones de personas, Eva llevó su traje sastre oscuro, de corte perfecto, con gran escudo peronista de piedras preciosas en la solapa (esta foto, de perfil, las manos abiertas y los brazos extendidos, el rodete de trenzas recortado contra la oscuridad, el pelo lacio y brillante estirado hacia la nuca pálida, la línea acerada del micrófono que acompaña el movimiento del cuerpo, recorrió la Argentina durante décadas).[63]

Otra foto afortunada, la del auto iluminado, que conduce a Eva a su casa, muy de noche, con la Torre de los Ingleses al fondo como testigo de las altas horas, una toma nada instantánea, perfectamente iluminada, muestra el sombrero que Eva usó apropiadamente con el traje sastre, un sombrerito redondo, de ala chica, *pied de poule*, y cinta oscura alrededor de la copa chata, que hace juego con el cuello del saco, también *pied de poule*. Por supuesto, este uniforme de trabajo alternaba con otros vestidos, todos diferentes en su estilo, que tenían un aire más convencional. Las tapas de *Mundo Peronista* y la abundantísima gráfica de todas sus páginas muestran a Eva, en *grande tenue* de diva, con buenos sombreros decorados de mostacilla, flores y hojas, collares de brillantes incluso con ropa de calle, vestidos de lanita con mangas ranglan, vestidos de seda tornasolada, moteados, de lunares, soleras bordadas y polleras amplias.

Sin embargo, el traje sastre persiste como marca de estilo. Lo curioso es que el primer modelo de este traje que se identificó, en todas sus variantes, con la intensidad de un trabajo político que ninguna mujer había hecho antes en Argentina, no fue diseñado por Paco Jaumandreu para una política sino pa-

---

[63] Noticias y fotos de *El Mundo*, 4, 7, 10, 11, 14, 18, 19, 21, 22 y 23 de agosto de 1951. Este diario fue un verdadero catálogo cotidiano de la iconografía peronista desplegada en dos páginas centrales y la contratapa, además de las ilustraciones que podían acompañar notas en otras páginas. El otro catálogo iconográfico, *Mundo Peronista*, presenta en los mismos días fotos similares; la de la conferencia en la Escuela Superior Peronista aparece sólo en esta última publicación (número 2, 1º de agosto de 1951). Las fotos con sombrero y otros vestidos, que se mencionan más abajo, fueron publicadas en los tres primeros números de *Mundo Peronista*, de agosto de 1951; y número 14, 1º de febrero de 1952 (tapa), número 27, 1º de agosto de 1952 (tapa, donde Eva está completamente radiante, a lo Rita Hayworth).

ra quien todavía era una actriz. En mayo de 1944 Evita Duarte
renovó su contrato con Radio Belgrano; en el acto la acompañaron varias celebridades del radioteatro, un productor de cine y, por supuesto, toda su compañía. Evita llevaba el traje sastre que, evidentemente, Jaumandreu ya le había entregado. A
principios de junio, la revista *Antena* puso a Evita en tapa (con
foto de Annemarie Heinrich); lleva el traje sastre príncipe de
Gales, de cuello oscuro de terciopelo, botones forrados, con
una asimetría que revela la originalidad del corte que cierra el
saco como si fuera derecho pero lleva doble abotonadura, como es habitual en los cruzados.

En septiembre de 1944, *Radiolandia* publicó varias fotos de
Evita Duarte: en tres se la ve muy convencional, como si explo-
rara un glamour que no está a su alcance, con traje muy esco-
tado de lamé y gran velo que cae desde el peinado hasta los
hombros, sobre una orquídea. La cuarta foto ilustra un aviso a
toda página de Radio Belgrano: Eva viste su traje sastre. En adelante, varios avisos de Belgrano utilizarán la misma foto u otras
algo diferentes con el mismo vestuario, que las revistas reproducen también como ilustración de sus gacetillas sobre los programas de Evita Duarte. La toma elegida para el aviso muestra
a una Evita seria, en una pose poco habitual en la época, con
una rodilla adelantada y el cuerpo descargando su peso en diagonal sobre el brazo cuya mano apoya sobre la rodilla, una pose que evoca la sugestión moderna, a lo Laureen Bacall o Veronica Lake (esa sugestión que, según las revistas, no tenía
ninguna actriz argentina: Evita Duarte había empezado a ser
una mujer "interesante").[64]

Aparte de su relación con Perón, que es difícil leer en términos políticos durante estos meses; aparte de participar, co-

---

[64] *Antena*, número 690, 11 de mayo de 1944; número 693, 1º de junio de 1944
(tapa); número 700, 20 de julio de 1944; número 735, 22 de marzo de 1945;
Radiolandia, número 864, 7 de octubre de 1944.

mo todo el mundo, en las colectas de ayuda al pueblo de San
Juan, destruido por el providencial terremoto que, según una
de las versiones de la historia, permitió que Evita Duarte cono-
ciera a Perón durante un festival a beneficio de las víctimas;
aparte del uso que los avisos de Belgrano hacen del novísimo
traje sastre y el hecho curioso de que Evita lo lleve para una foto de tapa que, habitualmente, mostraba ropas menos severas,
la única actividad pública de Evita, si se excluyen las tres audiciones y el rodaje de una película, es como sindicalista. En mayo de 1944, ocupó la Presidencia de la Asociación Radial Argentina que, por supuesto, es reconocida como representación
única por la Secretaría de Trabajo y Previsión. Un amigo de Evita, Enrique Lomuto, ha facilitado las cosas, con la transferencia de los asociados de dos entidades previas al nuevo gremio.[65]
Parece un ensayo general en escala reducida, una especie de
entrenamiento para un futuro que nadie conocía entonces, un
aprendizaje adecuado. Es una señal también de que el ascenso
de Evita tuvo los apoyos más poderosos: amor, gobierno y empresarios audaces están excepcionalmente unidos.

La situación tiene una configuración excepcional: la popularidad de una actriz que asciende velozmente, la fluidez de la
situación política, el desparpajo de los personajes principales,
la benevolencia de la fortuna. Hasta la ropa de escena ya ha sido probada y el vestuarista ha dado las directivas principales.

---

[65] *Antena*, número 692, 25 de mayo de 1944.

Los dos cuerpos de Eva

Mientras la traté siempre tuve una extraña sensación frente a ella. Sentía que había dos Eva Perón: la muchacha dulce y buena a quien le dibujaba sus trajes, a quien le probaba, con quien bromeaba; y otra, totalmente diferente. Siempre he pensado que esa segunda Eva Perón estaba habitada por otro espíritu. Más de una vez he pensado que el espíritu de alguien se apoderaba de su cuerpo... Yo siempre he creído que hay fuerzas del más allá muy importantes que se encarnan a veces en los seres humanos. Ahora está de moda creer en los demonios, en los exorcismos, en los espíritus y en mil cosas más. En eso he pensado toda mi vida, sobre todo cuando veía la muchacha dulce transformarse en esa segunda Eva Perón. Me parecía que cuando hablaba a las multitudes, cuando las dominaba, era porque estaba poseída por alguien, porque en ella se encarnaba el espíritu de algún político de muchos siglos atrás.[66]

Jaumandreu vio dos Eva, un cuerpo geminado.[67] Percibió algo central en la naturaleza del poder peronista, y trató de ex-

---

[66] Paco Jaumandreu, op. cit., p. 76. "A veces parecía una posesa", dice también Jaumandreu en sus *Memorias*, p. 75.

[67] David Viñas en "Catorce nuevas hipótesis de trabajo en torno a Eva Perón" (*Marcha*, Montevideo, 3 de septiembre de 1965) también define un cuerpo de figuración doble: "Se proponen dos imágenes: la *palatina*, inalcanzable, y en tanto modelo, destinada al fracaso; y la *imagen popular* (pullóver y pollera, que le dan un aire tenso, austero y eficaz) a partir de donde cabe una potenciación más de los componentes revolucionarios del peronismo".

plicárselo por su costado más fantasioso: Eva sería una posesa, un estadio en la reencarnación de algún político. Eva misma se explicó en términos de posesión por la doctrina y las enseñanzas de un hombre. Esas dos Eva tienen, sin embargo, otras resonancias simbólicas.

E. H. Kantorowicz llamó "ficción mística" a la geminación del cuerpo del monarca. El rey tiene un cuerpo político y un cuerpo natural: "El cuerpo político no solamente es 'más amplio y extenso' que el cuerpo natural, sino que en él residen fuerzas realmente misteriosas que actúan sobre el cuerpo natural mitigando, e incluso eliminando, todas las imperfecciones de la frágil naturaleza humana".[68] Esos dos cuerpos, de naturaleza diferente, hacen una sola persona, en la que siempre prevalece el cuerpo político. Según Kantorowicz, la ficción de los dos cuerpos del rey "daba lugar a interpreta-

El cuerpo del rey

ciones y definiciones que necesariamente tendían a configurarse a imagen de las relativas a las dos naturalezas del Dios-hombre".

Por su cuerpo político, el rey no puede ser considerado menor ni inhabilitado, aunque lo sea materialmente. Por su cuerpo político, el rey siempre está en pleno dominio de todas las facultades de su realeza, aunque su cuerpo físico soporte enfermedades, disminución de capacidades o minoridad. El cuerpo político del rey coloca a su persona por encima de las contingencias que afectan su cuerpo material. El régimen de la monarquía se apoya no simplemente en el cuerpo material del rey, sino fundamentalmente en su cuerpo político, que asegura la continuidad porque, a diferencia del cuerpo físico, es imperecedero.

El cuerpo de Eva se inscribe en esta línea simbólica. El régimen peronista era escasamente republicano, más plebiscitario que democrático, de bajo tenor en sus instituciones políticas representativas y sostenido en cambio por algunas

---

[68] E. H. Kantorowicz, *Los dos cuerpos del rey*, Madrid, Alianza, p. 21.

corporaciones y un vasto movimiento social, intensamente personalista, cortesano en la aquiescencia y el halago a su líder, a quien se le adjudicaba cualidades literalmente provindenciales, fanático en la devoción y el culto de su esposa, y en la experiencia que tanto partidarios como opositores tenían de la forma en que se ejercía la autoridad concentrada en la cima.

En la original escena política de este régimen, Eva ocupaba el segundo lugar. Pero su lugar segundo tenía algunas particularidades que lo volvían único. El lugar de Eva incluía todos los que no podía ocupar Perón. Ella lo expuso de ese modo en *La razón de mi vida*: intercesora, representante, puente, intérprete y escudo de Perón. Todas estas funciones remiten, claro está, a una figura milenaria: la de la Virgen. Perón encontró en Eva, no sólo una colaboradora sino alguien que, junto con él, integraba en la cúspide del poder una sociedad política de dos cabezas, hegemonizada por el hombre, en la cual la mujer tenía fueros especiales colocados por encima de las instituciones republicanas. Las imágenes de esta sociedad bipolar son un mecanismo tropológico de la hegemonía cultural implantada por el peronismo.

Eva abanderada de los humildes, Evita capitana, Eva la representante de Perón ante el pueblo (la jaculatoria fue expansiva y tan exaltada como las de Nuestra Señora) ocupa un lugar político no republicano. En su cuerpo se condensan las virtudes del régimen peronista y se personaliza su legalidad. Su cuerpo es aurático, en el sentido que tiene esta palabra en los escritos de Walter Benjamin. Produce autenticidad por su sola presencia; quienes pueden verlo sienten que su relación con el peronismo está completamente encarnada y es única.

Claude Lefort, leyendo a Kantorowicz, indicó que los regímenes democráticos son aquellos en que el poder no está consustanciado indisolublemente con el cuerpo de una persona. La democracia instituye un lugar vacío. El régimen peronista llenó culturalmente ese vacío de la democracia con una doble personalización del poder y bajo la dirección de Perón, que era el primer término de esa personalización doble, Eva fue el instrumento adecuado. Como en una monarquía, "la nación —digamos: el reino— se veía figurada como un cuerpo, como una totalidad orgánica, como una unidad sustancial[...] En otros términos, el poder, en tanto era encarnado, en tanto estaba incorporado en la persona del príncipe, *daba cuerpo* a la sociedad".[69] El cuerpo de Eva *da cuerpo* a la sociedad de los peronistas (y también a esa otra sociedad, la de los opositores, que la odiaban hasta la muerte). Antes que una ideología, antes que un sistema de ideas, el peronismo fue una identificación.

Millones de argentinos se reconocieron en ella, porque la vieron actuar y sintieron los efectos, reales y simbólicos, de sus actos. Fue una mujer frágil que, a partir de los años cincuenta, comenzó a mostrar los signos de la enfermedad. Pero fue, al mismo tiempo, la garantía del régimen, su representación y su fuerza. Su cuerpo material es indisoluble de su cuerpo político. Sobre la forma bella de ese cuerpo descansa una dimensión cultural del régimen peronista y su principio geminado de identificación: Perón y Evita.

El cuerpo de Eva es portador de dos aspectos indispensables al régimen. De allí la importancia de su cuerpo real como forma visible de su cuerpo político. A diferencia del rey, cuyo cuerpo material es amparado por su cuerpo político y, por consiguiente, es indisoluble pero también puede sufrir todos los padecimientos de la edad y de la enfermedad, el cuerpo material de Eva es un refuerzo, un potencial al servicio de su cuerpo político. En realidad, casi podría decirse que ese cuerpo geminado ha invertido sus funciones: el cuerpo material de Eva produce su cuerpo político.

El estilo de Eva no fue una cualidad agregada sino un dato central de su personalidad política, a la que funda en valores insólitos y excepcionales. Le daba cuerpo a un nuevo tipo de

---

[69] Claude Lefort, *La invención democrática*, Buenos Aires, Nueva Visión, 1990, p. 189.

estado, lo que podría llamarse un "estado de bienestar a la criolla"; y consolidaba un ritual absolutamente necesario a ese estado que tenía el impulso fundacional y la debilidad institucional de todo régimen nuevo.

El peronismo no basaba su poder en las instituciones tradicionales de la república liberal a las que les quitó tanto poder político como relevancia simbólica, sino en los sindicatos y en un dispositivo cultural y propagandístico de una magnitud desconocida en Argentina.[70] El "estado de bienestar a la criolla" tenía uno de sus pilares en la institución dirigida por la mujer del presidente: la Fundación Eva Perón, que reemplazó a todas las sociedades de caridad y, sobre todo, a la oligárquica Sociedad de Beneficencia. Formalmente era una institución pública independiente del gobierno; en los hechos era una rama del estado, financiada con sus recursos o por los obtenidos mediante presiones (incluso chantajes) sobre los empresarios, sobre todo si pertenecían a las filas de la oposición.

A la Fundación llegaban miles de cartas por día. Muchas fotos muestran a Eva, en su traje sastre de trabajo o en sencillos vestidos de verano, leyéndolas. Los pedidos venían de los lugares más remotos y eran contestados de acuerdo con un patrón de reparto que incluía máquinas de coser, colchones, dentaduras postizas, anteojos, pelotas de fútbol, pensiones a los ancianos, chapas y ladrillos, bicicletas. Muchas veces, Evita acompañaba la entrega de estos objetos, radiante en el medio del barro, junto a viejecitas agradecidas y chicos que se fotografiaban con ella como si fuera una estrella de cine, una hermana de caridad, un hada. La presencia de Eva era el plus estético de la entrega, que además quedaba adherida a quien repartía esos bienes, y reforzada por las fotos que los acompañaban como recordatorio y estampa.

---

[70] Silvia Sigal, "Las Plazas de Mayo", en Carlos Altamirano (comp.), *La Argentina en el siglo XX*, Buenos Aires, Ariel, 1999.

Evita personalizaba el don, que no era humillante, precisamente porque siempre había un exceso, un gasto superfluo y no sólo la seca respuesta a una necesidad. Los antiperonistas criticaron acerbamente este carácter personalísimo del reparto de bienes financiados por el estado; pensaron además que se trataba de un *potlach* poco planificado. Eva les respondía con un clisé que se convirtió en consigna: sus pobres, sus "grasitas", lo merecían todo. Una respuesta desafiante de agitadora. Ella, en sus visitas y viajes por el país, también era un desafío porque su cuerpo era la rúbrica del estado providencial criollo.

Eva Perón fue fundamental en la ritualización política del peronismo y en el reparto de bienes y servicios a los pobres, que utilizados al unísono produjeron una identidad fuerte. Era el anclaje material de estas dos dimensiones, social y cultural, de la política peronista. Por eso, el cuerpo presente de Eva fue tratado y revestido con el estudioso cuidado que el caso exigía. Sobre todo, debía aprovecharse ese suplemento incalculable representado por el estilo, que se convierte en belleza, y la juventud.

Los almanaques de gran formato publicados por la Fundación Eva Perón con doce fotos de Eva, en colores, y los libros de homenaje que compilan material gráfico después de su muerte,[71] muestran a Eva como pivote cultural y afectivo del régimen. La profusión iconográfica fue considerada excesiva por los opositores que, sin embargo, le daban la importancia que tenía como basamento de un culto a la personalidad que reunía en su cuerpo los atributos con que el peronismo quería presentarse ante las masas. Las imágenes de Eva abrazando, tocando, acariciando, estrechando manos, certifican (y siguieron certificando después de su muerte) su cualidad de puente, de

---

[71] Hay varios *diferentes* en la Biblioteca Peronista del Congreso. Los libros de fotos fueron publicados por la Secretaría de Informaciones de la Presidencia de la Nación, en 1952.

médium, entre el régimen y su pueblo. Las imágenes que la muestran en el trabajo o en la tribuna (imágenes de "traje sastre", aunque no todas lo sean) la presentan como el lugar donde se ancla materialmente el estado de bienestar y la política peronista.

Las imágenes en *grande tenue*, las de las capas de raso diseñadas por Dior, o el ajustado vestido negro que recibe de Fath, son las del boato y la ceremonia de estado (aunque, estado plebeyo al fin, tengan un aire de figurín o una exageración cinematográfica). Las joyas de Eva se exhiben sin vueltas: el almanaque de 1953 muestra una abundancia, bien visible en los primeros planos: la tapa es la foto oficial más conocida, con el collar de rubíes y brillantes; al mes de enero corresponde una Eva con mantilla negra y gran pulsera, anillos y aros; en febrero, los aros de oro destellan junto a la aigrette gris de plumas; en abril, se la ve con aros y collar de esmeraldas y oro; en junio, con aros de perlas y collar de amatistas y perlas; en agosto, con collar de rubíes y diamantes; en septiembre, con un gran anillo cuadrado. Probablemente nadie buscó este efecto fabuloso, pero las fotos están allí mostrando la abundancia real de los atuendos ceremoniales de un estado de abundancia. El doble cuerpo de Eva se cubría con las materias adecuadas a su potencial simbólico.

La recepción de la Gracia

Como en un sueño premonitorio, antes que ningún otro, Jaumandreu vio los dos cuerpos de Eva. En realidad, vio también dos aspectos de ese cuerpo que no habían terminado de soldarse: una mujer con cualidades especiales y un guardarropa inapropiado. La imagen de Eva no estaba terminada; el cuerpo de la muchacha de poco más de veinte años, que lo recibió en su casa para encargarle ropa, tenía algo de inacabado. A falta de un adjetivo mejor, Jaumandreu escribe "desteñida". Las cualidades que todos señalan, la delgadez de las piernas, la luminosidad de la piel, pertenecen al orden de lo frágil. Sin embargo, sobre ellas se armó la imagen de una mujer de hierro. La belleza de Eva es translúcida, está toda en la piel. Sin embargo, ella fue completamente sólida, indestructible, como cuerpo político. Para explicar una percepción llena de contradicciones, Jaumandreu recurre a lo que tiene más a mano, la ocupación del cuerpo de Eva por un espíritu ajeno, masculino.

Eva Perón da otra explicación en *La razón de mi vida*: "No se extrañe pues quien buscando en estas páginas mi retrato encuentre más bien la figura de Perón. Es que —lo reconozco— yo he dejado de existir en mí misma y es él quien vive en mi alma, dueño de todas mis palabras y de mis sentimientos, señor absoluto de mi corazón y de mi vida".[72] Eva dice lo mismo que su modisto, pero en su caso no se trata de una hipótesis, sino de una declaración sobre su propia identidad. Ella es ella, pero habitada por Otro. Una Idea, recibida como una Gracia que cae sobre tierra fértil, convierte a su cuerpo en cuerpo público, en cuerpo de la política.

El régimen peronista necesitaba del cuerpo material de Eva Perón. Esa necesidad cumple su designio capturando un cuerpo por una Idea, que a su vez está alojada en otro cuerpo, el de su marido y su jefe. La unión política de Eva con la Idea peronista, que representa Perón, se frasea en *La razón de mi vida* con una tonalidad religiosa. En la ficción del doble cuerpo del rey, Kantorowicz establece una línea de interpretación religiosa que se interseca con la política. En efecto, el cuerpo místico de Cristo y su cuerpo de hombre forman una unidad cuyos componentes son inseparables; a lo largo de las variaciones de la teología católica, esta unidad fue reforzada como principio dogmático. El

---

[72] Eva Perón, *La razón de mi vida*, Buenos Aires, Peuser, 1953, 13ª edición [1951: primera edición], p. 60.

doble cuerpo del rey alimentaba su potencialidad explicativa y alegórica en otro cuerpo doble, el de Cristo, dios-hombre.[73]

Eva Perón, en *La razón de mi vida*, relata su encuentro con Perón como una conversión y el establecimiento de un voto definitivo. Ese día, en que su "vida coincidió con la vida de Perón", señaló el comienzo de su "verdadera vida". Se produjo una transferencia instantánea de identidad: "En aquel momento sentí que su grito y su camino eran mi propio grito y mi propio camino".[74] Eva había recibido la Gracia, una iluminación que le permitiría ser y actuar más allá de sus capacidades. La situación y los protagonistas eran excepcionales independientemente de sus voluntades.

Ocupado el cuerpo de Eva por la Gracia (por la Idea política), de todas formas algo había en ella de especial que le permitía reconocer el don que había recibido: "No, no fue el azar la causa de todo esto que soy, en mi país y para mi pueblo. Creo firmemente que he sido forjada para el trabajo que realizo y la vida que llevo".[75] Lo que ella había llevado a la política era una excepcionalidad que no había sido reconocida en su vida anterior, cuando sus deseos estaban fijados en alcanzar el triunfo mundano de la actuación.

Un aire de reina

Cuando conoció a Perón, Eva no estaba entre las más hermosas de las actrices argentinas; tampoco entre las mejores; ni entre las más famosas. Sin embargo, algo sucedió en pocos meses. Las fotografías de Evita Duarte, pocos años antes de convertirse en política, muestran una imagen convencional, excep-

---

[73] Anónimo normando, citado en Kantorowicz, cit., p. 57.
[74] *La razón de mi vida*, cit., pp. 31-35.
[75] *La razón de mi vida*, cit., p. 86.

to por algunos rasgos que le permitirían luego acentuar el *look*
moderno y decidido de su persona pública: las largas piernas y
brazos, los pechos pequeños.[76] En ese momento, los miembros
largos, que no eran considerados un rasgo indispensable de
perfección física como lo son en la actualidad, le daban a Eva
un aire distinguido, incluso cuando vestía las ropas más extravagantes. ¿Se puede hablar de un "aire de reina"?

Algunas anécdotas indican el efecto de una insólita super-
posición de imágenes: "Durante su viaje a Europa, en 1947,
monseñor Roncalli, el Nuncio italiano que habría de convertirse en el papa Juan XXIII, exclamó al verla entrar a la catedral
de Notre Dame: *E tornata l'Imperatrice Eugenia!*".[77] La verdad de
la anécdota importa menos que su trasmisión y supervivencia
en la mitología evitista: Evita reina.

En ese viaje a Europa, donde Eva visitó el Vaticano, Francia
y, por supuesto, el país amigo de la Argentina, la España fran-
quista, la pompa real de la señora y su séquito sorprendió a todo el mundo. En las fotografías, sus trajes, sombreros, manti-
llas sujetas con flores enormes, capas y capuchas de raso,
parecen grandiosamente inadecuados: en el medio del verano
español, lleva una pesada carga de pieles; el escote de su vestido, en el banquete que le ofrecen Franco y su esposa, es demasiado pronunciado (escandaloso como lo fueron algunos de los
de la princesa Diana); las joyas son verdaderamente descomu-
nales. Eva está radiante, más diva de cine que enviada oficial.
Su entrada al Vaticano, vestida de negro de la cabeza a los pies
como lo indica el protocolo a quien va a ser recibido por el Papa, parece una puesta en escena. Las fotos evocan más una pe-

---

[76] "Tenía veinte años y era una de las doce modelos que aspiraban a ganar el
concurso de la revista *Estampa*. Era la menos bonita de todas, pero tenía unas
piernas largas y una piel hermosa, aunque como era muy flaquita, nada de
busto", afirma la fotógrafa Annemarie Heinrich (citado en: Matilde Sánchez,
Evita, imágenes de una pasión, Buenos Aires, Planeta, 1997, p. 25).
[77] Dujovne Ortiz, op. cit., p. 61.

lícula que una visita verdaderamente realizada. En Notre Dame, la iluminación expresionista que algún fotógrafo tuvo la fortuna de lograr, convierte al documento gráfico en imagen de un film mundano, donde todo el interés de la toma es absorbido por el efecto magnífico con que la gran ala del sombrero divide en dos el rostro de Eva. Sentada a la mesa de un banquete en Italia, un gracioso sombrero de paja blanca, sin ala, que se eleva treinta centímetros continuando la línea perfecta de la frente, subraya por su originalidad y audacia la semisonrisa divertida de la modelo. Los condes, ministros y generales que la agasajan, tocados por la radiación juvenil de Eva, parecen salidos de una comedia de enredos; todas las mujeres, nobles o aristocráticas, que tienen el infortunio de compartir un plano con ella, parecen las azafatas de una reina cuyo reinado tiene la nobleza de la moda, la juventud y la belleza.

El lujo desaforado de los trajes de esta primera dama de una república sudamericana desafía a una especie de juego de estilo diferencial: siempre está distinta de las diversas mujeres europeas (aristocráticas, nobles o de la alta burguesía) con las que aparece en las fotografías. Sus vestidos de reina son extravagantes y sus joyas demasiado evidentes.

Con estos vestidos y con estas joyas, Eva Perón hace un movimiento que la pone en un más allá del "buen gusto". Las normas del "buen gusto" integran en una serie a quien las acata; el "buen gusto" es social y debe someterse, por sus elementos comunes, a una aceptación colectiva aunque no universal sino regulada por los árbitros sociales y de la moda. El "buen gusto" admite la diferenciación en la medida en que esa diferencia no separe por completo al objeto (vestido, mueble, adorno) de la serie a la cual pertenece.

Los trajes reales no son de "buen gusto" porque son excepcionales y revisten cuerpos excepcionales. Son los atuendos de un ser que encarna la representación ideal de una nación; no se trata meramente de la mujer de un presidente (que, en esos años y aún hoy, no viajan solas en misiones oficiales); Eva está representando un nuevo régimen político. Es el cuerpo del estado justicialista. La extravagancia de los vestidos sólo puede ser admitida cuando quien los lleva tiene la juventud y la belleza mitigada, no provocativa, de Eva. Por eso, en ese viaje, más que nunca, sus cualidades excepcionales son indispensables a la política.

Como el cuerpo de Eva es joven, ha potenciado sus cualidades hasta volverse bello y, sobre todo, porque no tiene marcas exageradas de sensualidad, puede ser el soporte (el maniquí) sobre el cual se edifique otro cuerpo. El atuendo de la primera dama no está sometido a las reglas del buen gusto sino de la magnificencia. Eva, como alguien que viene de afuera, del exterior de la buena sociedad, no podría nunca cumplirlas del todo y siempre sería examinada con escepticismo condescendiente o con el fastidio que les produce a los ricos la pretensión de los advenedizos. Sus trajes de ceremonia pueden ser excesivos porque su lugar no tiene medida, ni se compara con ningún otro lugar institucional. El exceso queda adherido a un cuerpo donde se ha investido el poder.

Como su cuerpo visible, los vestidos de Eva Perón son cuestión de estado.[78] Eva *debe* parecer una princesa plebeya: un oxímoron, figura de lo doble contradictorio, que funcionó de modo perfectamente adecuado al régimen personalizado del peronismo. Como su doble cuerpo, material y político, no obtenía su carácter de la legitimidad divina de un régimen monárquico, sino de un régimen plebiscitario y plebeyo, en un mundo secularizado, la cualidad de la belleza (indiferente en el caso del doble cuerpo del rey), era indispensable. Por su be-

---

[78] Roberto Rossellini, en su film *El ascenso al poder de Luis XIV,* pone en escena el momento en que el joven rey elige sus vestidos como vestimentas reales que son una de las formas visibles de la monarquía absoluta y de la diferencia radical del monarca respecto de sus súbditos. La escena interesa para pensar los vestidos de Eva.

lleza Eva podía sostener una doble representación, que subsistiría incluso después de su muerte.

Por la belleza, el cuerpo de Eva proporcionaba al régimen el sostenimiento de la ficción que fundaba su misma figura doble: por un lado, la mujer humilde e ignorante, como ella lo repite decenas de veces en *La razón de mi vida*, que es la esposa del presidente; por el otro, la manifestación concreta del régimen péronista, como intérprete y representante del líder:

> Yo no era solamente la esposa del Presidente de la República, era también la mujer del conductor de los argentinos. A la *doble personalidad de Perón* debía corresponder una *doble personalidad en mí*; una, la de Eva Perón, mujer del Presidente, cuyo trabajo es sencillo y agradable, trabajo de los días de fiesta, de recibir honores, de funciones de gala; y otra, la de Evita, mujer del Líder de un pueblo que ha depositado en él toda su fe, toda su esperanza y todo su amor.[79]

Como mujer del presidente, la belleza hubiera sido un atributo importante pero no esencial. Pero como mujer del líder, la belleza representaba el suplemento de felicidad, de "vida buena" que el peronismo decía asegurar al pueblo y, sobre todo, a aquellos que se sentían o estaban más lejos de lo bello (de los vestidos hermosos, de las joyas, de la vida donde la necesidad no expulse fuera de límites alcanzables el plus representado por la belleza).[80] Eva tuvo una función doble y también, para llenar esa función, un cuerpo que pudo sostenerla verosímilmente.

---

[79] *La razón de mi vida*, op. cit., p. 88. La *bastardilla* es mía.
[80] Juan José Sebreli inaugura la tesis compensatoria sobre las joyas y el lujo de los atuendos de Eva: son como "el anillo de diamantes que ostentaba [Salvatore] Giuliano, en el cual los campesinos sicilianos veían un símbolo del triunfo sobre los ricos y poderosos". *Eva Perón ¿aventurera o militante?*, Buenos Aires, La Pléyade, 1990 [cuarta edición], p. 89.

Eva encontró su belleza casi después de concluida su carrera como actriz. Curiosamente, antes de 1945, ella no parecía indisputablemente hermosa y, en verdad, no lo era. Los esfuerzos por asimilarse al *mainstream* de las actrices argentinas eran demasiado evidentes e iban en contra de sus propias cualidades, sin que le permitieran alcanzar las cualidades que no poseía. Cuando las invierte en la política, sus cualidades se potencian, apoyadas en la novedad absoluta. También se sostienen en una libertad que Evita Duarte no tenía. Como Eva Perón, la espontaneidad de sus gestos no tiene que contorsionarse en la imitación de otros gestos parecidos a los de otras actrices. La Eva política no tiene ni rastros del amaneramiento forzado que todavía registran las últimas fotografías de Evita Duarte.

Sus fotos de la etapa política muestran una gestualidad original (lo era también porque Eva era la primera que ocupaba un lugar que, por otra parte, había sido inventado especialmente para ella): tensa y cortante, en las escenas de trabajo; distendida y amistosa cuando acaricia niños y ancianos; despampanante, cuando viste los trajes de ceremonial de la corte peronista. Algunos rasgos que no eran singularmente bellos en la actriz, como la nitidez del cráneo con el pelo aplastado y recogido, o la continuidad austera entre la frente y la nariz recta y fina, son perfectos para la construcción iconográfica: un camafeo donde la fuerza es tan importante como la delicadeza, un perfil adecuado para estamparse en los sellos postales con que el régimen homenajeó a la pareja presidencial.

La brillantez de Eva, cuando viste los trajes de ceremonia, que le llegan de las mejores casas francesas y se fotografía antes de ir al Colón, contra los gobelinos y las chimeneas de la residencia presidencial, encontró en un curioso retrato oficial de 1948 (es oficial porque Perón lleva la banda presidencial) su punto de máxima exageración. Numa Ayrinhac, un retratista de sociedad, representó a la pareja presidencial en traje de gala. Eva está en la cima de la juventud y Ayrinhac eligió exagerar en ella lo que muestra una fotografía del mismo año y con el mismo traje. Eva está más estilizada que en la foto; de la cabeza a la cola del vestido su cuerpo tiene una curvatura de dibujo de figurín; el collar y la pulsera de perlas, con tres hileras colgantes, organizan una diagonal que tiene al brazo desnudo como línea dinámica; el cuerpo está virado hacia la izquierda del cuadro y la cabeza volcada hacia la derecha: se completa así un juego de líneas en movimiento que se apoyan sobre el plano oscuro y sólido de Perón. El brillo del vestido de Eva trabaja los pliegues del satén blanco con reflejos plateados que desciende hacia la masa reluciente de la cola que ocupa todo el bajo primer plano del retrato. Alambicado y efectista, el cuadro da una opinión sobre la importancia de esa figura femenina retratada en la mezcla exacta de apariencia gran burguesa y estrellato cinematográfico. La obra es excepcional también porque es el único "retrato presidencial" que incluye, junto al presidente, a la primera dama. Todo un juicio sobre la geminada cúspide del régimen.[81]

---

[81] El Museo de la Casa de Gobierno publicó un folleto, "Un retrato presidencial; Perón y Evita de Numa Ayrinhac", donde está una breve biografía del pintor, la reproducción del retrato y de la fotografía que fue su modelo. El texto del folleto aclara que el hecho de que en el retrato presidencial aparezca también la primera dama "constituye un hito, ya que es el único retrato de un presidente con su esposa". También es único porque el presidente sonríe y porque su figura se recorta no contra un fondo neutro sino contra un "paisaje imaginario".

Lo patético y lo sublime

La importancia del cuerpo de Eva creció sin pausa. La enfermedad, que la mató a los treinta y tres años, lo invadió sin deteriorar su belleza. Por el contrario, la enfermedad de Eva, el cáncer, acentuó sus rasgos no convencionales y les dio un pathos que, en algunas fotos, es trágico y en otras sublime.

Eva se volvió, día a día, más intemporal, en la medida en que el cáncer afectó los rasgos considerados "lindos" en la década del cuarenta y cincuenta. Su cara se hizo cada vez más angulosa, sus facciones más precisas, sus manos más delgadas, sus hombros más evidentes. El cáncer desmaterializó el cuerpo de Eva. Así la muestran las fotos, sobre todo esas en que, durante los actos públicos, Perón la sostiene, desde atrás, y ella, levemente inclinada, levanta los brazos como si estuviera por lanzarse hacia la multitud que rodea el balcón de Plaza de Mayo; o esconde su cara en la camisa blanca del líder, aferrándose a su espalda con la mano izquierda muy abierta, afilada hasta el remate oscuro de las uñas. Eva se ha vuelto completamente Garbo: su belleza no puede ser juzgada por los cánones de la moda (ya antes había superado los del "buen gusto"). A medida que se desmaterializa, su belleza *acrónica* se ajusta a cánones futuros, sin perder la irradiación (el aura) que la vuelve magnética en el presente. Toda ella es una excepción.

La figura de Eva, en el Cabildo Abierto del Justicialismo del 22 de agosto de 1951, culmina una historia. A partir del renunciamiento a acompañar a Perón en la fórmula presidencial para las elecciones de noviembre de ese año, que Eva hizo público pocos días después, empieza el capítulo de su conflictivo retiro, el cerco de imposibilidades físicas provocadas por las enfermedad y la larga agonía. Pero esa noche de 1951, Eva también alcanza una cima.

La iconografía que la sostuvo como bandera en la conversión revolucionaria de una fracción del peronismo a partir de mediados de los años sesenta, proviene de esa noche de agosto. En las fotos del gran acto, Eva es un cuerpo completamente ocupado por la política: un eje en el que se arraciman las fuerzas encontradas del peronismo, los conflictos de las fracciones sindicales y políticas, las vacilaciones del líder, el odio de la oposición y el deseo de una multitud; en su figura se encuentran tormentosamente el deseo y la prudencia, la esperanza y el miedo, el cálculo y la tentación de una mayor gloria y un poder acrecentado. Todas las pasiones políticas se coagulan en los gestos con que Eva dejó en suspenso su decisión. Esos gestos son más decididos y más guerreros que las palabras que los acompañaron. Con su cuerpo Eva dijo más que lo que dijo, y mucho más que lo que diría por radio, unos días después, al expresar su voluntad de negarse al reclamo del Cabildo Abierto.

Esa noche Eva tocó dos límites. Trágicamente, la heroína del justicialismo se encontró con el conflicto que una aceptación de la gran oportunidad hubiera producido dentro y fuera del movimiento. Tocó el lugar en que un deseo político se contradecía con otro: ocupar institucionalmente el lugar que ya ocupaba, en los hechos, en la geminada cúspide del peronismo implicaba poner en peligro esa misma cúspide. Por lo tanto, el ofrecimiento de la Vicepresidencia la enfrentaba con un dilema. Patéticamente, su mismo cuerpo la colocaba ante el límite de sus fuerzas, porque la enfermedad ya lo había capturado sin retroceso previsible.

Los gestos de esa noche reflejan la crispación, la furia y la frustación frente a esos límites. Sobre la oscuridad del fondo, en la que apenas se recorta el traje sastre oscuro, brilla el pelo rubio, sólo sombreado en el rodete sobre la nuca; y, como un fulgor, se des-

taca el perfil aguileño, de labios muy finos y cejas muy marcadas,
y las manos con sus oscuras uñas afiladas. El cuello delgado se prolonga en el escote en ve del saco de corte perfecto, sencillísimo y
casi masculino, que cubre los brazos hasta las manos, como si ellas
fueran independientes del cuerpo fundido en la oscuridad.

La cara es un estudio sobre la contradicción: el perfil aguileño, plano como un dibujo, la boca crispada y tensa son los de
una mujer todavía joven, sin marcas de tiempo. A la vez son las
facciones de una mujer cuyo tiempo está por cerrarse y cuya carrera política no irá más alto de lo que llegó hasta ese día mientras Eva estuviera en este mundo. Los micrófonos, escenografía acostumbrada del acto de masas, trazan un reluciente cerco
metálico, comunican y separan.

Hay siete fotos en la cobertura gráfica de *El Hogar*.[82] Todas
registran el momento del discurso de Eva. La diferencia está en
la posición de los brazos y el gesto de las manos; en la primera,
los brazos extendidos, la mano derecha con los dedos plegados
y el índice señalando hacia la plaza, indicando a los manifes-
tantes; en la segunda, Eva levanta el puño cerrado; en la tercera, la mano abierta, con los dedos hacia arriba y la palma cón-
cava; en la cuarta, el puño izquierdo cerrado, hacia abajo y la
mano derecha abierta, hacia arriba; en la quinta, el mismo puño cerrado; en la sexta, los brazos muy extendidos y las manos
abiertas; la última muestra a Eva con los dos puños cerrados.
Todas las fotos tienen el dinamismo de esas manchas blancas,
puños, manos, que son, a su vez, dinámicas y crispadas, se mueven hacia arriba pero están tensas, se proyectan hacia adelante, avanzan sobre el plano del cuerpo, se escapan del fondo oscuro del traje y se alejan del rostro.

[82] *El Hogar*, número 2181, 31 de agosto de 1951. Esta producción gráfica, cuyo
crédito es de Fusco, por razones técnicas de impresión es superior a la gran cobertura de *Mundo Peronista* y a la de los diarios, cuyas fotos son muy parecidas,
en algunos casos idénticas, tomadas desde el mismo punto de vista lateral.

Las palabras que acompañaron estas fotos establecen con ellas una relación también tensa, porque el discurso se mueve sin pronunciarse sobre el reclamo popular. Los temas clásicos de Eva cubren una ausencia de definición que es altamente conflictiva. No puede aceptar esa noche lo que le ofrecen; y tampoco quiere avanzar su negativa. Debe entonces recurrir a ese stock de figuras que, esa noche, entran en conflicto con lo que sucede en la plaza. Ella, la humilde y débil mujer, ha recibido sus dones de Perón que es todo ("todo es Perón"), de quien, al mismo tiempo, ha sido el escudo frente a las insidias de los malvados y los vendepatrias. El pueblo, que nunca se equivoca (como no se equivocó en reconocer a Cristo cuando "ni los ricos, ni los sabios, ni los poderosos" creyeron), le ha asignado un lugar; ella, que siempre hará "lo que diga el pueblo", le dice a ese pueblo que preferirá siempre ser Evita "antes de ser la esposa del presidente". Ella y el pueblo saben que "todos estamos a distancia sideral del líder de la nacionalidad", a quien sin embargo protegen. El nudo de estos temas es intrincado; a él converge también la ira contra los enemigos, "la antipatria, los políticos venales y los imperialismos de izquierda y de derecha". Lealtad y furia en las palabras; crispación en los gestos. Las fotos de esa noche, más que las palabras, están preparadas para convertirse en iconografía del evitismo que profesará, más de una década después, el peronismo revolucionario.

Faltan todavía algunas fotos para ese álbum de la política radicalizada. Dos meses después, demacrada y extenuada, Eva asiste a su último 17 de octubre. La piel está pegada ya a los huesos, mostrando una arquitectura perfecta; el pelo tirantísimo, el rodete de trenzas en la nuca; su vestido oscuro ya no se ajusta al cuerpo. En el pecho, la condecoración que minutos antes le ha colocado Miguel Espejo. Eva, de oscuro, entre las camisas claras de los hombres, con los brazos abiertos, ahora lánguidos, casi exánimes: una foto sacrificial, que encuentra un desenlace en la siguiente, cuando Eva se refugia en el pecho de Perón y llora. No hay límite entre lo privado y lo público: Eva llora sobre el hombro de su marido, sostenida por los brazos de su líder. La "ética sacrificial" jacobina está en la base de estas figuras últimas de Eva, que se convertirán en la Evita montonera.

Todavía hay que recordar una tercera foto para el tríptico evitista que pasó a los años sesenta. Eva joven, con pelo suelto, retirado hacia atrás donde cae sencillamente sobre la espalda; expresión divertida y serena. Lleva una blusa ladrillo y una chaqueta verde, ropa deportiva no habitual, quizá la que usaba en la quinta de San Vicente. Esta foto fue reproducida en miles de pancartas en los años setenta: la juventud, la alegría, la seguridad, la belleza antes de consolidarse en el cuerpo emblemático de una reina plebeya. Frente al pathos de la noche del Cabildo Abierto, esta foto captura la levedad de Eva al comienzo de su camino político. Fue publicada a comienzos de 1952, pero es muy anterior y probablemente, en ese momento en que Eva estaba ya cerca de la muerte, la intención de republicarla tenga algo de exorcismo y algo de preparación de un elenco de imágenes futuras en las que Eva se vea como fue hasta comienzos de los años cincuenta.[83]

Tríptico que resume una historia, las fotos de agosto y octubre de 1951, y esta de fines de los años cuarenta, muestran el modo en que el tiempo de la política dejó su marca, no en un decaimiento de la belleza, por el contrario, sino en un giro de la expresividad. El evitismo juvenil revolucionario de los años que vendrán, donde se cantó que "si Evita viviera sería montonera", recogió esta iconografía porque encontró en ella dos temas: la juventud transparente y el vigor de la voluntad política contra todos los obstáculos. El evitismo de la rama femenina del movimiento prefirió, en cambio, fotos más brillantes, más mundanas o más estatales que las de esta serie.

Cuando la muerte iba aproximándose, en el cuerpo de Eva se acentuaron los rasgos de un pathos que evoca lo sublime del sacrificio ya no sólo político, como lo fue el "renunciamiento",

---

[83] Tapa del número 12 de *Mundo Argentino*, 12 de enero de 1952.

sino físico. La fotografía que la muestra exhausta, en una cama
de hospital, después de votar en las elecciones del 11 de noviembre de 1951, tiene el tono lúgubre de un cuadro simbolis-
ta o decadentista: las ojeras oscuras, los pómulos salientes, los
huesos afilados marcando el óvalo del rostro, la languidez del
cuerpo yacente y de las manos exangües; los hombros, cubier-
tos por un abrigo suelto, casi no sostienen el cuello largo y la
cabeza que cae en diagonal sobre la almohada; el peinado es
casi tan voluminoso como la cara. Las ropas del lecho anuncian
los pliegues de un cuerpo amortajado.

Esa foto recorrió el país, mostrando, una vez más, el doble
cuerpo de Eva: su cuerpo político, que se impone a la enfermedad y el dolor para realizar el acto público del voto, que era el
momento de renovación plebiscitaria de la legitimidad peronista; y el cuerpo material, que ha entrado en su etapa de decadencia final.

La foto muestra aquello que Eva Perón había repetido todos esos años: ella no es dueña de sí misma, ella es poseída por
una Idea; es poseída precisamente por aquello que ha recibido como un don. En consecuencia, el cuerpo extenuado de la
foto no es sólo un cuerpo material, sublime en su sufrimiento,
sino un cuerpo político tanto más significativo cuanto más se
acerca la muerte. El cuerpo político debe subsistir. La batalla
por el cadáver de Eva Perón tiene que ver, en un nivel simbólico, con esto. Esa batalla puede ser analizada en varias dimensiones (la ritualidad del peronismo primero, la repugnante revancha del antiperonismo después).[84] Me ocuparé solamente
de un aspecto de su dimensión simbólica.

---

[84] Rodolfo Walsh condensó esos significados en el relato "Esa mujer". Tomás
Eloy Martínez los amplificó en el gótico de *Santa Evita*, Buenos Aires, Planeta, 1995. En ocasión de los cincuenta años de la muerte de Eva Perón, *La Nación* publicó, también firmada por Tomás Eloy Martínez, una síntesis de todas las informaciones, pistas e inferencias: "La tumba sin sosiego" (*La Nación*,
8 de agosto de 2002).

La preservación del cadáver de Eva Perón estaba decidida, por supuesto, antes de su muerte.[85] El cuerpo fue exhibido, en duelo nacional, ante una multitud. De día tenían lugar los homenajes y de noche el médico-embalsamador continuaba su trabajo. Sobre el carácter imperecedero de ese cuerpo se iba a fundar una mitología política poderosísima. Por eso, debía ser disputado a la muerte conservando la perfección de su belleza. El cuerpo embalsamado fue vaciado de su contenido orgánico, de sus vísceras y humores, y convertido en carcasa, en soporte de lo que había sido en vida.

Vuelto indestructible e intemporal, recibió las honras fúnebres que convocaron a todas las corporaciones de la nación (las fuerzas armadas, los sindicatos, la iglesia, las organizaciones empresarias peronistas) expresadas en sus órganos sociales y también en sus órganos políticos. Con la muerte de Eva, simbólicamente, el peronismo culminaba, dado que no hay una prueba mayor del imperio que tenía sobre los sujetos que el hecho de que la veneración fuera duradera después de la muerte. Su lugar seguiría siendo ocupado por el ícono de sí misma en que la había convertido el embalsamamiento.

Pocos días antes de su muerte, que se produce el 26 de julio de 1952, el Congreso aprobó la construcción de un monumento. Este remate suntuoso de la vida de Eva Perón es una manifestación más de su representatividad como cuerpo del régimen. En el diseño material de su "ingreso a la inmortalidad", la belleza del cadáver era una cualidad a la vez excepcional y completamente necesaria. Ahora bien, la muerte le daba a Eva una dimensión a la que ya se había acercado durante su agonía: el carácter sublime.

La infinitud de lo sublime se alcanza sólo por el camino del

---

[85] El médico que la embalsamó da numerosísimos detalles: Pedro Ara, *Eva Perón. La verdadera historia contada por el médico que preservó su cuerpo*, Buenos Aires, Sudamericana, 1996.

exceso pasional. Se sabe, la belleza provoca afecciones y sentimientos que responden a una medida humana, aunque excepcional. Lo sublime se origina en el desborde incalculable de esa medida. En este sentido, lo   ***Lo sublime***
que rodeó a la muerte de Eva Perón, y sobre to-
do, el tratamiento de su cadáver, tienen el carácter ilimitado y
terrible de lo sublime pasional.

El cadáver de Eva Perón fue expuesto a la veneración colectiva hasta el golpe militar de 1955. Después fue secuestrado por
los vencedores y escondido vilmente durante dieciocho años.
En ese ícono del peronismo, tanto los derrotados como los
victoriosos veían una condensación simbólica. El destino del
cadáver había sido anticipado por la magnitud de sus glorias
fúnebres. Ellas lo habían convertido en objeto de un culto político personalizado.

A diferencia del cuerpo material del rey, que desaparece en
el de su sucesor, el régimen peronista no tenía sucesión here-
ditaria y el golpe de estado interrumpió brutalmente su continuidad política. Pero allí estaba, perfecto con la indeleble perfección de lo petrificado, el cuerpo de Eva, que seguía siendo
doble: los restos materiales conservados en la cima de su belleza (que la muerte había transformado en sublime) y la representación de una autoridad y de un tipo de régimen. Tanto el
amor como el odio político identificaron lo mismo en ese cuerpo que ambos bandos quisieron poseer para siempre.

El simulacro

La contracara de lo sublime: un sólido antiperonista, Jorge Luis Borges, escribió el relato que enfrenta el cadáver de Eva con su réplica imperfecta.[86] "El simulacro" es la brevísima historia de un hombre que, en julio de 1952, llega a un pueblo del Chaco para montar allí el velorio de una muñeca rubia dentro de una caja de cartón. El hombre recibe los pésames como si fuera el viudo. A su lado, una caja de lata sirve para contener los dos pesos que dejaban los visitantes: "viejas desesperadas, chicos atónitos, peones que se quitaban con respeto el casco de corcho". En muchos lugares de la Argentina tuvieron lugar estos actos de devoción popular, cuya intensidad atizaba la desconfianza despectiva de una oposición preparada para encontrar ignorancia y manipulación en todas las ceremonias oficiales o espontáneas del régimen.

En esta ficción macabra (este es el adjetivo que usa Borges para el viudo), hay sin embargo algo de conmovedor. El hombre puede ser un "alucinado", un "impostor" o un "cínico", un "fanático" o, simplemente, un "triste" (son también las palabras que usa Borges). Pero la muñeca representa, como los íconos de la religión, el cuerpo que en el mismo momento está siendo velado en Buenos Aires. El carácter de la

---

[86] Jorge Luis Borges, "El simulacro", *El Hacedor*, *Obras completas*, Buenos Aires, Emecé, 1974, p. 789.

representación es grotesco por la inconmensurable distancia entre el catafalco suntuoso montado en el Congreso y la miseria rasposa del rancho, con sus cuatro velas. Nada tienen en común la escenografía de estado que proporciona el Congreso, ni las filas de hombres y mujeres bajo la lluvia de julio, con ese lugar último de la Argentina. La imitación del velorio podría ser simplemente una burla, un abuso de la credulidad. Quizá fuera sólo eso.

Sin embargo, el cuento necesita de esas viejas desesperadas, de esos chicos atónitos y de esos peones, para que el engaño o la representación alucinada pero sincera, tenga lugar. Frente a los ojos de esa gente, la muñeca rubia ya no es una pobre imitación, una miniatura siniestra, de la mujer que entró a la inmortalidad. Es su ícono, un objeto que no tiene sus mismas formas sino que las sugiere por una estilización convencional; hace posible la ceremonia del velorio porque su presencia imita de modo basto e imperfecto a la muerta. Como en un pesebre, donde el muñeco que representa al Niño no es Jesús, pero tampoco su parodia, ni siquiera en las versiones más groseras. La muñeca rubia es *algo* Eva sin serlo. Está por Eva, para quienes no tienen otra forma de rendirle su homenaje y rezar ante ella sus oraciones.

En Buenos Aires, una multitud desfilaba frente al cajón cerrado, besando o tocando el vidrio que dejaba ver la cara de la difunta. Otros, más lejanos y más miserables que los que esperaban ese momento en Buenos Aires, reconocieron en la muñeca lo que se reconoce y se venera en una virgen de madera o estuco. Piadosos, no vieron en la muñeca una burla sino una representación icónica. Un objeto antes inerte que ha recibido el soplo de la magia simpática.

El cuento del antiperonista Borges dice ***Vituperio*** esta verdad. Sin embargo, la muñeca también es una imitación grotesca, que nunca alcanzará la apariencia sublime del cuerpo embalsamado de Eva y empequeñece el escenario majestuoso de su velorio. La muñeca es la Eva de los pobres que ni siquiera pueden llegar a Buenos Aires. Evita no hubiera rechazado la indigencia de este momento de culto. Borges dice que la gente visitó el velorio fingido, y que "a muchos no les bastó venir una sola vez".

Venganza

Venganza y conocimiento

Una historia increíble

Un cuento de Borges sobre venganza y conocimiento. Emma Zunz mata a Loewenthal, para vengar la muerte de su propio padre, y urde una historia para la policía. En el último párrafo del cuento, el narrador tiene algo que decir sobre esa historia que nos ha narrado:

> La historia era increíble, en efecto, pero se impuso a todos, porque sustancialmente era cierta. Verdadero era el tono de Emma Zunz, verdadero el pudor, verdadero el odio. Verdadero también era el ultraje que había padecido: sólo eran falsas las circunstancias, la hora y uno o dos nombres propios.[87]

Una "historia increíble" es la explicación que Emma repetirá después del asesinato.[88] Hasta ese momento, el cuento na-

---

[87] Las citas son tomadas de "Emma Zunz", *El Aleph, Obras completas,* op. cit., p. 568.

[88] Sobre la verdad de la historia de Emma y su construcción lingüística, véase: Iván Almeida,, "Borges, Dante y la modificación del pasado", *Variaciones Borges,* número 4, 1997; Silvia G. Dapía, "Why is There a Problem about Fictional Discourse", *Variaciones Borges,* número 5, 1998. Sobre la venganza: Josefina Ludmer, "Cuentos de verdad y cuentos de judíos", en *Revista Brasileira de Literatura Comparada,* número 4, 1998 y *El cuerpo del delito,* Buenos Aires, Perfil, 1999, especialmente pp. 363-364, donde se hace una lectura política de la venganza.

rró la prolija elaboración de un subterfugio. El lector no sigue a un investigador que va deshaciendo con paciencia o inteligencia las coartadas de los criminales, sino los pasos de la vengadora para construir el atenuante de su crimen. Emma se acuesta con un marinero desconocido para que la policía crea que el hombre que asesinará pocas horas después la ha violado. La venganza de Emma tiene que pasar por su humillación. No hay otra forma de preparar el atenuante de su crimen. Es el acto sexual, considerado una violación, el único acto que resulta inverosímilmente verosímil para montar el escenario de la "historia increíble". Pero, en el camino de su venganza, Emma adquiere también una especie de *conocimiento*.

Cuando Emma se entrega al marinero desconocido, la venganza de su padre es manchada no por el arrepentimiento ni el miedo sino por la imagen remota pero vívida de otra escena, en la cual su padre "le había hecho a su madre la cosa horrible que a ella ahora le hacían". Así Emma Zunz, para vengar a su padre, inventa un plan que la somete a una violencia equivalente a la que su padre ejerció sobre su madre veinte años antes. Admite, tácitamente, que ella es hija de esa violencia y, a pesar de ello (o por eso mismo), sigue los pasos de la venganza.

En el final del cuento se asegura que "la historia increíble" es "sustancialmente cierta". En efecto, en la economía borgeana, los actos y los seres cobran, ante los ojos de dios, una independencia relativa de sus existencias mundanas.[89] La madre de Emma soportó "la cosa horrible". El padre de Emma le hizo esa "cosa horrible" a su madre. Un marinero lo repite en el cuerpo de Emma, inducido y engañado por ella, que necesita de ese acto para construir el móvil falso del asesinato de Loewenthal. Los actos y las posiciones del sujeto se repiten. La motivación de Emma es al mismo tiempo un atenuante de su crimen y una venganza doble: venga a su padre y se identifica con su madre

---

[89] Véase "Los teólogos", *El Aleph*, *Obras Completas*, p. 550 a 556.

cargando en un tercero el acto horrible que acaba de padecer y el acto horrible que padeció su madre cuando su padre la poseyó. El conocimiento adquirido en el acto sexual convierte a una venganza en dos.

Impulsada por la filialidad, Emma, sin embargo, es todo cálculo. Su venganza es fría y diferida, aunque no pase sino un día entre la recepción de la carta donde se le anuncia la muerte del padre y el asesinato de Loewenthal a quien Emma considera moralmente responsable de esa muerte. Digo que Emma lo considera moralmente responsable y no que lo sea, ya que no tenemos los lectores, ni Emma misma, más que una carta que, lejos de comunicar un suicidio, afirma que el padre de Emma "había ingerido *por error* una fuerte dosis de veronal". De la lectura de esa frase escrita por un desconocido cuyo apellido mismo es incierto (Fein o Fain), sin vacilaciones, Emma interpreta la muerte como suicidio.

La seguridad de Emma sobre esa muerte, así como los motivos que la convierten en consecuencia de un acto suicida, la conducen hacia Loewenthal, el verdadero responsable del desfalco que todos atribuyeron al padre de Emma. Para el lector, esa responsabilidad queda establecida por inferencia: Loewenthal de gerente ha pasado a ser dueño de la fábrica donde su padre trabajó y Emma es obrera. Ella está segura de que el desfalco hizo posible el enriquecimiento de Loewenthal sólo porque su padre, antes de huir, se lo ha dicho. Como sólo sabemos eso, podemos dudar: ¿el padre de Emma la engañó acerca de Loewenthal para que ella conservara una imagen digna de quien huía a Brasil escapando de la policía? ¿El padre de Emma la engañó para salvar el honor de Emma? El relato calla en el mismo punto en que Emma cree.

Sin embargo, una hija no duda de la palabra de su padre: la duda la precipitaría en la deshonra, porque si Emma no creyera, en secreto y durante seis años, que su padre fue inocente, ella sería la hija de un estafador, abandonada en la pobreza por ese hombre culpable. Nada puede saberse de los seis años transcurridos entre la acusación a Emanuel Zunz y su muerte. Una elipsis cumple en oscurecer la relación que la hija mantuvo con su padre en esos años cruciales.

El relato no se detiene en estos pormenores que darían sustancia a la resolución vengadora de Emma. Por el contrario, al ocultarse en los varios pliegues de una elipsis, los detalles ausentes son parte de una intriga no contada.[90] En 1916, Emanuel Zunz es acusado de un desfalco; se menciona "el auto de prisión, el oprobio" y una última noche (antes de que él se refugiara de ese oprobio en el extranjero) cuando Zunz jura a su hija que fue Loewenthal el verdadero culpable. Luego, nada: el silencio de Emma durante seis años, hasta enero de 1922; y ninguna información sobre esos años en la vida del padre. Cuando llega la carta, "la engañaron [a Emma], a primera vista, el sello y el sobre". ¿Por qué el sello? ¿Emma no sabía que su padre estaba en Brasil? Nuevamente, el texto narra menos que lo que parece necesario.

Del pasado anterior al alejamiento del padre, Emma tiene recuerdos difusos: unos veraneos y los losanges de una ventana, una casita en Lanús y el esfuerzo por recordar a su madre, cuya imagen evanescente sólo se recupera en la escena sexual. Junto a estos cuatro elementos disímiles, hay un quinto inolvidable (es decir, que se recuerda sin esfuerzo): la revelación de la inocencia de su padre hecha por él mismo. Es decir una revelación sin pruebas, un *artículo de fe*, tan indispensable como precariamente sustentado.

Finalmente, llega la carta, cuyo mensaje Emma descifra como la comunicación de un suicidio, aunque sólo se le dice que la muerte de su padre fue causada por un accidente. Emma lee

---

[90] Analía Capdevila se refiere a la "teoría borgeana de los dos argumentos del cuento policial, el manifiesto y el secreto". Véase: Analía Capdevila, "Una polémica olvidada (Borges contra Caillois sobre el policial)", en S. Cueto, A. Giordano y otros, *Borges; ocho ensayos*, Rosario, Beatriz Viterbo, 1995.

la carta *en exceso*, interpretándola a la luz de una historia que, para ella, es la única verdadera. Esta lectura en exceso pasa por alto lo que, por piedad o por respeto a los hechos, la carta le comunica: que el muerto había ingerido "por error" la dosis fatal. El exceso conduce a la hiperinterpretación: la carta le dice a Emma más que lo que está escrito efectivamente en ella y, por el camino de interpretar más allá de la letra, Emma decide el asesinato.

Después de leer la carta, tiene una sucesión velocísima de sensaciones. Al malestar físico, le sigue una "ciega culpa". Nuevamente, la fórmula llama a ser interpretada porque no es claro por qué la muerte del padre arroja sobre la hija algún grado, no importa cuán mínimo, de responsabilidad moral. Emma siente una culpa "ciega": una culpa que no puede ver su propia causa o una causa que es ciega en el sentido de enceguecedora, que no permite ver los hechos e induce a equivocaciones. Después de la carta, de los recuerdos desarticulados de la infancia, y del recuerdo nítido de la revelación que su padre le hace antes de abandonarla (no fui yo el estafador, fue Loewenthal), Emma está lista para que su interpretación de los hechos se transforme en acción. Va a convertir su lectura de los hechos en una *performance* vengativa, movida por un sentimiento ciego.

La muerte de Emanuel Zunz fue necesaria. Libera a su hija de cualquier límite porque le permite acostarse con un hombre para matar a otro. La venganza de Emma independiza los medios de los fines. Emma comienza a actuar con el propósito de vengar a su padre, pero, para vengar a su padre, debe humillarse en la relación sexual con un hombre cualquiera, acto que duplica el motivo de su venganza: el hombre que va a matar, morirá por lo que supuestamente le hizo a su padre y, también, por lo que la obligó a ella a hacer para disimular el móvil de su crimen. Anticipándose a la consigna de un policía que investigue el caso, Emma producirá el móvil lejos de la escena del crimen; lo llevará en su propio cuerpo y lo expondrá (su discur-

so y su cuerpo) como razón del asesinato. Convertirá el móvil
en atenuante, armándolo con el riguroso artificio con que se
arma una coartada. Pero algo no funciona completamente según sus planes, algo oscuro, no sabido, emerge como conocimiento hecho posible por la pasión de venganza. La violencia
sexual, que elige padecer y que precede a la violencia que ella
ejercerá sobre Loewenthal, le impondrá un saber no buscado.

Exceso en la acción

Emma se acuesta por primera vez con un hombre, elegido
al azar y, al mismo tiempo, cuidadosamente: tiene que ser un
extranjero, alguien que está de paso y que abandonará de inmediato Buenos Aires. Con ese acto Emma convierte su cuerpo en prueba del móvil y atenuante del asesinato que comete-
rá esa misma tarde. La trama es barroca aunque la maestría de
Borges la presente sencillamente. Emma necesita inscribir en
su cuerpo los rastros de lo que ella presentará como una violación, pero que fueron producidos por una entrega voluntaria
que, en un giro irónico, desplaza la razón de su venganza del
objetivo principal (digamos, fundante de la acción) a uno secundario (digamos, condición necesaria para la construcción
del móvil y atenuante del crimen):

> Ante Aarón Loewenthal, más que la urgencia de vengar a su
> padre, Emma sintió la de castigar el ultraje padecido por ello.
> No podía no matarlo, después de esa minuciosa deshonra.

La venganza, que es una pasión monotemática, se bifurca,
lo cual introduce en el relato una variación interesante. De dos
modos diferentes se señala esta bifurcación: primero, el ultraje sexual tiene más urgencia de venganza que la reponsabilidad
atribuida a Loewenthal por la muerte del padre; luego, ante la
duda que Ema podría haber sentido, el narrador afirma (en
una frase que admite ser leída como discurso indirecto libre)

que ella no podía no matarlo después de su deshonra. La doble negación, como tantas veces en Borges, sirve para reforzar y para fijar la atención sobre la frase que la incluye.[91] "No podía no matarlo" quiere decir, eficazmente, no hay salida; de ese acto minuciosamente planeado, nadie escapa. Loewenthal muere *probablemente* por haber provocado la muerte de Emanuel Zunz; *seguramente* porque Emma inventó un móvil/atenuante que, al producir un conocimiento nuevo sobre la sexualidad, reforzó en ella la idea del asesinato.

Un solo acto condensa dos venganzas cuyos motivos están separados en el tiempo: 1916, la supuesta traición de Loewenthal; 1922, la entrega sexual de Emma. El motivo de 1922 toma un relieve trágico que compite con el de 1916, porque Emma elige una circunstancia casi extravagante para atenuar (ante los ojos de la ley) su crimen. Cuando llama a la policía, su discurso comienza por el lado más inverosímil que ilustra sobre el móvil sexual de la venganza, que es al mismo tiempo el atenuante del asesinato:

> Ha ocurrido una cosa que es increíble... El señor Loewenthal me hizo venir con el pretexto de la huelga... Abusó de mí, lo maté...

Ella lo dice, antes de que el narrador lo repita. La cosa es increíble, porque todos saben que Loewenthal es un hombre avaro y recluido, a quien nadie podía suponer realizando el acto que Emma le imputa. Sin embargo, ese acto soportado por el cuerpo de Emma, es verdadero. Sólo que no fue Loewenthal su autor. Como en una metáfora, como en un sueño, Emma condensa las acciones y los actores. Uno de ellos, el marinero

---

[91] Sylvia Molloy señala que en Borges el uso de recursos que indicarían atenuación son "despite their obliqueness, no less emphatic" (*Signs of Borges*, Durham y Londres, Duke University Press, 1994, p.72).

que se ha convertido en oscuro instrumento de justicia, ha zarpado esa misma noche; ese hombre no sabe que se ha acostado con una mujer para quien el acto fue "la cosa horrible". No pudo suponerlo, fue un instrumento ciego, y, por lo tanto, de su lado no hay ninguna culpa. Pero el acto fue efectivamente "la cosa horrible" y es culpable el hombre que, para que Emma pueda vengarse, la obliga a fabricar un móvil y un atenuante. Loewenthal es culpable dos veces y será víctima de una doble venganza. Emma lava dos veces la mancha de su honor.

La conmoción de Emma después de su relación con el marinero desconocido relativiza la venganza del padre, que debería ser absoluta y ocupar de modo absoluto la conciencia de la vengadora. En ese momento supremo, donde se reúnen todos los motivos que la mueven al asesinato, un motivo *imprevisto* ocupa el primer plano. El sacrificio de Emma por su padre no se realiza cuando asesina al presunto culpable de su muerte y de su infelicidad desde 1916; ese sacrificio tiene lugar unas pocas horas antes, cuando Emma se entrega al marinero. Sin embargo, esas pocas horas antes, en las que Emma se acuesta con el marinero, son extirpadas del tiempo por una reflexión del narrador:

> Los hechos graves están fuera del tiempo, ya porque en ellos el pasado inmediato queda como tronchado del porvenir, ya porque no parecen consecutivas las partes que los forman.

En ese "fuera del tiempo", Emma tiene una revelación. Ella ha entregado su cuerpo para que suceda "la cosa horrible". Esa es la ofrenda al padre porque ese acto es condición del siguiente que tendrá lugar en la oficina de Loewenthal. Pero precisamente en el acto de ofrecer su cuerpo al marinero para estar en condiciones *físicas* de vengar a su padre, precisamente entonces, Emma descubre que su padre le había hecho también esa "cosa horrible" a su madre. El acto que había sido planeado sólo como un medio de la venganza se convierte en *fuente de conocimiento*.

Por eso, con el asesinato de Loewenthal Emma cobra varias cuentas atrasadas. En orden cronológico: la primera, la de su madre a quien su padre le "había hecho la cosa horrible que a ella ahora le hacían"; la segunda, la desgracia, la huida y la supuesta culpa de Loewenthal en el suicidio de su padre; la tercera, su propio padecimiento de la "cosa horrible". El orden cronológico muestra que el motivo que parecía central queda enmarcado por otras dos deudas a cobrar con la muerte. Esa simetría establecida por "la cosa horrible" rodea a Emanuel Zunz que, de ser todo el impulso de la venganza, es reducido a una parte, la parte de Emma. Ella mata desde su perspectiva de mujer, cuando había creído que esa acción tendría lugar desde su lugar de hija. Emma no es *sólo* Electra.

El exceso de acción proviene de los dos lugares diferentes desde donde Emma se coloca para actuar. Esos dos lugares la constituyen como vengadora doble de dos hechos de orden distinto. En el proyecto de su venganza como hija hay un capítulo previo y necesario que es su decisión de actuar como mujer. Emma hace valer su cuerpo que quedará galvanizado por el horror de padecer lo mismo que padeció su madre por obra de su padre. Se forma así una figura inesperada donde hija-mujer, madre-mujer, padre y marinero hacen o sufren los mismos actos. Se duplica el ultraje porque Emma realiza un acto innecesario desde la perspectiva trágica pero afín a la perspectiva moderna. Emma no es Electra porque actúa *en exceso* para construir una trama de sentidos equívocos que funcionen como su (falso/verdadero) móvil y su (falso/verdadero) atenuante. No es Electra, porque trabaja para que su venganza sea secreta, confiando en que Loewenthal pueda enterarse en el momento de su muerte por qué es ella, precisamente, quien lo mata. Como se verá luego, en ocasión de otras venganzas, es indispensable que el vengador informe a la víctima.

La venganza secreta, venganza de una subjetividad moderna y no de una heroína de tragedia, exige los subterfugios del criminal que debe organizar (o borrar) las huellas de su autoría.

Emma tiene que seguir actuando porque su venganza, tal como ella la proyectó, tiene un capítulo, de exceso de acción, que pertenece a la novela (al cuento) y no a la tragedia. De allí esas frases del penúltimo párrafo, escritas tantas veces, de modo seguramente menos conciso, en tantas narraciones policiales:

> Los ladridos tirantes le recordaron que no podía, aún, descansar. Desordenó el diván, desabrochó el saco del cadáver, le quitó los quevedos salpicados y los dejó sobre el fichero.

Conocimiento del cuerpo

Al usar su cuerpo como instrumento de la venganza sometiéndolo a la cosa horrible, Emma recibe una lección de conocimiento. Cuando buscó al marinero, Emma actuó como si su cuerpo fuera sólo un medio gobernado por una razón superior, de carácter moral y filial. Pero el cuerpo padeció acciones, fue el objeto de la "cosa horrible" y pudo más, en el momento en que Emma se dirige a matar a Loewenthal, que la conciencia filial y el sentido del deber que debía dar un solo significado a esa muerte. En el momento en que Emma llega a enfrentarse con Loewenthal el cuerpo puede más que la filialidad y es por el "ultraje padecido" que ella *no* puede *no* matarlo. El cuerpo se ha resistido a ser instrumento ciego de la venganza. Emma *Spinoza* quiso usarlo como si su conciencia pudiera imponerse sobre esa materialidad, pero el cuerpo impuso los cambios en la venganza de Emma: *lo que puede un cuerpo*.

Emma recurrió a su cuerpo creyendo que podía usarlo con la gélida claridad con la que el plan aparecía a su conciencia:

> El sábado, la impaciencia la despertó. La impaciencia, no la inquietud, y el singular alivio de estar en aquel día, por fin. Ya no tenía que tramar y que imaginar; dentro de algunas horas alcanzaría la simplicidad de los hechos.

Emma pretendió que su cuerpo fuera el soporte de la prueba de que la muerte de Loewenthal tenía un motivo que valía como atenuante exculpatorio.[92] Esa función despojaba al cuerpo de sus razones, sometiéndolo a la lógica de un proyecto que sólo lo utilizaba como objeto; pero cuando sucedió "la cosa horrible", el cuerpo reveló su potencial de conocimiento y de recuerdo. El cuerpo mostró su independencia frente a los pasos de un plan que pretendía anularlo convirtiéndolo en objeto pasivo, gobernado por la conciencia. El cuerpo es lo que Emma conoce menos. La "racionalidad" de su proyecto no tomaba en cuenta, naturalmente, aquello que Deleuze, a propósito de Spinoza, llama "lo desconocido del cuerpo".

De allí en más, lo que sería simplemente una coartada/móvil/atenuante del acto, se convierte en una motivación tan fuerte y urgente como la venganza del padre. El saber del cuerpo restituyó una memoria familiar que no era aquella a la que Emma creía estar sirviendo. Al evocar a la madre de un modo tan vívido como al padre, el cuerpo de Emma cancela la piadosa memoria del padre e instala la figura de la madre humillada. Esa figura, que aparecía borrosa en los recuerdos de Emma, es restaurada por la *memoria* que se despierta en el cuerpo. En unas pocas horas, ella supo lo que su cuerpo quiso y recordó la escena siempre temida del padre haciéndole esa "cosa horrible" a su madre. El cuerpo de Emma, que debía ser sólo instrumento, se convierte en *causa* de sus actos.

---

[92] En realidad, según la legislación argentina, el hecho de que Loewenthal hubiese violado a Emma no es directamente un atenuante, si la muerte de Loewenthal se produjo después de consumada la violación y no como forma de defensa propia durante el intento. Por otra parte, si la estratagema de Emma fuera descubierta, el armado de las circunstancias atenuantes probaría la figura de la premeditación, que agravaría su culpa. Si la violación fuera efectivamente atribuida a Loewenthal, Emma podría alegar turbación y estado emocional como atenuantes, pero no el hecho mismo de la violación ya acaecida. Debo estas precisiones al abogado criminalista Abraham Kossack.

Por intermedio del conocimiento adquirido, la venganza se vuelve oscura y compleja.

La materialidad de una experiencia física se inscribe mal en el diseño intelectual y consciente de Emma, a quien los hombres "inspiraban, aún, un temor casi patológico". La vejación buscada y recibida tuerce el plan y lo inserta en otra temporalidad, la de la recuperación (el "recuerdo") de la escena primaria, que por su propio peso debilita la realidad de "los hechos de esa tarde", desplazándolos de su carácter instrumental en el proyecto de venganza hacia una centralidad no sospechada antes, porque "la cosa horrible" es padecida materialmente y recuperada moralmente en el mismo instante.[93]

El narrador es sensible a este giro de los hechos que relata: estos se irrealizan a medida que la experiencia del cuerpo de Emma va duplicando su plan de venganza. Emma se había considerado un "instrumento de Justicia", de una Justicia que debería castigar una única culpa, la de Loewenthal. Sin embargo, el conocimiento obtenido por el cuerpo produce un doble objeto de venganza y resignifica la muerte de Loewenthal.

"La historia era increíble" pero "sustancialmente era cierta". Doblemente cierta, porque Emma no realiza una única venganza planeada, sino dos venganzas sobre el mismo hombre. La primera es un triunfo de la Justicia de Dios sobre la justicia humana (así lo escribe el narrador porque ha dicho que el padre de Emma fue acusado por un delito no cometido). La Jus-

---

[93] La recuperación de esa memoria es decisiva para Freud: "...Cuando los niños llegan a ser testigos casuales del comercio sexual de sus padres, aunque, naturalmente, no hayan conseguido más que una percepción muy incompleta del mismo. Pero cualquiera que haya sido el objeto de su percepción —la situación recíproca de los dos protagonistas, los ruidos o ciertos detalles accesorios—, *su interpretación del coito es siempre de carácter sádico,* viendo en él algo que la parte más fuerte impone violentamente a la más débil [...]" ("Teorías sexuales de los niños", *Los textos fundamentales del psicoanálisis,* Madrid, Alianza, 1988, p. 416).

ticia de Dios señala ese lugar de observación de los hechos donde todo revela instantáneamente su verdad. Emma, de alguna
manera soberbia, cree conocer esa verdad y, así, se coloca en el
lugar de la Justicia de Dios: "Desde la madrugada anterior, ella
se había soñado muchas veces, dirigiendo el firme revólver, forzando al miserable a confesar la miserable culpa y exponiendo
la intrépida estratagema que permitiría a la Justicia de Dios
triunfar de la justicia humana". Y antes, durante los seis años
que van entre 1916 y 1922, Emma "derivaba de ese hecho ínfi-
mo un sentimiento de poder".

La segunda venganza es impensada pero estaba inscripta en
el plan de Emma: el conocimiento adquirido la vuelve perfectamente inevitable. A su vez, esta segunda venganza es también
doble porque la "cosa horrible" soportada por Emma es la misma que su madre soportó bajo su padre, cuya memoria piadosa es, paradójicamente, la que guía los actos de Emma. Entonces, no sólo hay un exceso de acción, sino que de ese exceso
nace una reparación que no estaba contemplada en el plan original de la justiciera. El cuerpo de Emma tiene toda la responsabilidad en este exceso. El saber que Emma adquiere al entregarse al marinero extranjero, es un saber que ella no ha
buscado sino que, sencillamente, ha encontrado en el lugar
donde menos se piensa.

Al ejercer la venganza Emma sabe más que lo que sabía al
dar comienzo a las acciones de su plan. El acto vengativo se ha
convertido en acto de conocimiento. No es simplemente una
restauración del orden sino una instauración de saber. La venganza no responde sólo a una configuración de hechos pasados sino que rearma el presente. Instala algo nuevo en el núcleo del acto que parecía sólo responder a lo ya sucedido. *La
venganza cambia radicalmente a la vengadora.*

Ni olvido ni perdón

¡Piedad! —exclamó el viejo con voz ronca— ¡Piedad! ¿No estás satisfecha?... Pero ¿por qué los dos?... ¿Por qué no dejarme uno... uno solo?

—Necesitaba a los dos —le contestó Colomba en voz baja y dialecto corso—. Las ramas han sido cortadas; y si la raíz no hubiera estado podrida la hubiese arrancado. Anda, no te quejes; te queda poco tiempo que sufrir. ¡Dos años sufrí yo!

El anciano lanzó un grito y dejó caer la cabeza sobre el pecho. Colomba le volvió la espalda y se dirigió despacio a la casa canturreando unas incomprensibles palabras de una balada: "Necesito la mano que disparó, el ojo que apuntó, el corazón que lo dispuso..."[94]

Es el final de la novela de Merimée, *Colomba*. La mujer que mira con satisfacción la decadencia del viejo a quien le han matado dos hijos, es uno de los personajes sublimes del romanticismo francés. Colomba, virgen vengadora, ha impulsado a su hermano a que diera muerte a quienes ella considera responsables de la muerte de su padre. La venganza fue aplazada dos años, mientras el hermano, Orso Della Rebbia, estuvo en Francia. No bien pisada la tierra de Córcega, Colomba no le ha dado tregua al vacilante afrancesado para quien no quedaban

---

[94] Próspero Mérimée, *Carmen, Colomba, Crónica del Reinado de Carlos IX*, Buenos Aires, Jackson, 1946 (traducción de Silvina Bullrich), p. 206.

muy claros ni la responsabilidad ni la necesidad de inscribir su nombre en una serie de vengadores.

Para Colomba, sin embargo, las cosas tienen la nitidez del mediodía. A un pleito más que centenario, en la última generación se había añadido una ofensa imperdonable: agonizante, la madre de Colomba había pedido que la sepultaran en un bosque amado; el alcalde, miembro de la familia enemiga, se había opuesto y "el día del entierro los dos partidos se encontraron frente a frente, y pudo temerse que se entablara un combate por la posesión de los restos de la señora Della Rebbia".[95] Después sucedió el asesinato del padre, confuso para el hermano de Colomba pero singularmente claro para ella. La venganza debió esperar dos años, mientras un clamor de canciones populares, de lamentos y de incriminaciones, un rumor que recorre los montes y que repiten los nobles bandidos que Colomba protege, recibe el regreso del hermano y le va cerrando todas las salidas.

Colomba es parte de una *cultura de la venganza*. Su hermano, en cambio, desconfía no sólo de los motivos sino de la necesidad de ese acto extremo. En Francia ha conocido la existencia de otro tipo de orden moral y jurídico. Sin embargo, el destino, bajo la forma de una emboscada, lo lleva a cumplir el acto que su hermana exige como venganza y él realiza como "defensa propia". En efecto, Orso Della Rebbia dispara al bulto, sin otro cálculo que la respuesta a una trampa tendida en el monte. Colomba, sin embargo, interpreta ese acto instintivo como la venganza deseada y, de hecho, así lo juzga la sociedad de campesinos y bandidos de la aldea y el padre de las víctimas.

A Colomba no la traban ninguno de los prejuicios que la cultura francesa ha depositado, como dulcificación moral, en la conciencia de su hermano. Colomba es una corsa auténtica y, como tal, acepta con la rectitud de un destino honora-

---

[95] Ibid., p. 98.

ble los términos de un conflicto que quedaría irredento hasta que no corriera sangre de la familia enemiga. Modesta y salvajemente bella, adorada por los pobres, supersticiosa y católica, iletrada y sensible, tímida y durísima, Colomba es el espíritu de la tierra, sublime frente a la civilizada cultura europea que es legalista y, por eso, hipócrita. Colomba no conoce la duda; su hermano, en cambio, es un burócrata hamletiano, un oficial valeroso pero especializado en la violencia de la guerra, no en las *violencias culturales* que dan forma a la vida cotidiana en la isla.

Las cualidades morales de Colomba pertenecen a una cultura que se siente amenazada por la modernidad, cuyas instituciones pretenden reemplazar el ejercicio de la violencia en defensa de la propiedad o el honor. Sin embargo, cuando se trata del honor, esas instituciones son insuficientes. Si los caballeros franceses lavan su honor en el duelo, las mujeres corsas lavan su honor en la venganza. Desde que aparece, a caballo y envuelta en su velo, Colomba es la virgen vengadora, fatal, que no descansará hasta ver sangre. No conoce la piedad frente al enemigo. Por eso, la implacable escena final. Incluso vengada, la afrenta no ha desaparecido: el recuerdo de haber llevado una mancha, el recuerdo de la espera y el sentimiento de la humillación ni siquiera desaparecen cuando el orden moral ha vuelto al equilibrio. Frente al enemigo de sangre, el odio es el único sentimiento moralmente aceptable.

Sólo la muerte es la *justa retribución* de otra muerte. Y sólo puede redimirla la venganza, un acto que no tiene lugar en la institución moderna de justicia, un acto personalísimo, intransferible y que, si permanece incumplido, cae como la mancha de una falta sobre quienes tienen el deber de realizarlo. Si se lo cumple, en cambio, vuelve a salir el sol, *se restablece un orden* que tenía como condición la justicia de la venganza y no la de los tribunales, y Colomba puede volver a ser una virgen risueña y modesta. La novela termina aquí, con la transformación de Colomba, en un instante, cuando, alejada pocos pasos del viejo, sonríe y, como una tranquila burguesa de provincia, piensa en el futuro.

La ley de la venganza la libera de cualquier deliberación moral sobre lo que ha sucedido bajo el impulso de su mandato; vengarse es tanto un deber como un derecho retributivo que lo permite todo. Esta ausencia de límites es la atracción sublime y fatal de Colomba. La venganza no ha traído conocimiento (como en el caso de "Emma Zunz") sino confirmación de lo sabido. Lejos de cambiarlo, refuerza el ethos de una cultura. Colomba y los campesinos leales a la familia Della Rebbia festejan la llegada de los cadáveres a la casa de la familia enemiga porque son la justa retribución con que la deuda ha quedado saldada. En la cultura de la isla, la satisfacción no tiene nada de siniestro, sino que, por el contrario, restablece un orden que tiene al honor como su valor fundamental. La venganza repara el honor y, en consecuencia, no puede ser juzgada por las leyes que condenan el asesinato.

El asesinato de Aramburu

Fumando un puro, me cago en Aramburu.

EL DESCAMISADO, AÑO 1, NÚMERO 21, OCTUBRE DE 1973

La Argentina no iba a ser la misma a partir de los hechos de mayo y junio de 1970. Muchos creyeron que se iniciaba el desenlace de una época que concluiría con una victoria revolucionaria. Sobre todo, se creyó que había sonado la hora de la justicia. Quienes se movían por estas convicciones, no se preguntaron entonces si la justicia que se había ejercido sobre Aramburu podía reclamar ese nombre. Tampoco se preocuparon por que otros pensaran que esa justicia tenía la forma de una venganza. Sustancialmente, lo que se había hecho estaba bien por razones históricas y políticas. Por eso, la muerte de Aramburu no obligaba a resolver ningún dilema moral, sobre todo porque la idea misma de un problema moral parecía inadecuada para entender cualquier acto político. Cientos de militantes pensaban que sólo la hipocresía de los poderosos o las debilidades ideológicas de los pequeño burgueses introducían el argumento moral en los hechos de la vida política, como una máscara que escondía el verdadero carácter de la lucha. Las masas oprimidas (se argumentaba) no podían darse ese lujo y quienes habían actuado en nombre del movimiento que las identificaba, el peronismo, con toda razón no se habían colocado en una perspectiva que hubiera falseado el acto de justicia que acababan de realizar.

Había muchas cuentas para saldar desde 1955 porque la Argentina nacional y popular era un país irredento y quienes lo habían convertido en ese desierto hostil a los intereses populares eran, sencillamente, enemigos con los que no debía conciliarse. Si alguna duda emergía no tocaba a los móviles ni a las causas, sino a los protagonistas del secuestro: ¿quiénes eran los Montoneros? Un año después, la pregunta todavía encontraba respuestas más o menos variadas en el periodismo, pero la militancia revolucionaria ya sabía de qué se trataba.

Lo que no fue un problema en 1970 hoy necesita explicaciones: entender el caso Aramburu como capítulo de una historia cultural de la política revolucionaria en Argentina. ¿Por qué el caso Aramburu y no otro, por qué un solo asesinato y no una serie, como la de los dirigentes sindicales que le siguieron? ¿Por qué el caso Aramburu y no el atentado en el que murió Augusto Vandor en 1969?

Los asesinatos de Vandor, primero, y de José Alonso y Rogelio Coria después, son ajustes de cuentas ejemplarizadores que se agrupan en una serie abierta (la consigna que se cantaba en las manifestaciones los incluían como amenaza a cualquier otro "burócrata sindical": *Rucci, traidor, a vos te va a pasar lo mismo que a Vandor*); el secuestro de Aramburu, en cambio, es un hecho único. No se trató de un acto que pudiera repetirse, porque había *muchos* dirigentes burócratas pero sólo *un* ex presidente de la revolución que había derrocado a Perón condenándolo al ostracismo (que se reflejaba en la represión de su pueblo) y robado el cuerpo místico del movimiento nacional, encarnado en el cadáver de Eva.

La singularidad de Aramburu (general y presidente como Perón) hizo de su muerte un mito mayor de la política argentina. En las manifestaciones de los años siguientes, la organización que lo había asesinado se presentaba en la plaza con el grito: *Duro, duro, duro, estos son los Montoneros que mataron a Aramburu*. La consigna que incluía el nombre de Vandor no era una consigna de identidad sino una amenaza. La consigna que nombraba a Aramburu fue siempre, en cambio, una autodefinición que Montoneros no compartía con otros grupos guerrilleros. Si ambas eran gritos de guerra, el que mencionaba a

Aramburu no estaba referido al futuro, como lo está cualquier amenaza, sino al pasado donde se funda la identidad. Era un hecho que se había completado, una mónada de sentido político alrededor de la cual giraba una cultura.

El simbolismo no podía ser más fuerte. Tres nombres: Perón, Evita, Aramburu se establecían como hitos inamovibles y los tres eran condensaciones intensamente simbólicas. Ningún argumento moral podía tocarlos. En la izquierda peronista se debatió la oportunidad de matar dirigentes sindicales y no todos estuvieron de acuerdo con la elección de esos blancos, pero no quedan muchos rastros de que el asesinato de Aramburu haya suscitado dudas.

La admisión satisfecha de los hechos producidos en aquel invierno de 1970 plantea preguntas. Por eso vale la pena tratar, una vez más, de entenderlos como manifestación de una sensibilidad colectiva (¿hegemónica en la franja radicalizada de la política argentina?). Los términos son los siguientes: primero, el caso Aramburu es un hecho *excepcional* que no puede ser asimilado a la serie de muertes que siguieron, aunque está en el origen de la organización que fue responsable de muchas de esas muertes; segundo, el caso Aramburu es un hecho *pasional*, organizado simbólicamente sobre el eje de una pasión clásica, la de la venganza; la excepcionalidad pasional del caso pone de manifiesto una sensibilidad que hoy puede considerarse histórica (es decir que ha cumplido un ciclo y ha desaparecido o sólo se manifiesta, disimulada por las denegaciones y subterfugios de la mala conciencia, entre quienes mantienen lazos subjetivos con esa sensibilidad de época). Están las condiciones, entonces, para interpretar los hechos y los discursos en el terreno de su cultura.

No se trata de una reconstrucción etnográfica basada en lo que los protagonistas hoy recuerdan de aquellos años, sino de una interrogación a lo que dijeron e hicieron en aquel momento: los hechos de 1970 y su narración en los tres o cuatro años siguientes. ¿Por qué este camino? Porque interesa saber, si esto es posible (aunque muy difícil), la versión del acontecimiento *en el momento de su suceder*, más que su rearticulación en una red de recuerdos y de introspecciones que han sido ineludiblemente tocados por los años de la dictadura, las diversas críticas a la violencia de la transición democrática y los saberes historiográficos que quienes recuerdan los años de comienzos de la década del setenta no pueden ocluir cuando piensan y hablan. Cuando sucedió el secuestro de Aramburu, todos los que hoy recuerdan esa época eran muy jóvenes; lo que recuerdan está atravesado por la nostalgia de una edad especialmente apta para la idealización. Se recuerda el momento en que la política era tan joven como los militantes.

Una reconstrucción memorialística no carece de interés. Sin embargo, ella no está en el centro de las preguntas porque aquí no se tratará de ver qué se recuerda sino *eso* que fue, en su momento, un *presente*. Es interesante el modo en que la memoria produce su pasado como una intersección entre lo que se recuerda, lo que se permite recordar, lo que se olvida, lo que se pasa en silencio, lo que cambia de registro y de tono, incluso de género narrativo. Lo que la memoria ofrece tiene la complejidad de una ucronía, en el sentido de un tiempo bifronte, hecho de dos temporalidades: la del presente del relato y la del pasado de lo narrado, que se actualizan en el presente de la lectura. Discriminar entre esas temporalidades es una empresa crítica y reconstructiva.

Los recuerdos producidos hoy como "memorias de la militancia" tienen un derecho propio con el cual sólo es posible discutir en términos actuales y, estrictamente, en términos políticos. Quienes recuerdan, en esos relatos etnográficos o autobiográficos, no pueden recordar sino del modo en que lo hacen: forzando la memoria para "ponerse en el lugar" que ocuparon entonces y, al mismo tiempo, narrando esos forzamientos de memoria desde una perspectiva incapaz de eliminar el presente desde el que se está recordando. Esos "recuerdos de la militancia" pueden ser defendidos con el argumento de la inevitabilidad, y la legitimidad del anacronismo. Tanto la materia del recuerdo que reactualizan como la operación ana-

Anacronismo

crónica que las condiciones presentes imponen, tienen un interés enorme. Hay texturas de lo vivido que sólo se recuperan en esas empresas de la memoria, aun cuando se sepa de antemano que estarán marcadas por el presente del acto de recordar. No se podría afirmar que siempre es posible prescindir de esa materia rememorada. Por el contrario, ella trae al presente si no la inasible sustancia del pasado, la narración que intenta revivirla.

Sin embargo, en lo que se refiere al asesinato de Aramburu, se tomará otro camino, independiente, en lo posible, de los recuerdos producidos en los últimos años, excepto cuando ellos parezcan menos tocados por las estrategias ideológicas y personales de la memoria. En cambio, se utilizarán intensivamente los relatos de la época, los escritos entre 1970 y 1975, no porque ellos estén libres de fuertes operaciones retóricas, sino precisamente porque son las que parecieron adecuadas a los personajes de esta historia en el momento en que ella no era un capítulo del pasado juvenil, que despierta nostalgia, sino un hecho político recien-

La narración
del hecho

te. Cuando matan a Aramburu y cuando hablan de esa muerte tres o cuatro años después, quienes lo hacen no han cambiado demasiado, aunque hayan llegado al centro de la política argentina y tengan perfecta conciencia del mito que fundaron con ese acto.

Empecemos entonces por la narración del hecho.

Hablan los secuestradores

El 3 de septiembre de 1974, la revista montonera *La causa peronista* ofreció su homenaje al "Día del Montonero" (7 de septiembre) con el relato del asesinato de Aramburu por dos de quienes participaron en el hecho: Mario Firmenich y Norma Arrostito (sobrevivientes de los doce que habían dado inicio a la gesta). El clásico sello de la organización, con la V de la victoria, sobre ella la P del nombre del líder y del movimiento y el agregado, como si fuera un grafiti, de la palabra "vive", ocupa la tapa. Adentro hay un texto verdaderamente extraordinario en la historia de la violencia política, tan extraordinario que hoy resulta poco menos que increíble (¿esto verdaderamente sucedió y pudo ser contado de este modo?). Sin embargo, la historia es conocida, ha sido vuelta a contar varias veces y transcripta con algunos cortes.[96] La revista publicó este relato y algunos otros materiales: la carta de Montoneros a Perón del 9 de febrero de 1971; la respuesta de Perón del 20; los comunicados montoneros números 3, 4 y 5; un recuadro de la dirección con el título "Después del Aramburazo".

Comienza la nota: "Era la una y media de la tarde...". El periodismo de la época, impuesto en las revistas y diarios que había dirigido Jacobo Timerman y donde habían trabajado muchos de los que pudieron escribir el texto de *La causa peronista*,

---

[96] Martín Caparrós y Eduardo Anguita, *La voluntad*, Buenos Aires, Norma, 1997, tomo I, pp. 366-72.

acostumbraba a comenzar las notas como si se tratara de una ficción. No se anticipaba de modo sintético el material de la nota, sino que se buscaba la impresión de que se entraba a ella sin dilaciones, sin los rodeos ni las síntesis del periodismo tradicional. La forma de este comienzo hubiera podido ser: "A la una y media de la tarde...". Sin embargo, se eligió "Era la una y media de la tarde...", un arranque que implica la narración y no la crónica simple de los hechos. En el párrafo siguiente, la frase se repite textualmente. La primera vez, a la una y media de la tarde, los medios de comunicación difunden la noticia del secuestro de Aramburu. La segunda vez, a la una y media de la tarde, la narración empieza cuando ya han pasado varias horas desde el momento del secuestro: una pick-up Gladiator avanza por caminos poco transitados rumbo a un paraje llamado Timote. A bordo de la pick-up van Aramburu y sus secuestradores.

La narración no omite, por supuesto, la marca de la pick-up. Entrenado en la lectura de Cortázar (más que en la teoría de lo verosímil de Barthes), cualquier periodista sabía que la mención de una marca o de un detalle innecesario pero concreto contribuía al efecto de realidad; el periodismo de no ficción seguía a la literatura (como había sucedido con las investigaciones político-policiales de Rodolfo Walsh): donde el periodismo tradicional hubiera escrito "un vehículo", el periodismo timermaniano establecía tipo, marca y modelo. Nada indica que el autor anónimo de la nota pueda haber sido el más eminente Rodolfo Walsh, pero cualquiera de los que se había entrenado en esos años pudo escribirla desde ese lugar donde la destreza técnica del periodismo se unía a la versación política en la cultura montonera.

En el cuarto párrafo, se repite el esquema de la frase inicial: "Era el 29 de mayo de 1970", para introducir la dimensión ideológico-política de los hechos que se irán narrando, "el día en que el Onganiato festejaba por última vez el Día del Ejército. El día en que el pueblo festejaba el primer aniversario del Cordobazo". Último y primero, ese día era una bisagra en el tiempo. La nota pone en paralelo dos aniversarios, último y primero, fuerzas armadas, masas populares, cuya oposición manifiesta el sentido que ese día tomarían las luchas: un dictador desplazado, un pueblo movilizado. En ese día último y primero, "habían nacido los Montoneros" (destacado en negrita).

La espectacularidad de esta coincidencia no casual (ya que los recién nacidos Montoneros habían elegido precisamente ese 29 de mayo) abre un capítulo explicativo de la nota, donde se sintetizan los argumentos que hacen que ese secuestro fuera un hecho indispensable a la causa. Fundacional, baustimal, identificatorio, pedagógico.

El relato abandona a la pick-up que va a los tumbos camino a Timote y se detiene para presentar un argumento político. Todavía en 1974 se considera esencial reivindicar la independencia de los Montoneros respecto de cualquier sugerencia de complicidad con fracciones del ejército o del gobierno de Onganía. Esta complicidad había sido señalada por un grupo de recalcitrantes amigos de Aramburu y persistía como hipótesis en 1971. Si todavía quedaban dudas sobre la independencia original del grupo, era el momento, y el lugar en un texto de gran impacto, de disolverlas. El argumento es sencillo, económico y circular: "El Aramburazo, como lo bautizó el pueblo, que jamás tuvo dudas respecto de los autores del operativo...". La invocación de la autoridad popular cierra una cuestión y permite pasar a los motivos del "operativo", cuya síntesis, muy diestramente realizada, indica que ya se habían codificado las razones, seguramente más imprecisas en mayo de 1970, que habían movido al grupo.

En realidad, esta síntesis de "objetivos" es una conversión: los *efectos* del operativo Aramburu, que todo el mundo conoce en 1974, son presentados como los *fines* buscados. De este modo, el núcleo inicial de Montoneros se presenta como una dirección política exitosa que habría estado en condiciones de orientar, desde aquel primer hecho, la marcha de los acontecimientos. Esta argumentación invertida puede compararse con las cartas que intercambiaron los Montoneros y Perón, nueve meses después del secuestro: en poco tiempo el operativo tuvo una interpretación política consolidada. Objetivos y efectos del caso Aramburu no se oponen y es por eso que fue una operación políticamente exitosa. Sin embargo, los efectos fueron más poderosos que lo que puede suponerse acerca de los objetivos. La argumentación invertida ordena perfectamente razones, efectos y consecuencias en un esquema nítido que enfatiza la justeza política de la operación.

El capítulo ideológico-político de la nota comunica también la emergencia victoriosa de un ethos: "triunfar o morir", "últimas consecuencias", "se largaron al todo o nada", el ethos de la pasión. Y, en este punto crucial, el autor de la nota entrega la palabra a Firmenich y Arrostito. La narración pasa de la tercera a la primera persona. Hablan los que actuaron. El paso de la tercera a la primera persona es decisivo no por razones estilísticas (la textura no cambia mucho, no hay un empeño en reproducir una supuesta oralidad), sino estratégicas. Lo que va a contarse no puede ser dicho en tercera persona por su enormidad. Si se escribiera, "le pegó un tiro", "le puso un pañuelo en la boca antes", "nadie se atrevió a mirarlo", etc., la narración del secuestro pasaría a ser un caso policial, sobre todo porque el policial era seguramente lo que tenía más a mano, como narración de conspiración y violencia, el periodista que escribía la nota.

Disfraces

Para evitar que el operativo Aramburu tenga el tono del policial, tienen que hablar los que lo ejecutaron. Un narrador que fuera relatando las acciones cumplidas no podría evitar que se inscribieran en el género *default* de la violencia. Los protagonistas, en cambio, no quedan inmediatamente inscriptos en ese protocolo de ficción. En 1974, Arrostito y sobre todo Firmenich son líderes indiscutibles y las condiciones en que puede escucharse su voz son bien diferentes de las del narrador anónimo de la nota de *La causa peronista*. Si ellos narran los hechos que condujeron al asesinato, estos toman una forma inmediatamente política; si se los narra en tercera persona, la forma política deberá ser una y otra vez recordada, impuesta al relato de los hechos. Si se hace la prueba de pasar a tercera persona las palabras de Arrostito y Firmenich, y cualquiera puede hacerlo fácilmente, todo el relato se deforma. Por supuesto, los lectores de 1974 que no compartieran los argumentos políticos expuestos al comienzo de la nota, descubrirían el espeso fondo "policial" también en los relatos en primera persona.

Por otra parte, al ser narrada en la primera persona de los dirigentes montoneros que, ese 29 de mayo de 1970, no sabían cómo iban a ser los hechos subsiguientes al secuestro, la acción (cuyo desenlace conoce todo el mundo) recupera una cualidad de suspenso, que no podría verosímilmente tener para un narrador en tercera persona. Narrados en tercera persona esos hechos también podrían haberse articulado en la estructura de dilaciones que caracteriza el suspenso, pero ese recurso habría presentado los problemas de un artificio inadecuado a la magnitud de lo que se está contando.

Finalmente, la primera persona es clásica de las memorias y relatos de campañas militares. Esta marca histórica seguramente no entraba en las intenciones de quienes armaron la nota de *La causa peronista*, pero no puede descartarse como cualidad objetiva: los comandantes de 1974 recuerdan sus comienzos no muy lejanos, sin jactancia ni benevolencia, ateniéndose a los hechos de esa primera batalla. Pueden incluso comentarlos y compararlos ("en toda mi vida operativa no recuerdo una vía de escape más sencilla") con sencillez y oportunidad.

El narrador en tercera persona se reintroduce, discreta y ambiguamente, por razones de perspectiva, cuando se relata la entrada de Fernando Abal Medina y Emilio Maza al departamento de Aramburu. Ambos están muertos, "sus voces no están, se perdieron en La Calera y en William Morris. Pero su tes-

timonio ha traspasado el tiempo en la evocación de sus compañeros". Este cambio de tono (de narrativo a poético) indica un
cambio de narrador que, en los párrafos que siguen, se arregla-
rá para permanecer lo más disimulado posible, cumpliendo su
función de trasmitir lo que había sucedido dentro del departamento. Los dos renglones de evocación poética de los compañeros muertos son también una transición explicativa: sabemos
lo que ellos hicieron porque se lo contaron a quienes todavía
viven. De esa delegación de los muertos a los vivos (memorias
del vivac, anécdotas repetidas en los tiempos muertos de la espera, donde es posible imaginar que se repitió muchas veces la
forma en que Abal Medina y Maza entraron al departamento y
se lo llevaron a Aramburu), el relato se desliza nuevamente hacia la primera persona por un camino conocido: una pregunta que podría haber sido hecha por Firmenich o Arrostito a
Abal Medina o a Maza, pero que también podría haber sido hecha por el periodista de *La causa peronista* a Firmenich. Se echa
mano del muy literario discurso indirecto libre: "¿Si se resistía?". La respuesta vuelve a la primera persona, en este caso como recuerdo de lo dicho por Fernando Abal Medina o Emilio
Maza aunque el plural también incluye a todo el grupo como
responsable colectivo de los hechos y víctima potencial de sus
posibles consecuencias: "Lo matábamos ahí. Ese era el plan,
aunque no quedara ninguno de nosotros vivo". De manera co-
ral, en la dificultad de atribuir esta frase a ninguno de los Montoneros, la resolución tiene la fuerza de un juramento frater-
no: juramentarse a matar o morir, o a matar y morir.

Hay un pacto de sangre detrás de toda venganza, que une
a los vengadores con sus víctimas, y a esas víctimas con quienes,
antes, fueron sus víctimas. Y así en una cadena que sólo puede
cortar el exterminio total, la victoria total, o un cambio de lógica (de ethos y de instituciones). Desde la perspectiva del vengador, no hay orden posible sin el desorden fundacional de la
venganza. La muerte por venganza tiene una legitimidad que
no es necesario argumentar dentro de la cultura que la acepta.

Por eso, todas las cuestiones que pueden plantearse a este relato vienen desde afuera: se lo comprende desde una exterioridad a su sentido.

La venganza funda el mundo, no lo desordena, sino que le devuelve el orden. El vengador es un restaurador de la justicia y un pedagogo social. En este relato, los protagonistas actúan movidos por un interés colectivo: el del pueblo. Más aún, actuaron "en nombre del Pueblo" porque Aramburu debía "pagar sus culpas a la justicia del pueblo". Tan consustanciados están los vengadores con ese pueblo, que nunca nadie del pueblo dudó sobre la responsabilidad intelectual y material del hecho: "el pueblo jamás tuvo dudas respecto de los autores del operativo".

Sin embargo, esas dudas existieron, como lo demuestra la importancia que asignan el narrador y la revista, en un recuadro publicado aparte, a la sospecha de que existieron inspiradores militares o de los servicios que impulsaron a los entonces desconocidos secuestradores. Sobre esta cuestión se volverá más tarde. Lo cierto es que el narrador de la nota todavía percibe, seguramente no en los seguidores de Montoneros pero sí en la izquierda que también leía *La causa peronista,* una sombra que manchaba precisamente el acto fundacional del movimiento, acto fundacional que transformó a Montoneros en "ejemplo y bandera del peronismo y en la máxima expresión de la lucha del pueblo contra el imperialismo y sus aliados y sirvientes nativos".

El asesinato de Aramburu (la "muerte" de Aramburu, como titula la nota) tiene que ser liberado de toda sospecha, porque se trata del nacimiento y la asunción de una identidad, condensados en un solo acontecimiento. Una sombra que cayera sobre el nacimiento de la organización (que caería también sobre quien es en 1974 su dirigente máximo) pondría en cuestión el origen real de Montoneros que emergió, completo ya, de una síntesis de "las luchas peronistas, las de la Resistencia, las del Plan de Lucha, la de Uturuncos y todas las expresiones combativas". El narrador repite, con diferentes fraseos, este origen que es a la vez la asunción de una herencia por parte de un "grupo de jóvenes" que "tomaban las armas hasta sus últimas consecuencias", dispuestos a "triunfar o morir". Nacimiento y asunción de la herencia, en primer lugar. Montoneros nace en una familia política que no es todo el peronismo, sino el peronismo popular y combativo. Montoneros nace para expresar una tendencia histórica (poco después la organización será conocida, en sus manifestaciones de superficie, como la "Tendencia").

Al asumir una herencia, lógicamente, esos jóvenes quedan incluidos en un cuadro de amigos y enemigos. Se hereda una distribución concreta del terreno político. El narrador marca este como segundo objetivo de la operación Aramburu. Los jóvenes aceptan una caracterización que los precede. Antes de ellos, el pueblo peronista había descubierto que "si Rojas fue la figura más acabada del gorilismo, Pedro Eugenio Aramburu fue, en cambio, su figura y su artífice". La elección de Aramburu es la de un responsable intelectual y no la de un representante degradado y ya en 1970 de segunda línea (el narrador resuelve así una pregunta que no podía menos que formularse en el momento del secuestro y en los años siguientes). A ese enemigo, el narrador le imputa, entre otros hechos, algunos de los cuales, como los bombardeos a Plaza de Mayo, le fueron completamente ajenos, dos, esenciales del irredentismo peronista: los fusilamientos de junio de 1956 y el secuestro del cadáver de Eva Perón.

Entonces la venganza será secuestro por secuestro y fusilamiento por fusilamiento. Hubiera quedado perfecta y completa si la policía no hubiera descubierto el cadáver de Aramburu y, en consecuencia, si la posesión del cadáver daba a los Montoneros un arma de negociación para recuperar el de Eva Perón.

Este intercambio taliónico se ejerce sobre el mismo "culpable del robo y de la mutilación del cuerpo de la Abanderada de los Trabajadores". La condensación simbólica de las culpas de

Aramburu fue probablemente la más pregnante de la Argentina, por lo menos hasta los asesinatos y desapariciones de la dictadura militar. Rodolfo Walsh había convertido en un éxito de
la literatura política los fusilamientos de José León Suárez; sobre el cadáver de Eva poco hay que agregar a lo que ya se sabe.
De modo que el narrador no tiene sino que mencionar esos dos
crímenes para habilitar la primera frase que dice Firmenich: "El
ajusticiamiento de Aramburu era un viejo sueño nuestro".

Como en un sueño, el operativo se pospone algún tiempo,
pero cuando comienza a realizarse, se desarrolla con "el criterio
de todo o nada. El grupo inicial de Montoneros se juega a cara
o ceca en ese hecho"; "habíamos ido dispuestos a dejar el pelle-
jo". Justamente en el momento elegido, la lógica de la venganza
se encuentra con otra lógica, la de la política táctica. El narrador
primero y Firmenich después señalan este encuentro entre el objetivo de venganza y el subproducto político de la muerte de
Aramburu, quien estaría encabezando una fracción cívico-mili-
tar dispuesta a desalojar a Onganía e instalar un gobierno pro-
clive a una solución de conciliación con un peronismo domesticado y dialoguista. El secuestro desbarata este cálculo político,
aunque ni en su origen ni en su simbología fue imaginado con
este fin. O por lo menos eso dice la primera frase de Firmenich.

Sin embargo, quienes sospecharon inmediatamente de la
autoría intelectual y los apoyos tácticos que recibieron los jóvenes secuestradores, señalaron precisamente este último objetivo como el móvil oculto detrás del bosque de símbolos. El
narrador y Firmenich conocen perfectamente esta sospecha
y, por eso, la argumentación la retoma, siempre en un lugar
subordinado del texto. Son los tramos más argumentativos
que contrastan, por su cálculo de medios, fines, efectos y consecuencias, con el relato de los hechos y la condensación poética de los símbolos de un movimiento irredento.

Al día siguiente, el 30 de mayo, sólo después de varias horas
de interrogatorio y una vez que sus jueces accedieron a apagar el
grabador, a las tres de la tarde, el enjuiciado reveló el lugar don-

de estaba el cadáver de Eva Perón y el nombre de quien tenía la
llave de la documentación. "Más que eso no podía decir, porque
su honor se lo impedía." La narración evoca el momento en que
un preso cede y se quiebra, y también el momento en que sus captores deciden, tácitamente, que ya no necesitan o no pueden obtener más. El juicio pasa entonces a sentencia. Ese es el subtítulo
que *La causa peronista* le puso al tramo siguiente del relato.

El texto vuelve a argumentar. Presenta, muy sintéticamente,
el juicio a Aramburu como un "camino de verdadera justicia",
verdadera en un sentido sustancial, "la que nace de la voluntad
del pueblo", es decir de una justicia que no se atiene a los procedimientos formales de los tribunales porque se ejerce en nombre de una soberanía que es instituyente de cualquier principio
de justicia. Desde la Revolución Cubana, por lo menos, esta idea
de una justicia sustancial popular, en oposición a la formalidad
procedimentalista se había impuesto como legítima. También
podría pensarse en la justicia impartida en condiciones de guerra, donde los tribunales militares se rigen por procedimientos
sumarios. Ambas ideas de "juicio" están presentes en el relato de
los hechos que siguen al secuestro. Ambas se apoyan en la idea
de que "el pueblo lo sabía", es decir que la culpabilidad de Aramburu había quedado establecida antes del juicio y, en consecuencia, no necesitaba de ninguna prueba: "por esa intuición que lo
caracteriza, el pueblo sabía, sin tener que preguntarle a nadie".

De todas maneras hubo preguntas. Los jóvenes conocían la
respuesta a la mayoría de ellas, pero las preguntas y respuestas del
juicio eran necesarias por tres requisitos. El cumplimiento del primero proviene de una de las reglas fundamentales de la venganza: quien es objeto de un acto de venganza debe conocer las razones por las cuales sus vengadores actúan. La venganza debe ser
comunicada antes de ser realizada.[97] Firmenich trasmite el men-

---

[97] Peter A. French, *The Virtues of Vengeance*, Lawrence, Kansas University Press,
2001, p. 12.

saje: "la reparación por los asesinatos de junio del 56". Luego, en el relato del juicio a Aramburu, sus acusadores le presentan el cargo, con la lectura de los decretos que condenaban a muerte a los militares sublevados, firmados por él; también le leen las "crónicas de los fusilamientos de civiles en Lanús y José León Suárez". La respuesta de Aramburu remite a condiciones de excepción: "Nosotros hicimos una revolución, y cualquier revolución fusila a los contrarrevolucionarios". La lógica podría aplicarse a las condiciones de su secuestro y su juicio.

El segundo requisito es que el juicio debe revelar información sobre la que los jóvenes jueces tienen pruebas: el golpe que preparaba Aramburu, para suceder a Onganía. La narración de 1974 coloca este golpe en una línea interpretativa futura, porque "su proyecto era, en definitiva, el proyecto del GAN, que luego impulsaría Lanusse: la integración pacífica del peronismo a los designios de la clase dominante". Frente al grabador que servía como acta del juicio, Aramburu negó todo, pero "compartiendo con nosotros una comida o un descanso", lo admitió. La narración, probablemente sin proponérselo, en esa incidental donde Firmenich evoca un descanso o una comida compartidas, revela que el enjuiciado, hasta ese momento, no imaginaba su condena. En aquella comida y aquel descanso, Aramburu se presenta ante sus secuestradores como candidato aceptable de una transición, esfuerzo que sólo puede explicarse si todavía piensa que saldrá de allí vivo o si imagina que podría llegar a convencer a sus captores.

Pero el cumplimiento del tercer requisito pone las cosas en su punto. "Lo acusábamos, por supuesto, de haber robado el cadáver de Eva Perón." La narración de Firmenich encuentra su tono patético. Por primera vez evoca a un preso desesperado y frenético: "por medio de morisquetas y gestos bruscos se negaba a hablar, exigiendo por señas que apagáramos el grabador". Hasta este tramo del relato, Aramburu no había gesticulado y casi no se le habían atribuido reacciones desesperadas. De aquí en más, el relato deja ver lo que el secuestrado está, a su vez, adivinando: se acerca la condena porque se ha tocado un punto no negociable. No se trata sólo de la reparación de los fusilamientos del 56, se trata de recuperar un cadáver. La narración de Firmenich agrega detalles. A medida que se acerca el clímax, el personaje recatado y aplomado intenta varias líneas de negociación: da su palabra de honor sobre la restitución del cadáver, defiende ese honor cuando afirma que no puede revelar más datos, finalmente parece ceder: "Pidió papel y lápiz. Estuvo escribiendo antes de acostarse a dormir. A la mañana siguiente, pidió para ir al baño. Después encontramos allí unos papelitos rotos, escritos con letra temblorosa".

Son las primeras y las únicas señales del miedo: esa letra temblorosa, trazada durante esa vigilia en una pieza descuidada de una casa de campo, donde un condenado escribe quizás hasta la madrugada nunca sabremos qué cosas o quizás eso que Firmenich dice que encontraron en los bolsillos del saco del cadáver: un relato del secuestro y una síntesis de su proyecto político donde la existencia de los secuestradores probaba que había peronistas bienintencionados que, si no eran asimilados, darían el ejemplo para que otros se inclinaran por la lucha armada.

Probablemente el tramo del relato que lleva como subtítulo "La sentencia" sea uno de esos textos que permanecen más allá de los motivos por los cuales fueron escritos, que valen incluso porque hoy pueden ser leídos como contradicción de esos motivos. Es sencillo e impresionante. La narración de Firmenich, en primera persona, adopta francamente los procedimientos formales del relato, en la alternancia de acciones, diálogos referidos y diálogos directos. Se avanza velozmente, con elipsis. El "tribunal" comenzó a deliberar ya de noche, el 1º de junio de 1970, y comunicó su sentencia a la madrugada. ¿Qué pasó durante esas horas? El relato, respetando su perspectiva de crónica realista, colocada desde el principio en el lugar de los secuestradores, nada puede decir sobre la noche de Aramburu. En esa elipsis de tiempo y de perspectiva, los lectores saben que es imposible reponer los contenidos: despojado de libertad, Aramburu no posee una subjetividad que pueda ser trasmitida por un texto que, con toda razón, se atiene a un punto de vista objetivo sobre el secuestrado. Pero la narración también calla la deliberación del tribunal de los secuestradores.

Conocemos, en cambio, sus actos: ataron al preso a la cama y, desde ese momento, dejaron de hablarle. Presumiblemente, entonces, Aramburu se quedó solo en la misma pieza donde la noche anterior había escrito sus últimos papeles. Presumiblemente también el tribunal deliberó en la pieza contigua. ¿Por qué lo ataron a la cama? Hasta ese momento, el relato no había sugerido que el preso pudiera escaparse; menos verosímil parece que intentara hacerlo esa noche. ¿Lo ataron porque desearon evitar que la muerte del preso se les escapara, porque pensaron quizá que Aramburu podía intentar un suicidio, uno de esos típicos suicidios carcelarios, con el cinturón, unas sábanas desgarradas en silencio, el fleje de una cama usado como cuchillo en la garganta? ¿Lo ataron como mensaje de que, pese a que el "tribunal" estaba deliberando, su condición de reo ya hacía presumir el resultado, o porque esas horas seguramente angustiosas debían cargarse aún más por el ejercicio de un poder que inmovilizaba su cuerpo y lo obligaba a yacer?

A la madrugada, el jefe del operativo, Fernando Abal Medina, le comunicó la sentencia de muerte. El tratamiento que se le da al reo es el de "general", lo que implica la conservación de un grado militar que no le ha sido retirado como parte de la sentencia (en este punto, Montoneros inaugura una tradición de trato con los militares, en la que presos de un campo de desaparecidos siguen usando como vocativo el grado, como se puede leer en *Recuerdos de la muerte,* de Miguel Bonasso). Aramburu va a ser ejecutado como general, y eso habla de la ejecución y de sus captores. No se trata de integrantes de una fuerza que refuta las jerarquías militares de sus enemigos. El texto ha mencionado a Aramburu como "el fusilador"; sin embargo, ese hombre que será ejecutado por un crimen que sus jueces consideran suficientemente probado, conserva el rango. Los Montoneros no le hacen a Aramburu lo que la revolución del 55 le había hecho a Perón. Por otra parte, los ejecutores de la sentencia la cumplirán sobre la persona de alguien que ha sido encontrado culpable pero no degradado, en todos los sentidos de la palabra.

Sin embargo, se lo había atado a la cama y sigue atado durante la media hora siguiente a la comunicación de la sentencia, ese plazo que, clásicamente, se otorga a los condenados a muerte para que arreglen sus cuentas en la intimidad de sus conciencias.

Después de esa media hora, la narración avanza como sonámbula, hipnotizada por su personaje y sin controlar el efecto de los hechos y diálogos. Increíblemente el relato trasmite aquello que podía haber pasado por alto. Lo que hace y pide Aramburu se ordena como los detalles de un retrato. La secuencia tiene patetismo y dignidad: "intentó conmovernos", "pidió que le atáramos los cordones de los zapatos", "preguntó si se podía afeitar", "pidió un confesor", preguntó "¿cómo van a sacar mi cadáver?" y "¿qué va a pasar con mi familia?".

Con las manos atadas a la espalda, lo llevan al sótano, un lugar pequeño que obliga a una adecuación del ceremonial militar del fusilamiento. Como no se pueden usar las armas largas que indica la tradición, se lo ejecutará con pistola. El relato señala este cambio, porque es importante tanto para los ejecutores como para quien será ajusticiado. "Ah, me van a matar en el sótano": ¿Cuál fue el tono de esta frase? ¿Una semi interrogación que se convierte en comprobación y demuestra su inutilidad? ¿Un reproche por el lugar inadecuado a la ceremonia que el tribunal había establecido como sentencia? ¿La palabra "matar" indica una última rebelión del lenguaje del preso que no dice ni "ejecutar" ni "fusilar", indicando con esa elección su distancia formal y moral de los ejecutores que están por cometer una muerte y no culminar un ajusticiamiento?

Con las manos atadas a la espalda, Aramburu bajó con difi-

cultad las escaleras. En el sótano, sus secuestradores le ponen
un pañuelo en la boca; ni ofrecen ni intentan vendarle los ojos;
Aramburu no lo pide ni se ve en la situación de rechazarlo.
En ese momento, el relato se bifurca. Firmenich, que está
contando, es enviado arriba, a golpear "sobre una morsa con
una llave para disimular el ruido de los disparos" (de noche,
en el medio del campo, sólo había que disimular frente al
Vasco, cuidador de la casa). Firmenich, entonces, no presencia la ejecución. Fernando Abal Medina, como cuadra a un
jefe, se hizo cargo. Él pronunció las palabras rituales y él oyó
la respuesta: "—General —dijo Fernando—, vamos a proceder.
—Proceda —dijo Aramburu". Y procedió con un tiro de una
9 mm y tres tiros de gracia, uno de ellos con una 45. Esto narra
Firmenich, y antes lo habría narrado Abal Medina. Firmenich
no vio cómo Aramburu recibió esos tiros, ni cómo Abal Medina avanzó el arma hasta apuntarle, ni lo vio caer. Cuando ba-
jan al sótano, el cadáver ya está tapado con una manta. Increíblemente, la narración confiesa: "Nadie se animó a destaparlo
mientras cavábamos el foso en que íbamos a enterrarlo". Nadie, salvo Abal Medina, vio la cara de ese cadáver reciente. La
narración elige eludir las maniobras difíciles y seguramente casi grotescas con las que se izó el cadáver desde el sótano hasta
la casa y se lo llevó al lugar donde fue enterrado.

El relato ha llegado a su fin. Aunque parezca extraño, sobre
todo por el momento en que fue escrito, momento de exaltación
de lo actuado, algo lo desautoriza hacia su
desenlace. La serenidad de Aramburu establece una especie de dominio sobre la
situación (de la que antes intentó y quizá
creyó que podía escapar). Es suya la últi-
ma línea de diálogo: "Proceda", un verbo en modo imperativo,
aunque en su lugar el imperativo funciona también como un recto reconocimiento de lo inevitable. Un imperativo habitual en el
ejército responde al anuncio "vamos a proceder", en el que se usa
un verbo también del vocabulario de las órdenes militares.

Comunicado 3
de Montoneros

Hay algo de grotesco en esta puesta en escena de un juicio que no es un juicio (ni siquiera bajo las normas de los "juicios populares"), unos ejecutores que siguen ciertos pasos del ritual mínimo (incluida la división entre primer tiro y tiro de gracia) y un ejecutado que se atiene a las formas de la dignidad ante la muerte que se han aprendido en la tradición. Un miniaturesco y siniestro carnaval militar ejercido sobre un militar cuya culpa era fusilar otros militares, derrocar a otro general y robar el cadáver de su esposa. El momento fundacional tiene todo lo que necesitaba Montoneros.

En un recuadro, los editores de *La causa peronista* interpretan la significación del hecho: "A Valle, a Evita y a cientos de héroes que habían ofrecido su vida por la causa popular, los habían vengado los compañeros". Y a los que tuvieron dudas sobre la autoría intelectual del hecho les hubiera bastado ver "con qué amor, con qué alegría los obreros recogían a la salida de las fábricas los volantes donde los Montoneros explicaban el porqué y el cómo de la ejecución" (¿fueron estos volantes los textos primitivos del relato de *La causa peronista*, que no se han conservado?); les hubiera bastado presenciar "el festejo silencioso de viejos y jóvenes peronistas mientras ellos pasaban llorosos ante la televisión en la Recoleta". De nuevo, en el comienzo está el festejo que une a los Montoneros con el pueblo.

Desconocidos hasta mayo de 1970, sospechados por muchos en ese momento, los Montoneros sin embargo supieron tocar el nervio maestro de la sensibilidad peronista. Unieron, en una sola maniobra, las pasiones extremas del amor y el odio: el fusilador y la abanderada de los descamisados. Aplicaron la ley de la venganza, lavando una afrenta y un despojo. También inauguraron una forma de enfrentamiento y, como efecto en el campo político, liquidaron la posibilidad de una integración hipotética del peronismo en el sistema de partidos. Pusieron todos estos trofeos, como un presente griego cuyo veneno actuará años después, sobre el altar del líder, pero más allá de ese hombre que envejecía en Madrid, realizaron un sueño de la pequeña burguesía radicalizada: comunicarse, representar, expresar y responder a los deseos del pueblo.

El secuestro y asesinato de Aramburu abre una serie de violencia política personalizada. Miguel Bonasso, cuyo pensamiento de una tipicidad imbatible es una especie de lugar común y síntesis de la ideología populista, afirma haber escrito en junio de 1970: "En el magma primigenio, en el barro suburbano, el pueblo peronista festeja una revancha que se demoró catorce años y levanta el índice para señalar al otro fusilador del 56 que sigue vivo: el almirante Isaac Francisco Rojas... El país 'real' no tiene diarios ni tribunos. Pero se expresa en las villas miseria, en los barrios donde militamos. Allí nadie ha derramado lágrimas por el general vacuno que supuestamente se arrepentía de haber fusilado... A lo sumo ha derramado vino garnacha en los brindis soterrados, en las cocinas donde la heladera oxidada tiene pegadas las calcomanías del Pocho montado en el Manchado y la Santa Evita con la estola de visón".[98]

---

[98] Miguel Bonasso, *Diario de un clandestino*, Buenos Aires, Planeta, 2000, p. 38.

Los hechos consumados

La operación Aramburu tuvo una fuerza simbólica cuyos efectos se sintieron inmediatamente. Los vengadores de una afrenta política, que también tenía una dimensión personal, se constituyeron en interlocutores importantes dentro de la red enmarañada que tejía Perón con sus delegados personales, representantes, destinatarios de cartas y cintas grabadas, visitantes y amigos.

Desde lejos del teatro de operaciones, Perón ejercía la conducción de modo que ninguno de sus interlocutores pudiera colocarlo en una posición que lo obligara a desautorizar a algún otro (excepto que él mismo considerara que había llegado el momento de prescindir de un delegado o cortar la comunicación con un visitante). Aborrecía la descortesía política y prefirió siempre que quienes perdían su favor se dieran cuenta de ello antes de que él tuviera que señalárselo. Tampoco se inclinaba por las fórmulas tajantes para dirimir conflictos internos que, muchas veces, desanudaba por ironía o por un elaborado sistema de prelaciones simbólicas y materiales en la recepción de enviados y la respuesta a cartas. Como queda demostrado en su correspondencia con John William Cooke, Perón aparentaba registrar sólo las opiniones que convalidaban la propia, pasaba por alto sugerencias ideológico-políticas que iban en contra de lo que tenía decidido, y pedía reserva o silencio cuando se veía obligado a afirmar algo que su interlocutor le arrancaba a regañadientes pero que el líder no quería ver usado como línea pública.

Si esto sucedía en los primeros años de su exilio, cuando avanza la década del sesenta Perón ya había inventado un sistema, sutil como el de una corte oriental, para regular las distintas categorías de relaciones que mantenía con las líneas del movimiento justicialista en Argentina. La residencia en España le dio un lugar estabilizado desde donde tejió el sistema radial de comunicaciones, altamente jerarquizado, con el que luchó con éxito para permanecer al frente del movimiento.

La pragmática del sistema de conducción tenía varias reglas implícitas. En primer lugar, el respeto a la radialidad/centralidad: Perón era el centro y las relaciones pasaban siempre por él, descartando (en la medida de lo posible y no siempre era posible) alianzas horizontales destinadas a acordar puntos que no hubieran sido planteados previamente por el líder. Esta figura centrípeta (que, por supuesto, no funcionaba invariablemente y fue debilitada por iniciativas como las que se conocieron con el nombre de "vandorismo" y "neoperonismo") respondía a la forma política del movimiento en condiciones de proscripción: cada brazo se mueve legítimamente según su lógica territorial y social, mientras que desde la cabeza se establece el único punto de una perspectiva global, de modo que la represión puede, en el peor de los casos, tocar a algunos de los miembros pero no desbaratar organizaciones horizontales, ni cortar la comunicación de todos los miembros con el conductor, ni atribuir al conductor aquello de lo que él prefiere no ser tenido por responsable. Esta justificación táctica tenía la virtud de asegurar la centralidad de un liderazgo extraterritorial como el que Perón estaba obligado a ejercer.

La otra regla tenía que ver con la pertinencia de los mensajes y posiciones de enunciación: cada brazo del movimiento podía legítimamente establecer sus opciones tácticas, pero correspondía únicamente al líder la caracterización de las necesidades y objetivos estratégicos. Esta regla implica la fijación de una idea de conducción clásica, que asegura a las tácticas relativa independencia pero subordinación en última instancia, y carácter altamente personalizado a la conducción estratégica: el emperador y sus mariscales. La conducción estratégica es, naturalmente, una conducción política que Perón concibe de modo centralizado y sigue con fastidio prolijo y memoriosa inquina cualquier incidente en que esta haya sido puesta en cuestión (aunque, si le conviene, sepa fingir olvido). Los grandes principios corresponden al líder, las ideas de generalidad menor y la resolución de los problemas tácticos caen dentro de la esfera operativa de los miembros locales.

Todo el mundo conocía esta jerarquía pragmática y, aun cuando no todos la aceptaran en los hechos (es el caso de Vandor y el vandorismo y varios peronismos provinciales que, significativamente, recibieron el nombre de neoperonismo), obtenía un invariable acatamiento formal. La extraterritorialidad de Perón era, además, la garantía de que su conducción no estaba sometida a las presiones de las diferentes fuerzas que podían, incluso, chocar sobre el terreno concreto de la Argentina. Perón, lejos de las batallas, conducía la guerra (la metáfora bélica fue, por otra parte, bien de su gusto formado en la Escuela Militar y en los manuales de estrategia).

Si estas reglas generaron innumerables conflictos localizados, también aseguraron la relativa cohesión de un movimiento a través del tiempo, a pesar de los esfuerzos por descabezarlo, partirlo, anularlo, reprimirlo o reincorporarlo al sistema político (como habría sido, para la evaluación montonera, el proyecto de Aramburu).

El 9 de febrero de 1971, en la primera comunicación escrita que conocemos de los Montoneros con Perón, estas reglas se debilitan. Las razones pueden ser diferentes: por una parte, los muy jóvenes firmantes de la carta (que, de todos modos, parece escrita por alguien de mayor formación política), se toman el derecho de avanzar juicios estratégicos explícitos; por la otra, se toman el derecho de interpretar el significado político global de la situación y los sentidos de cada una de las diferentes posiciones que están en el movimiento justicialista local. Es decir que los Montoneros le dan las cosas ya interpretadas a su Intérprete, y diseñan estrategias para el Estratega. Aún hoy, el tono de la carta es, por estas razones, sorprendente y puede imaginarse el fastidio con que Perón responde con ambigua cortesía a quienes han ocupado posiciones de discurso que son las suyas.

Además, esta carta de febrero de 1971 fue el comienzo de una presión militarizadora sobre la conducción peronista porque el punto de vista de la estrategia política viene a ser ocupado por quienes se sienten merecedores de hacerlo en virtud de un hecho militar (el secuestro, juicio y ejecución de Aramburu) y argumentan extensamente sobre la necesidad de sostener esa modalidad de enfrentamiento de allí en más.

Los Montoneros escriben más de lo debido si se hubieran sujetado a las reglas del sistema comunicativo peronista. Legítimamente explican por qué fue necesaria la ejecución de Aramburu. Esta no es una dimensión táctica ni estratégica sino simbólica, sostenida por la reivindicación del cadáver de Eva y de los muertos sufridos por el peronismo, que es algo fuera de la discusión, o, por lo menos, fuera de una discusión abierta porque, ¿cómo impugnar la legitimidad de esos reclamos retributivos? En cuanto a su oportunidad, las cosas no son tan claras porque el hecho es incorporado a una dimensión estratégica futura. La explicación que los Montoneros le ofrecen a Perón implica juicios políticos que habitualmente el líder se reservaba como conductor: la ejecución fue necesaria no sólo como reparación histórica sino para afectar al enemigo en su proyecto de reinstalar un "peronismo domesticado". El "ajusticiamiento" implicó también el desmontaje de una maniobra del enemigo. Se les ha echado en cara que habían estropeado de ese modo los planes inmediatos del propio Perón. Los Montoneros (¿hipócritamente?) se declaran incapaces de creer que el general tuviera tales planes y, sobre todo, de haberlos tenido hubiera sido una equivocación. Volviendo a la cortesía y sumisión que el líder merece, terminan esta parte pidiéndole una opinión sobre el punto, lo que tiene su ironía porque si esa opinión fuera diferente de la de los Montoneros, el texto de la carta ya había dejado en claro que sería equivocada.

El proyecto político de Aramburu

Una segunda parte de la carta se refiere al asesinato del dirigente gremial José Alonso, sucedido el 27 de agosto de 1970:

> Este hecho fue protagonizado por un comando denominado Montonero Maza. Este comando utiliza el nombre de guerra de nuestra organización y el apellido de nuestro primer compañero muerto en combate; no obstante, no pertenece a nuestra organización e ignoramos quiénes lo componen. Lo cierto es que el pueblo nos adjudicó la autoría del hecho jubilosamente. El pueblo peronista vio entonces en nosotros a los ejecutantes de aquello que "si los dirigentes no se ponen a la cabeza, adelante con la cabeza de los dirigentes". Si bien nosotros creemos que nuestra tarea fundamental no consiste en cortarles la cabeza a los burócratas traidores, porque la dinámica que nosotros mismos imponemos a la guerra los obligará a sumarse o a quedar marginados de la historia, sabemos también que es tarea nuestra en la medida que ellos mismos lo hagan necesario. Es por eso que ante el hecho consumado y vista la satisfacción popular respecto de él consideramos necesario convalidarlo con el silencio, aceptando de ese modo la autoría que el pueblo nos atribuía... Hemos observado, General, que usted no ha hecho condenas públicas respecto de la ejecución de Alonso, lo cual significa de algún modo convalidar la acción.

Después de esta explicación que finaliza interpretándole a Perón sus propios silencios, la carta pide, por segunda vez, y con la misma impertinencia, la opinión del líder.

En la tercera parte, los Montoneros le explican a Perón la posición del ejército argentino, la inexistencia de jefes que puedan responder con sus actos a los intereses populares, aunque algunos oficiales estarían dispuestos a sumarse al movimiento nacional, y terminan indicándole, tan luego a Perón, que no puede esperarse nada de esta fuerza que, si es preciso que se lo recuerden, lo desalojó del poder.

La cuarta parte está consagrada a "la salida electoral". Las cosas parecen clarísimas: "No podemos considerar en nuestra estrategia la toma del poder por el camino electoral, porque inexorablemente lo conseguiremos, pero irremediablemente lo perderemos, y entonces estamos siempre en la misma; o sea que considerar las elecciones como camino estratégico para la toma del poder es inoperante y por lo tanto incorrecto". Si Perón tenía alguna duda, ahora ya no tiene que tener ninguna. Cuando, al final de la carta, le hacen saber la importancia que tiene para ellos su opinión sobre estas cuestiones, la frase parece casi una cortesía sarcástica. Sobre todo, ni una letra dedicada a recordar que la consigna "Perón o muerte", que sigue a la firma, significa no sólo la condensación simbólica del movimiento peronista en pie de guerra que toma su nombre como bandera, sino que también incluye el regreso del líder al poder de donde había sido inicuamente desalojado por el fusilador Aramburu.

La respuesta de Perón, fechada el 20 de febrero de 1971, se abstiene de reafirmar su autoridad (hacerlo hubiera significado entender que alguien podría ponerla en cuestión y Perón no puede decirles a los Montoneros: después de todo, yo soy el líder). Por el contrario, sigue ordenadamente los temas propuestos, afirmando su acuerdo en todos los puntos y, al mismo tiempo, debilitando la fuerza de la alternativa armada como único camino. Perón repite lo que ha dicho: la lucha se intensificará y hará necesaria la "integralidad" de los medios. En la guerra "todo es lícito si la finalidad es conveniente"; pero la "guerra de guerrillas" no es un fin en sí misma sino solamente un medio y hay que pensar también en preparar el dispositivo general que aun no interviniendo en la lucha de guerrillas, debe ser "factor de decisión en el momento y en el lugar en que tal decisión debe producirse". Perón acuerda pero reinscribe su acuerdo en otro marco estratégico. No asigna la hegemonía a una forma de lucha en particular, sino que subraya que la conducción es la articulación de todas las formas de lucha utilizadas, cada una de ellas, con la oportunidad que sólo la conducción política puede asignar.

Bien leída, esta carta de Perón es una discusión con el militarismo y la perspectiva militar como conducción estratégica. Pero ¿se podía *leer bien* en 1971?

En las semanas y meses que siguieron al secuestro de Aramburu, muchos dirigentes peronistas no se identificaron ciertamente con las razones montoneras. Por supuesto, el delegado personal de Perón en Argentina, Jorge Daniel Paladino, cuando una semana después del secuestro decidió convocar a una conferencia de prensa se expresó en un tono que el periodismo llamó "conciliador". Rodeado por algunos notables del movimiento, como Andrés Framini, de la izquierda, y Paulino Niembro, del vandorismo, y sobre todo, acompañado por el hermano de uno de los generales fusilados en 1956, Paladino (que caería precisamente por su vocación dialoguista) declaró:

> Hacemos un llamamiento a todos los argentinos, peronistas o no, para sacar a la Patria de este difícil momento por el que está atravesando. Condenamos el hecho e ignoramos absolutamente el origen de sus responsables. Vivimos, sin duda, días muy trágicos, y nosotros no somos ni revanchistas, ni resentidos; por eso es que condenamos este suceso. Hacemos un llamado a la conciliación nacional, que es el único camino para evitar el drama de una guerra civil. Estamos dispuestos a dialogar con quien sea.[99]

El comunicado difundido por Paladino pide el fin de la proscripción de Perón (no se lo puede condenar al destierro de por vida) y reivindica el "derecho del pueblo argentino a

---

[99] *Gente*, 4 de junio de 1970.

gobernarse a sí mismo". Y concluye: "Son quince años de trampas las que nos han llevado a esto".[100] En julio, Paladino visitó a Perón en Madrid y las noticias que dejó trascender a la prensa no dan ni siquiera un indicio de que hubieran hablado sobre el secuestro de Aramburu. El esfuerzo del delegado era por reparar la brecha que el secuestro había abierto en su diálogo con diferentes fuerzas políticas y militares. El 5 de julio, se normaliza la CGT y se elige secretario general al metalúrgico José Rucci (asesinado por los Montoneros en 1973).

La tela de muchos hilos que convergían hacia los dedos diestros del general adquiría un dibujo cada vez más barroco. Ni las posiciones de Paladino ni las de Rucci eran las únicas que Perón avalaba. Los Montoneros habían impuesto una alternativa y se ocuparían de difundir las cartas que ellos, como organización, y el montonero Maguid, como preso de la lucha armada, recibirían pocos meses después. Con la incoherencia que solía acompañar su retórica amenazadora, Perón le escribió a Maguid: "Ya el Pueblo Argentino se encargará de liberarlo junto con la Patria y entonces faltarán árboles en Buenos Aires para hacer efectiva una justicia por la que se está clamando hace quince años".

En pocos meses, los que van del 29 de mayo de 1970 al 20 de febrero de 1971, los Montoneros perdieron en combate media docena de los integrantes del primer grupo. Lo que, según cualquier previsión verosímil, hubiera significado la desaparición o el repliegue, no sucedió con ellos. En febrero ya hablaban en pie de igualdad con Perón, desdeñando los rituales de la retórica cortesana del movimiento y colocándose en un nivel de decisión estratégica sobre la que pedían la "opinión" del líder. Se han convertido también en un espacio en

---

[100] *Crónica*, 3 de junio 1970.

el que se inscribían nuevos hechos, como el asesinato de Alonso, que ellos dicen no haber realizado. Son una marca registrada de la lucha peronista, la "juventud maravillosa" que había sabido usar el "bastón de mariscal" que cada soldado lleva en su mochila, como lo expresa la imagen napoleónica con que a Perón le gustaba amenazar a los viejos dirigentes. Jugando con un fuego que dos años después sería incontrolable, con esa capacidad ilimitada que tuvo para oponer a sus peones en el tablero, Perón afirmaba en algún momento de 1970: "Yo tengo una fe absoluta en nuestros muchachos que han aprendido a morir por sus ideales. Y cuando una juventud ha aprendido y ha alcanzado esto, ya sabe todo lo que una juventud esclarecida debe saber".[101]

¿Cómo pudo darse esta acumulación simbólica? El caso Aramburu fue el nacimiento y el bautismo de la organización. Los hechos posteriores, como la toma de La Calera, en la provincia de Córdoba, las expropiaciones de armas y asaltos, marcan sólo la continuidad de Montoneros pese a las bajas sufridas en esos mismos hechos. Pero nada de lo que siguió al secuestro de Aramburu puede compararse con su potencia cultural y política. Un año después todavía seguía siendo un enigma para muchos y una bandera para la radicalización peronista.

Más allá de su importancia política (a la que los Montoneros y Perón se refieren cuando mencionan el proyecto de "do-

---

[101] *Cristianismo y revolución*, año IV, número 29, junio de 1971, pp. 8-10, "Perón habla a la juventud" (la revista afirma que el texto data de algunos meses). Se trata de la famosa declaración sobre el "trasvasamiento generacional" y la aceptación de las "formaciones especiales", nombre con el que Perón designó a las organizaciones armadas: "Las formaciones especiales... deben tener características especiales y originales, como especiales y originales son las funciones que deben cumplir. Ellas actúan dentro de nuestros dispositivos, como autodefensa, como fuera de él, en la lucha directa de todos los días dentro de las formas

mesticar el peronismo" que habría guiado a Aramburu a una
segunda etapa de su vida pública y quizás a una segunda Presidencia de la Argentina), el secuestro, juicio y ejecución fueron un punto de giro que marcó los años siguientes y afectó
la interpretación de los años anteriores. Toda la simbología
peronista se reordenó en ese acto que, independientemente
de los móviles de quienes lo realizaron, fue un momento in-
candescente de pasión política.

---

impuestas por la guerra revolucionaria". La revista *Panorama*, en su edición 155
del 14 de abril de 1970, hace referencia probablemente a este mismo documento que, como todas las directivas de Perón, llegó por varias vías y fue filtrado a
la prensa (en la que ya había simpatizantes o activistas radicalizados) según con-
viniera a las posiciones de sus destinatarios. Se informa en *Panorama* de la existencia de "...una orden de Juan Perón —así al menos la presentan los miembros
de la Juventud Revolucionaria Peronista— para que 'las bases empiecen a demoler el sistema, con el método que sea necesario'".

Cristo guerrillero

Vengadores y mártires. Un integrante cordobés del primer grupo montonero, Luis Lozada, cayó preso durante el asalto a La Calera, el 1º de julio de 1970. Interrogado por el juez, en presencia de su abogado, se enteró, en ese momento, de la muerte de otro compañero, Emilio Maza (protagonista de primera línea, como se vio, del secuestro de Aramburu). Su abogado también le trasmitió un mensaje de sus familiares y se ofreció a comunicarles lo que el preso quisiera. Lozada respondió: "Dígales que soy feliz". Y agregó que era seguro que ahora lo iban a torturar de nuevo pero "eso no le importaba, ya que su padecimiento era parte de su vida, que le había entregado al pueblo y a la patria".[102]

Emilio Maza había muerto dos días antes, en el hospital, donde fue a parar después de su captura. Dos días después, un comando asaltó el Banco del Interior de Laguna Larga, provincia de Córdoba. El gerente de la sucursal declaró a los diarios: "Cuando se identificaron como 'Montoneros', dijeron que este asalto era el principio de la venganza por la muerte de E. Maza".[103] En pocos meses de 1970, se tejió una cadena de venganzas: el primer comunicado de la operación Aramburu llevaba la firma del comando montonero Juan José Valle (fusilado en 1956); el cadáver de Aramburu pretendía ser retenido (infruc-

---

[102] *Crónica*, 12 de julio de 1970.
[103] *Crónica*, 10 de julio de 1970.

tuosamente) por los Montoneros hasta que no fuera devuelto al pueblo el de Eva Perón; la muerte de Maza, protagonista del secuestro, debía ser vengada por quienes seguían con vida. La fórmula política de este encadenamiento pasional se ha vuelto clásica: *la sangre derramada no será negociada*, quienes han muerto en la lucha popular no tienen equivalentes; se los reemplaza en el combate pero sus muertes quedan irredentas hasta que no las compensen otros actos y, en lo posible, otras muertes.

Eso se decía, y ese discurso daba forma a la imaginación; pero no es necesario creer que se lo llevaba a la práctica invariablemente. En su historia de los Montoneros, Gillespie señala que la organización no tuvo tácticas más cruentas que otras, por lo menos hasta 1973.[104] Si esto es verdad, contradice en los hechos aquello que, en el caso de Montoneros, fue más poderoso que los hechos: la construcción pieza a pieza de un mito político. ¿Desde qué cultura lo hicieron?

"Lejos de la filosofía marxista, se asemejan a los *narodnikis* que precedieron a la revolución rusa; juegan sus cartas a vida o muerte; inspirado en una doctrina cristiana, el núcleo se acerca a los sectores revolucionarios del peronismo (la FAP, por ejemplo). Uno de sus líderes sería el ex seminarista, activo militante de la Juventud Obrera Católica, Carlos Falaschi: alto, morocho, rostro severo y tez curtida, prófugo bordeando los 40 años..."[105] La revista *Primera Plana* caracteriza con precisión; el periodista usa una palabra, *narodniki*, con la que ubica a los Montoneros en una tradición ideológica: para sus lectores entendidos en historia de la revolución rusa y del pensamiento eslavo del siglo XIX, los Montoneros son populistas revolucionarios. A Carlos Falas-

---

[104] Richard Gillespie, *Soldados de Perón*, Buenos Aires, Grijalbo, 1998 [1982, trad. 1987], sostiene esta hipótesis.

[105] *Primera Plana*, número 435, 1º de junio de 1971. Para datos concretos sobre la relación de los primeros jefes montoneros con el catolicismo radicalizado, véase Gillespie, op. cit., pp. 82-87; y Miguel Bonasso, *El presidente que no fue*, Buenos Aires, Planeta, 1997, p. 130.

chi se le atribuye militancia en la Juventud Obrera Católica (donde tuvo lugar la radicalización de un sector de los demócratas

*Demócratas
cristianos*

cristianos) y se lo describe con los rasgos del
asceta y del fanático. Los doce primeros
montoneros (excluida Norma Arrostito que
había salido del Partido Comunista) tocan
o provienen de este mundo católico convul-
sionado primero por las encíclicas sociales de Juan XXIII y, enseguida, por la teología de la liberación.

El pensamiento católico radicalizado es integrista (el adjetivo se usó para designar a esos católicos en el movimiento estudiantil, sindical, barrial y social: integristas/integralistas). No
hay reino de Dios y reino del César, porque aquí y allá los cristianos deben construir un solo reino de justicia. Dios-Cristo está en el mundo bajo la figura de los pobres y de los sufrientes;
son enemigos del Evangelio quienes sostienen una separación
entre lo público y lo privado, la moral y la economía, los intereses particulares y los intereses colectivos. El capitalismo por
lo tanto no puede sino ser un enemigo.

Varios siglos le había tomado a la Iglesia aceptar los procesos de secularización que limitaron su influencia en el reino de
este mundo y separaron la esfera religiosa de la política (un
cristianismo secularizado no obligaba a los católicos a votar de
determinado modo y a determinado partido, aunque pudiera
aconsejarlo). El integrismo invierte la marcha de la secularización. Los católicos verdaderos (los que no practican una fe hipócrita y farisaica) deben actuar en una dirección que, en las
condiciones del capitalismo dependiente, del estatuto colonial
y de la dominación imperialista, será revolucionaria. Ser cristiano es integrar la fe en este mundo, no como dimensión privada sino como praxis política.

Paradojalmente, el integrismo era tan antiliberal como el
catolicismo reaccionario y esto explica, en lo ideológico, el pasaje de curas como Hernán Benítez, de favorito de la primera
dama peronista a capellán revolucionario que rezó el respon-

so en el entierro de Fernando Abal Medina y Carlos Ramus, junto a otro cura revolucionario, Carlos Mugica; y un tercer cura debe agregarse a la constelación que giraba en torno de los primeros doce Montoneros: el padre Carbone, dueño de la máquina de escribir de donde salieron los comunicados sobre el secuestro de Aramburu.

Fernando Abal Medina participaba de esta cultura integrista que expresaban el Movimiento de Sacerdotes para el Tercer Mundo, fundado en 1967, quienes se reivindicaban como los intérpretes del espíritu de Medellín, las tendencias más radicalizadas del humanismo renovador universitario, y los militantes cristianos que salían de las parroquias hacia las villas miseria. Esta cultura traducía el mensaje evangélico en términos mundanos y las cosas de este mundo en términos de teleología religiosa. La inversión conceptual y retórica es característica de la revista *Cristianismo y revolución*, cuyo director, Juan García Elorrio, había ocupado el púlpito de la catedral para contraponer una iglesia de los pobres a la iglesia del purpurado (Abal Medina había formado parte del grupo). Poco después de este hecho singular, en noviembre de 1966, la revista ratificó su denuncia: "Nuestra Iglesia nos duele. Nos duele saberla identificada económicamente con los ricos, socialmente con los poderosos y políticamente con los opresores. Nos duele porque la sentimos en la carne y en la sangre de todos los pobres, de los indefensos, de los sumergidos que —a pesar del dolor y el escándalo que les causa la jerarquía— se aferran todavía con esperanza a la liberación anunciada por el Evangelio y se incorporan decididamente a la lucha revolucionaria —en la que quisieran ver comprometida también a su Iglesia— para realizar en este mundo la felicidad de los que tienen hambre y de los que tienen sed de justicia".[106]

---

[106] Carta al Episcopado del equipo y colaboradores de la revista *Cristianismo y revolución*, noviembre de 1966. Incluida en N. Habegger, A. Mayol y A. Armada, *Los católicos posconciliares en la Argentina; 1963-1969*, p. 286.

En la cultura católica radicalizada todas las salidas conducen a la revolución (aunque no todos hayan aceptado desde el principio y sin reticencias el camino de la violencia). Desertar de la revolución no significa simplemente una falta moral (digamos, un pecado por gravísima omisión), ni solamente una actitud prescindente del mundo, injustificada desde la nueva teología radical. Significa renunciar a la reforma misma de la institución religiosa y desoír el mandato de las encíclicas, deformado por las jerarquías endurecidas por su alianza con los poderosos. Ya no hay tiempo secular, ya no hay máscara temporal de la Iglesia. Llegado el momento de la verdad, los cristianos deben disponerse a realizarla en este mundo.

El integrismo es fundamentalista: se basa firmemente en su lectura de los Evangelios, que es una lectura en el sentido fuerte de fijación de una interpretación verdadera del mensaje. Por otro lado, apoya esta lectura en un cuerpo de textos papales a los que también somete a interpretación, a su vez basada en interpretaciones como las surgidas de la reunión eclesial de Medellín. La teología de la liberación es una teología política, secular, integrista y fundamentalista que ofrece una doctrina adecuada a la radicalización de laicos y sacerdotes. Los verdaderos cristianos son quienes aceptan que todas las cuestiones religiosas y todos los problemas de este mundo pueden ser unificados desde una perspectiva que es, al mismo tiempo, teologal y política.

Ante las tumbas abiertas de Carlos Ramus y Fernando Abal Medina, su hermano Juan Manuel pronuncia estas palabras: "Frente a la Argentina melancólica de ahora, estos cuerpos —Montoneros de la ciudad terrena que han alcanzado ya la Ciudad Celeste— representan la Argentina prometida, que Dios quiso que naciera al calor de su coraje y su silencio".[107] Lejos de la resonancia agustiniana de las dos ciudades, los mon-

---

[107] Miguel Bonasso, op. cit., p. 43. Reproducido también por otras fuentes de la época.

toneros de la ciudad terrena cayeron porque pusieron sus vidas para realizar en ella la reconciliada ciudad celestial. Este impulso de identificación entre los dos mundos empujaba hacia la vía revolucionaria.

"Dígales que soy feliz", había dicho el montonero preso y torturado Luis Lozada, haciendo eco en una larga tradición de martirio cristiano. Sus compañeros habían hablado de venganza. Los muertos eran los primeros mártires de una lucha. Cristo se ha hecho guerrillero. Esto no es una interpretación. En junio de 1971, la revista *Cristianismo y revolución* publicó un dibujo de gran impacto que condensaba una sensibilidad y un imaginario: un Cristo muy joven, salido del film de Pasolini (donde Cristo también era un agitador social, seguido por un grupo de miserables), estilizado como un ícono o como un dibujo *art déco*, con larga melena lacia y una barba perfectamente simétrica, rodeada su cabeza por el halo de la santidad, con una expresión de durísima fijeza en los ojos rasgados (una imagen contemporánea, algo pop, con mucho de hippie y de profeta rockero); lleva al hombro un fusil último modelo, cuyo caño perfectamente geometrizado es el marco recto y definido de la ilustración.

La imagen acompaña un texto teórico del canónigo de Málaga José María González Ruiz que polemiza, de modo más refinado que el habitual en la época, con una homilía pronunciada por el cardenal Humberto Caggiano en las escalinatas de la catedral de Buenos Aires. El título de la homilía de Caggiano muestra qué punto había alcanzado el debate: "Imagen de Cristo Jesús vivo, según el Evangelio, en contraposición al Cristo guerrillero". El canónigo de Málaga subraya la necesidad de una reflexión teológica sobre la violencia y desarrolla el argumento de las "dos violencias" que será un clásico de la época:

> Naturalmente cuando hablamos de "teología de la violencia", seguimos los cristianos creyendo que la violencia es mala, pecaminosa; pero nuestra reflexión teológica nos lleva a distinguir claramente dos clases de violencia: la violencia primor-

dial y originante, que un poder opresor instala en la sociedad
y que generalmente se encarna en el ámbito socio-económi-
co, y la violencia derivada, generada por la "cólera de los pobres" y que estalla como una inevitable necesidad de supervivencia in extremis. Ambas violencias son malas: ¡ojalá no
existiera ninguna de las dos! Pero la violencia primordial reú-
ne todas las características del "pecado contra el Espíritu"; se
reviste de orden y legalidad, se autoproclama precisamente
lo contrario: mansedumbre. Frente a esta "violencia primordial y desencadenante", los cristianos tienen que tomar claramente distancia, denunciarla *proféticamente* y no llegar a ningún entendimiento ni concordato: es una enfermedad que
no tiene cura. Respecto de la violencia derivada, la violencia
que *inevitablemente realizan los pobres* en su desesperado intento de sobrevivir, los cristianos tienen que adoptar la actitud
que Jesús adoptó frente a aquellos "pecadores y paganos" de
los que se habla en el Evangelio. Ese mundo "pecador" es un
mundo oprimido, ciertamente enfermo, pero que tiene posibilidad de curación. *Hay que mezclarse con ellos....* La actitud
profética de Cristo se presta mucho más para que se la carac-
terice en "guerrillero" que no en "rey" o "presidente consti-
tucional".[108]

Violencia y pecado, teología de la violencia y teología del
pecado, no hace falta más: Montoneros surge de este cruce histórico de la radicalización política con la radicalización religiosa.[109] Son vengadores, denunciantes proféticos (como lo exige
el texto citado), mártires de una Nación irredenta donde los
crímenes habían permanecido impagos y ese era el verdadero
escándalo.

El irredentismo peronista tiene varios temas (con frecuencia,
sostenidos por irrefutables razones políticas). Casi todos pueden

[108] "¿Cristo guerrillero o Cristo rey?", *Cristianismo y revolución*, año 4, número
29, junio 1971 (las *bastardillas* son mías).
[109] Carlos Altamirano, "Montoneros", en *Peronismo y cultura de izquierda*, Buenos Aires, Temas, 2001.

ser traducidos a la lengua y la retórica de este cristianismo terrenal propuesto por la teología de la liberación. Las deudas impagas, no redimidas por el enemigo, serán cobradas sin que sea necesario demostrar el derecho que sostiene esos actos porque
proviene de más arriba, de una verticalidad teologal. La política
se integra en una teleología religiosa. Quienes llegan del marxismo (sería el caso de Arrostito, pero mucho más de Roberto Quie-
to y Marcos Osatinsky, que habían sido cuadros comunistas) re-
conocerían esta *forma mentis* totalizante. Y nadie podía extrañarse
demasiado en un paisaje ideológico donde el diálogo entre católicos y marxistas había sido explícito desde los primeros años
de la década del sesenta.[110]

La Revolución Cubana ponía lo suyo: voluntarismo, heroísmo, victoria del pequeño contra el gigante, carisma y aventura
juvenil. El Che Guevara, un héroe compartido por todas las familias ideológicas de la nueva izquierda, también había definido
una ética sacrificial para el revolucionario. Sus escritos modulan
la felicidad y la inevitabilidad del sacrificio y proclaman que la
gloria del revolucionario es la de una entrega sin cálculo, porque sabe (o debe saber) que él mismo "se consume en esa actividad ininterrumpida, que no tiene más fin que la muerte, a menos que la construcción se logre en escala mundial". La efigie del
Che, ese escorzo del cadáver que había recorrido el mundo, era
una imagen de Cristo, una síntesis de belleza inmóvil y determinación fatal. En un cristianismo de los pobres, un cristianismo
de la cólera y de la violencia, la imagen del revolucionario muerto participaba de lo sagrado, porque su muerte resultó de una
búsqueda consciente y aceptada del sacrificio.[111]

Este giro teológico del imaginario político empalma con

---

[110] Sobre esta cuestión, véase: Beatriz Sarlo, *La batalla de las ideas (1943-1973)*,
Buenos Aires, Ariel, 2001.
[111] Una perspectiva diferente, véase en: Horacio Tarcus, "La secta política.
Ensayo acerca de la pervivencia de lo sagrado en la modernidad", *El Rodaba-
llo*, número 9, 1998.

una versión irredentista de la historia nacional: tanto Juan
José Hernández Arregui como Jorge Abelardo Ramos habían
difundido las tesis de una lucha prolongada entre el pueblo
y sus enemigos, en la que el peronismo del 45 había sido un
capítulo que la oligarquía, respondiendo a sus intereses y los
de sus socios extranjeros, se había visto obligada a cerrar con
violencia y a repetir, durante quince años, esa misma violencia sobre las masas proscriptas, su líder exiliado y sus símbolos humillados, afrentados, robados. Esta teodicea del espíritu nacional (aun cuando se la expresara, como en el caso de
Rodolfo Puiggrós, con la nomenclatura del marxismo criollo) es una historia sagrada donde el origen y el fin están ga-
rantizados. Se tiene la seguridad de que existe una versión
verdadera del pasado (creación, caída, redención, caída),
contra la cual se miden todas las interpretaciones aproxima-
tivas o equivocadas. Ese pasado ofrece sus objetos perdidos
cuya recuperación mueve el proyecto de las tareas inconclu-
sas. El pasado tiene mucho que decir al presente y muestra
su espejo al futuro.

Hubo Nación en el pasado (del cual se practica una lectura
inspirada en el nuevo revisionismo posperonista, de la que proviene sin duda ese retrato de Facundo Quiroga que la policía encontró en uno de los departamentos ocupados y luego abando-
nados por los jefes de la operación Aramburu). No hay Nación
en el presente caído, donde la violencia de los opresores ha in-
tentado cortar los lazos entre el pueblo y su historia. La Nación
se ha perdido y, en consecuencia, la revolución futura tendrá que
reinstaurarla. La idea de una nación irredenta cuya conciencia
debe despertarse con un acontecimiento único que pueda expresar aquello que se ha perdido y, al hacerlo, poner las condiciones de toda acción futura, tiene un potencial imaginario que
pudo traducirse fácilmente en proyectos de acción.

Esta versión de la historia tiene una cualidad integral: todos
los acontecimientos son explicados a partir de variaciones del
mismo principio y en escenarios donde se repiten los mismos

actores (pueblo, oligarquía, imperialismo, los intelectuales de las izquierdas extranjerizantes e insensibles a la cultura nacional). A grandes males, grandes remedios. A grandes mitos, nuevos mitos que los encarnen. La muerte de Aramburu fue uno de ellos, el principal.

Cuando la revista *Primera Plana* intentó definir la formación política de los primeros Montoneros, mencionó, junto a la tradición católica, la amistad de los hermanos Abal Medina con un viejo nacionalista, Marcelo Sánchez Sorondo. Quizás exageraba al señalarlos como fundadores del Círculo del Plata, pero es verosímil que los Abal Medina hubieran aprendido mucho junto a otros nacionalistas, que en los años sesenta no se resistieron a admirar el decisionismo y el carisma de los jefes de la Revolución Cubana, reconocer "la gesta heroica" y también obsequiar "a sus amigos con citas de Sorel".[112]

Este compuesto ideológico no es ajeno a los perfiles del nacionalismo posperonista que conocieron los primeros Montoneros. La Nación y el Pueblo: un mito y sus mitos, donde, como afirmaba Sorel, "se reencuentran las más fuertes tendencias de un pueblo, de un partido o de una clase, tendencias que se posesionaron del espíritu con la insistencia de los instintos... y que otorgan un aspecto de plena realidad a las esperanzas de acción próxima sobre las cuales se funda la reforma de la voluntad". El mito posee un potencial máximo de identificación, produce *Jacobinos* identidad porque organiza "las imágenes capaces de evocar instintivamente todos los sentimientos".[113] El mito es el centro necesario de un imaginario de la revolución. Sin mito no puede haber acción revolucionaria sostenida.

---

[112] *Primera Plana*, "La montonera de Sorel", n. 435, 1º de junio 1971.
[113] Albert Sorel, *Reflexiones sobre la violencia*, Buenos Aires, La Pléyade, s.f. [1908], p. 29 y 129 respectivamente.

Sorel, marcado por Nietszche, opuso al intelectualismo frío de las instituciones, la acción caliente de la política revolucionaria que, distante del cálculo político, exige virtudes excepcionales. Mito y superhombre; revolución y Hombre nuevo.

Las virtudes pasionales

No habrá bandera blanca. La sangre derramada no será negociada. Con ustedes hasta la victoria. Perón o muerte. Libres o muertos, jamás esclavos. A vencer o morir, por la Argentina.[114]

El objeto de la pasión es una ausencia, una falta o un objeto "que estuvo en el pasado y pertenece a él".[115] La pasión resulta de la persistencia en el tiempo de un deseo. Spinoza afirmó que sobre el deseo no puede establecerse una pasión, porque el deseo es volátil y se desplaza sin fijarse. La insistencia en el objeto es lo que diferencia a la pasión del deseo. La pasión es maniática, el deseo es lábil y fluye. Los separa también la capacidad de acción y conocimiento: un saber (no importa si imaginario) se construye sobre el objeto pasional y una acción puede sostenerse en ese saber. En la nostalgia del objeto perdido, la pasión alimenta su fuerza. Por eso, para subsistir en la pasión, el objeto siempre es irredento: pérdida (de un

---

[114] Son las rúbricas que acompañan el final de una "Carta de presos a Ongaro", firmada por militantes de organizaciones guerrilleras, que escriben desde la "trinchera carcelaria" para enviar un abrazo a todos los que luchan por "el Hombre Nuevo y la Patria nueva", convirtiendo "el potencial combativo del pueblo en ejército" hasta "constituir la Patria justa, libre y soberana concretada por el Socialismo Nacional" (*Cristianismo y revolución*, año IV, número 29, junio, 1971).

[115] Clément Rosset, *Le régime des passions et autres textes*, París, Minuit, 2001, p. 31.

cuerpo, el de Eva), de un sentido de justicia (el del régimen peronista), de un líder (el proscripto), de una posesión espiritual
y moral (el honor).

Esta pasión "retrospectiva" que, para ensayistas como Rosset, es la única verdadera, hace del amor la menos pasional de
todas las pasiones. La ambición, el odio, la venganza son las verdaderas pasiones. La realidad del objeto perdido es indiferente a la pasión: anclada en el imaginario, la pasión no se interroga nunca sobre la verdad referencial de su objeto. Por el
contrario, la ilusión del objeto es su verdadera existencia como
objeto pasional. La pasión se alimenta del imaginario y lo alimenta. Por eso, la intensidad pasional de ese cadáver robado,
el de Eva Perón, de esa edad de oro, la del peronismo, de ese
hombre que vive en Madrid y al que se le niega, como a un profeta temido, la tierra que le pertenece. La revolución que alienta en estas configuraciones míticas tiene un potencial infinitamente más fuerte que el de las ideas políticas que peticionan
una racionalidad intelectual y un conocimiento basado en la
empiria de la sociedad y la economía. Más que una teoría, la
pasión produce lo que sus argumentos sólo pueden explicar:
identificación de masas.

Exige también sus virtudes teologales. Los Montoneros fueron expertos en la codificación de los valores que esas virtudes
expresaban y realizaban plenamente. La disposición al sacrificio y a la muerte fue un tema presente desde los primeros documentos y comunicados de la organización. Emerge, como
consigna vertebral, que acompaña el nombre Montoneros y su
representación gráfica. Es repetido como rezo y promesa en
ocasión de muertes o de victorias, cuando se recuerda a los héroes y las acciones pasadas. La izquierda guerrillera ya había difundido esta nota ideológica por toda América Latina y sus portadores eran los seguidores del Che, Camilo Torres, Javier
Heraud, Sandino. En su versión argentina, el panteón heroico
incorpora algunas notas propias: los caudillos, especialmente
Facundo Quiroga y el Chacho Peñaloza, el San Martín austero

y pobre que armó un ejército gigantesco desde la nada, la Evita revolucionaria que infructuosamente advirtió los peligros y quiso dar armas a su pueblo.

Las virtudes coagulan alrededor de un núcleo oscuro y poderoso: el del sacrificio y la disposición a la muerte. Sólo es posible matar bien, matar con justicia, si la aceptación a caer en la lucha acompaña las acciones. El coraje fue, en los Montoneros, otra de las virtudes teologales. Cristianos primitivos de la era del imperialismo, esos doce primeros jóvenes experimentaron la alegría del desafío. Lo único que se puede perder es la vida (las consignas repiten esta alternativa de varios modos: patria y victoria o la muerte) y, si eso sucediera, como sucedió poco después del secuestro con varios de sus protagonistas, el nombre quedaría inscripto en la lista de los mártires.

La tradición rioplatense abundó, en el siglo XIX, en fórmulas donde la muerte se colocaba como única alternativa a la victoria o al nombre de la causa defendida, y donde se prometía muerte al enemigo. Artigas y los caudillos federales firmaron documentos y proclamas con el dístico binario en cualquiera de sus variaciones. El nombre mismo de Montoneros sale de esa tradición y tiene resonancias plebeyas y nacionales: la montonera es la formación gaucha original, una forma incomprensible para el militar de escuela europea, que sólo ve en ella el "montón", el agrupamiento azaroso y desprolijo de jinetes y lanzas. El militar a la europea ignora la lógica que cohesiona el "montón" y que lo potencia, pero, a su pesar, conoció el resultado de su velocidad, de su aparente imprevisión, de su habilidad para cambiar de frente, retirarse y desaparecer. La montonera es la respuesta americana a las tácticas europeas de la guerra; antes que una formación militar es una formación cultural.

Primero existe como sociabilidad rural, donde se despliegan las destrezas individuales del hombre de a caballo; luego produce su modelo guerrero: encabezada por un líder carismático, venerado con lealtad religiosa, a quien se le entrega decisión sobre la vida misma, es, debajo del jefe montonero, una suma incontable (¿cuántos son suficientes en una montonera?), que crece o disminuye según los avatares de la guerra, la victoria o la retirada. La montonera es volante, fluida, imprecisa; se forma y se reforma, establece sus límites y los borra, se deshace y vuelve a encontrarse. La montonera es (como quería Mao Tse Tung de la guerrilla) un pez en el agua, un jinete en la llanura; aparece súbitamente, sabe replegarse hasta el disimulo y fusionarse en la sociedad dispersa que le dio origen. Del general Paz a Sarmiento, la cultura argentina admiró y maldijo los rasgos de esta formación militar, social y cultural. Los ensayistas del revisionismo retomaron estos rasgos y los convirtieron en un modelo organizativo para las masas populares que habrían resistido los proyectos antinacionales de las elites letradas, después de haber luchado en primera línea en las guerras de la independencia.

En esta épica de la resistencia popular, la montonera es el espíritu guerrero de una Nación perdida e irredenta. Intocada por la cultura europea, opuesta a ella desde una cultura despreciada y reprimida, la montonera es un regreso y, al mismo tiempo, la promesa de un futuro. La revolución contemporánea ("socialismo nacional", o sea el perfeccionamiento, inclusión y superación de la patria de las tres banderas justicialistas) tiene un lazo con ese pasado que le permite postularse, precisamente, como revolución nacional y popular, redención de los males sufridos, purga de enemigos y traidores y nueva expresión de la síntesis que por primera vez se expresó en 1945.

El nombre Montoneros comunica esa síntesis por metonimia: la montonera gaucha se prolonga en el criollo oprimido del siglo XX; este encontrará en el obrero inmigrante al hermano que le enseñó la organización sindical. Ambos fueron los actores principales de la gesta peronista, aunque su poder se vio recortado por enemigos y traidores. Montoneros es una parte del todo nacional y popular. Su nombre emblemático llama a la imaginación porque pone en el presente la cita del pasado, toma una herencia y la activa en la revolución futura. Cuando, pocos meses después de la operación Aramburu, los Montoneros explicitan su versión de la historia argentina (ese tipo de historia que necesita la acción política, donde los actores del pasado se disponen según las líneas que creen encontrarse en la configuración presente y donde el futuro está profetizado en la disposición de las fuerzas en el pasado, que debe ser invertida), señalan con exactitud aquello que ha confluido a Montoneros, en una convergencia que es, al mismo tiempo, una radicalización a la que se oponen los traidores y burócratas sindicales.

Las ideas de Montoneros

La potencia simbólica del nombre fue reconocida de inmediato. Por cierto que la operación Aramburu fue su marca de nacimiento y con ella la organización demostró las virtudes sobre las que sostendría una "segunda guerra de la independencia nacional", un proceso tan poderoso que "nuestra muerte no puede interrumpir".[116] Los militantes montoneros deben serlo hasta la muerte. Este requisito extremo sólo puede cumplirse con la decisión anclada en un imaginario fuerte: no se trata meramente del producto de la deliberación ni del convencimiento políticos, sino de una disponibilidad completa. El montonero encara un destino con el que no existe negociación.

Sin contemplaciones ni vacilaciones, la virtud montonera es del orden de la entrega. Su recompensa, la victoria final, es del orden de la Promesa milenaria. Ni una ni otra son trágicas, porque están impulsadas por el optimismo de la creencia en una historia larga y sinuosa pero inevitable. El creyente sigue un deber que lo vuelve más creyente y más libre. El ejercicio de esta virtud no exige cualidades seculares.[117] No es la virtud de

---

[116] "Hablan los Montoneros", *Cristianismo y revolución*, año IV, número 26, novdic. 1970.
[117] Véase William Connolly, *Why I Am not a Secularist*, Minneapolis, University of Minnesota Press, 1999, p. 138.

la república sino la virtud de la revolución, cuya escatología participa de lo sagrado. La muerte del Che, en una operación guerrillera imposible, era, como se dijo en esos años, un camino. Firmenich lo fraseó en 1973: "Fuimos a la operación con el criterio de todo o nada", es decir sin hipótesis de fuga, sin otra alternativa que la marcada por un objetivo único: "Ese era el plan, aunque no quedara ninguno de nosotros vivo".

Esos eran los planes. Cuando en 1973 y 1974, los Montoneros (denominación que ya integraba todas las agrupaciones del peronismo revolucionario) cuentan su historia, una gesta muy reciente por cierto, los textos, naturalmente, tienen mucho de una serialización de acciones victoriosas y muertes en combate. Los mártires de la organización ocupan, en cada número de *El descamisado, La causa peronista* y otras publicaciones, un capítulo serial y repetido que renueva, en cada uno de ellos, el compromiso y la herencia. La idea de constituir un cuerpo colectivo, el cuerpo combatiente que trasciende los cuerpos de cada uno de los combatientes vivos o muertos, afirma la unidad política y moral de la organización: "Hace una semana larga que están huyendo, cercados, asediados, en guardia permanente, el oído atento, los ojos militantes, contra los guardianes pagos. Los cuerpos cansados, no vencidos, de los combatientes populares, carne de nuestra carne, acechada, en fuga, derrota y victoria, combate hasta la muerte... Ya uno ha caído. No sabemos nada de él. Hemos muerto un poco, todos".[118]

El texto, escrito por un preso montonero durante los días y noches en que la policía persiguió al mítico José Sabino Navarro por las sierras de Córdoba, debe mucho a una retórica literaria de época (donde se mezcla Neruda con Cortázar y más que Neruda, el nerudismo de Jaime Dávalos). Sin embar-

---

[118] *Militancia peronista para la liberación*, año I, número 25, 29 de noviembre de 1973. Se trata de un testimonio que habría sido escrito por un preso en 1971.

go, a la marca de época (inmanejable estéticamente por un escritor aficionado que era seguramente un lector sensible) se suma un tono salmodiado que viene del fondo de un texto piadoso cristiano, una especie de jaculatoria, con la cadencia, las aliteraciones y la repetición del rezo, sobre el cual la época, una vez más, pone su marca en la lejana reminiscencia de un poema de Eluard o de Neruda. El *corpus* literario del progresismo, el gusto de la juventud sesentista, son instrumentos que no podrían resultar extraños.

Como si fuera algo para ser escuchado más que para ser leído se buscaron las consonancias, las rimas internas, la repetición de ritmos; la conciencia del tono sublime se nota en el uso, insólito en el Río de la Plata, de esa segunda del plural, ese vosotros tan de la Guerra Civil española:

> Vuestro ejemplo araña mis miserias, las cerca, las asedia. Vuestro ejemplo ¿alguien duda de cómo será el mañana con semejantes corazones enarbolados? A pesar de mis miserias. Por la recia belleza de esos combatientes perseguidos, peleando. Por la recia belleza del compañero, que anoche mismo, deseaba trocarle el puesto. Por la recia belleza de los compañeros en silencio bebiendo la impotencia y llorando de rabia para adentro. Por toda esa belleza y a pesar de mis miserias, creo en ti, Revolución.

Y finalmente, el milagro, la fábula piadosa de la muerte que da vida, la historia folklórica, escolar, que ofrece su desenlace de consolación y, sobre todo, su idea de continuidad: "Dicen que allá en el monte, donde la sangre del combatiente herido acaso muerto, besó la tierra, por entre el tallo de una rosa roja recién nacida, está manando leche y miel como primicia".

Sería injusto pasar por alto la retórica del texto. Fue escrito en estilo elevado, no como información de lo que siente un preso político cuando sigue por radio las noticias de la persecución de un compañero, no como registro psicológico ni siquiera como material autobiográfico, tampoco como argumento. Es una elegía compuesta al mismo tiempo que suceden los hechos que son su tema, una elegía en tiempo presente, en el momento extremo de la acción, cuando se acerca la muerte. El que canta ocupa un lugar clásico del lamento: la prisión. Los compañeros están separados, pero quien escribe se dirige a ellos, con el diminutivo de la afectividad agregado a una palabra que acababa de ingresar al léxico político ("apuren el paso, *cumpitas* queridos"). No se puede estar más cerca.

En esa comunidad imaginaria, que tiene la fuerza cohesiva de un religamiento en algo grandioso que trasciende al compañero que huye y al compañero preso, la muerte es vida. La continuidad histórica (que aparece como fábula de continuidad en la naturaleza) le da su dimensión relativa a cada uno de los miembros de esa sociedad presente que está haciendo posible el nacimiento de la ciudad futura. La muerte de cada uno es la de todos, pero es también la vida de todos; la muerte no puede romper la cadena que une al cuerpo montonero, al cuerpo popular, al cuerpo nacional. Sin duda, esta creencia era necesaria para encarar el riesgo extremo de las acciones revolucionarias. El texto exagera, se desgobierna, acumula elementos. Su impericia estilística al sumar todo lo que se cree y se sabe es, sin embargo, significativa.

De manera mucho más controlada por periodistas profesionales que conocían bien su oficio, las historias seriadas de los mártires montoneros no evitan el pathos. Se establece un panteón heroico y esta tarea esencial al imaginario político tampoco prescinde del relato aventurero. Si la elegía del prisionero sobre la muerte de José Sabino Navarro se inscribe en el rezo y la fábula maravillosa, la narración de esa misma muerte como historia de una vida de revolucionario, tiene el ímpetu, la serialidad, el desorden y el suspenso del género de aventuras. La misma huida final parece venir de la literatura: Navarro y otros compañeros han pasado toda la noche escondidos en un zanjón, en medio del campo; al día siguiente, se llegan hasta un pueblo, Berrotarán, y tienen la mala suerte de toparse con la policía, que mata a uno de ellos. Siguen huyendo a pie; luego, "milagrosamente" consiguen un Renault, que deben abandonar deshecho después de un tiroteo con sus perseguidores; logran esconderse en una casa deshabitada donde comen y duermen; horas después llega su dueña y, en medio de gritos, recomienzan la fuga. Pasan otra noche en el monte; a la mañana siguiente, extenuados, los dos únicos sobrevivientes deciden llegar, como sea, a la ciudad de Córdoba. Asaltan un ómnibus y se creen salvados; pero, a poco, suben dos policías; José Sabino Navarro les da el alta; hay un tiroteo y recibe una bala en el brazo. Todos los pasajeros y también los policías huyen. "Sabino es un león herido", conduce el ómnibus con un solo brazo, mientras se desangra; muy débil, se desvanece y chocan contra la pared montañosa que bordea el camino. Allí detienen un auto, que transporta a una familia y se creen salvados nuevamente. Pero enseguida los alcanza un patrullero; deben abandonar el auto y largarse por la montaña a campo traviesa. Cien metros, doscientos metros. Sabino no puede más. Le ordena al compañero que siga corriendo, le dice que él se queda a cubrirlo a tiros. "Yo soy el jefe y ordeno. Usted se salva. Yo no puedo caer vivo." Enseguida lo alcanzan y lo matan.[119]

Esta historia alucinante, contada por el sobreviviente, enseña todo lo que debe saberse. Sostenida en las cualidades del ethos revolucionario, ofrece su ejemplaridad a la emulación. El sacrificio debe ser imitado y superado; es un espejo para el resto de la organización. La preparación para la muerte (un viejo tema religioso, la *meditatio mortis*) forja el temple que hará posible el advenimiento de una sociedad nueva y un hombre nuevo. El militante revolucionario anticipa esa transformación en el ejercicio de una superioridad moral. José Sabino

---

[119] Relato publicado en *La causa peronista*, año I, número 4, 30 de julio de 1974. El acontecimiento tuvo lugar en Agua Negra, Córdoba, en 1971.

Navarro, un héroe del ethos sacrificial, un ícono después de
su muerte en las columnas montoneras que avanzaban detrás
de estandartes con su nombre, poseía la conciencia de aquello que lo diferenciaba. Una anécdota sirve como ejemplo: sor-
prendido por dos policías mientras esperaba un contacto, les
da el alta con la idea de reducirlos; los policías se resisten, Navarro mata a uno, responde a los tiros del segundo y también
lo mata. Confisca las armas del patrullero y se retira tranquila-
mente. Quien cuenta el episodio, agrega:

> Entonces yo le pregunté cómo era que él pensaba que podía
> reducir a dos policías. Entonces me dice que él estaba tran-
> quilo porque él era más que los canas. Que él era más porque
> era un revolucionario... y que ellos eran dos pobres tipos que
> venían del pueblo pero se habían metido dentro de ese uni-
> forme para reprimir a su propio pueblo. Y que por lo tanto
> no eran personas y que entonces había una superioridad mo-
> ral de parte de él y que igualmente no le complacía la idea de
> matarlos porque no sabían lo que hacían y por eso había in-
> tentado reducirlos primero.[120]

Ellos, los policías, no saben lo que hacen. Navarro, el jefe
montonero, actúa sostenido por una superioridad de ideas y de
coraje.

Política y moral revolucionaria están marcadas por la aceptación del sacrificio, sostenida en la seguridad de una victoria
irrevocable. En el plano de las creencias, las cartas ya están ju-
gadas. Por eso, los primeros montoneros pueden declarar,
con verosímil sencillez, que de la casa de Aramburu salían con
su presa o todos quedaban muertos allí mismo. La nitidez de
estas opciones tiene un brillo que seguramente hipnotizó en
1970. En junio de ese año, se festejó un asesinato. Había mucho de inconsciencia, de ligereza y de legitimación de la re-

---

[120] *La causa peronista*, año I, número 4, 30 de julio 1974.

vancha como forma de justicia. Pero también, de manera sub-
terránea, se imponía una forma clara y precisa de organización de valores que sostenía "las virtu-
des de los extremos". Resistir hasta la
muerte es el deber del revolucionario, e   *El terrorismo*
impide la delación que podría seguir a   *como personaje*
una caída; los que traicionen "serán pa-   *del año*
sados por las armas no bien sean halla-
dos y sin previo aviso".[121] La muerte es-
tá, como la victoria, al final del camino. Por eso, en las revistas
de esos años, se habla tanto de los trabajos de muerte.

---

[121] "Montoneros: Comunicado sobre la muerte de Abal Medina y Ramus",
Cristianismo y revolución, año IV, número 26, nov-dic 1970.

La era de la venganza

En "El fin", Borges le dio un desenlace novelesco al *Martín Fierro*. El hermano del Moreno, al que Fierro había matado en un baile, ese Negro de la payada final del poema, esperó al asesino familiar durante siete años. Sabía que ese hombre regía sus actos por normas de honor que lo obligaban a ofrecer una reparación a la pérdida infligida. Sabía que podía esperarlo tranquilo. En efecto, Fierro llega un atardecer y entre los dos hombres tiene lugar un diálogo tranquilo y cortés. Ambos tomarán parte en una ceremonia inevitable que devolverá las cosas a su lugar, y restablecerá un orden que había quedado afectado por aquella muerte sin motivos. En un pobre duelo a cuchillo en la llanura, el Negro lo mata a Martín Fierro. Eso es todo.

Alrededor de esta modificación radical del poema hernandiano que implica una intervención sobre el cuerpo sagrado de la literatura argentina, Borges captura el ethos de una época en la que las ofensas debían ser compensadas o castigadas por quienes las habían padecido, por sus amigos o sus familiares. En ausencia de las instituciones de la justicia, el código de honor señala que sólo la reparación de la venganza restablece el orden perdido. El honor consiste en subordinarse a estas normas porque son las únicas que rigen plenamente en la sociedad y las únicas que aseguran la continuidad de lo social.[122]

---

[122] Estas cuestiones son desarrolladas por Jon Elster, *Alchemies of the Mind; Rationality and the Emotions*, Cambridge University Press, 1999, p. 204 y ss.

Dos o tres décadas más tarde (supongamos que "El fin" transcurre hacia finales de la década de 1880, ya que *La vuelta de Martín Fierro* podría situarse, de modo más o menos contemporáneo, a fines de los setenta: se trata simplemente de un ejercicio en el establecimiento histórico de un cronotopo literario), el duelo a cuchillo sería considerado un homicidio con atenuantes. La venganza es aceptada cuando no hay otra posibilidad de lavar una injuria, pero antes de ella están las instituciones que llegan para reemplazarla.

La institución judicial, por lo menos idealmente, en el proyecto republicano, debe tomar a su cargo las ofensas públicas y privadas e impartir los castigos, considerando los hechos y no su peso en un imaginario de honor y venganza. La Argentina, como las naciones modernas, abandonó una era de legitimidad de la venganza para entrar en una de formalidad procedimental del juicio, la condena y el castigo. La defensa de los individuos (y de los valores que estos profesan y son aceptados por la comunidad) pasa de sus manos a las de los jueces. De concreta y personalizada, la justicia se hace general y abstracta.

La condena judicial no implica la restitución de un equivalente de lo perdido. Toda la filosofía penal se construye lejos de un intercambio de equivalentes y su escala de crímenes y castigos es extremadamente compleja si se la compara con el sistema simple regido por las equivalencias. Los individuos pueden seguir ejerciendo la venganza, pero ya no como derecho; el acto de venganza es un acto criminal porque existe la posibilidad de un acto (despersonalizado) de justicia. La compensación concreta y directa de la venganza es desplazada por una regulación social general que castiga el crimen pero no ofrece una reparación personalizada a sus víctimas. El coraje moral y físico, indispensable para el acto de venganza, es desplazado por otras virtudes.

Borges percibe el ethos del coraje como valor premoderno, necesario en un mundo bárbaro donde el estado y las instituciones eran ausentes o lejanos.[123] En ese mundo (una llanura rioplatense del siglo XIX: un lugar literario pero anclado en la historia), honor y coraje estaban soldados; el coraje podía legítimamente exagerarse, como se exagera una virtud, aunque en ese acto, cuando el coraje se independiza de la defensa del honor, pudiera despilfarrarse como bravuconería. Como sea, seguía siendo la forma plena de la virtud masculina, preferible como hipérbole antes que como ausencia.

La modernidad abrió "un tiempo ya sin aventuras ni asombro"[124], es decir un tiempo hostil a las pasiones y a las virtudes que las pasiones alimentan. Este tema, tan característico de la modernidad que Tocqueville lo inauguró en su viaje por los Estados Unidos y, desde entonces, fue retomado incesantemente, define una línea en la obra de Borges. Conflicto típico de la modernidad porque sólo un letrado de ciudad puede reinventar, juzgar y extrañar el mundo que está describiendo como bárbaro; conflicto pasional, porque sólo el hombre de pasiones mitigadas envidia el infierno de las pasiones no controladas por la red de instituciones e intereses.

A Borges le interesa el problema moral en un mundo cuyo ethos se define por las pasiones. La barbarie, como Borges mismo la llama, del mundo criollo necesita virtudes heroicas (dionisíacas). Contrastando con ellas, el estado y la sociedad burguesa necesitan el dominio de la pasión por el orden. Tocqueville afirmaba que cada época está poseída por una "pasión principal que logra atraer hacia ella y arrastrar en su curso todos los sentimientos y todas las ideas".[125] En el siglo XIX, Borges encontraba esa pasión dominante como síntesis de la indi-

---

[123] Sobre este tema, véase: Beatriz Sarlo, *Borges, un escritor en las orillas*, Buenos Aires, Ariel, 1996, p. 179 y ss.

[124] "Rosas", *Fervor de Buenos Aires, Obras Completas*, p. 28.

[125] Alexis de Tocqueville, *De la démocratie en Amérique II*, París, Gallimard-Folio, 1961, p. 138. El mismo motivo desarrolla, lateralmente, Stendhal en *De l'amour*.

ferencia criolla ante las vueltas inevitables del destino, su disposición a aceptarlo sin protestas, por una parte, y, por la otra, el desenfreno de la provocación, la violencia inmotivadas, el exceso y la crueldad del castigo a una afrenta.

El coraje es la virtud moral que permite a los hombres moverse en las dos dimensiones del peligro, buscadas como escena donde este debe probarse repetidamente. Para Borges, la virtud del coraje funda el ethos de ese pasado imaginario (imaginario no porque algunos de sus rasgos culturales no coincidieran con los que produce la ficción borgeana, sino porque esos rasgos definen un imaginario, en el sentido de repertorio formal e ideológico). El honor es la pasión principal, y el coraje la virtud que lo acompaña.

En un mundo donde no existen otros procedimientos formales para establecer el derecho y la preeminencia entre los hombres, donde el estado no está presente con instituciones que ofrezcan garantías ni reparen el daño ejercido por la violencia, el coraje es el rasgo de temperamento que permite proveer al honor y responder a la deshonra o a la provocación. Gauchos y señores participan de este ethos bárbaro, y sin embargo, virtuoso. En la ciudad moderna del siglo XX, en cambio, esa virtud y esa pasión se desplazan o hacia los márgenes del crimen o socialmente hacia arriba, hacia el mundo de los señores (que siguieron practicando el duelo como un privilegio cultural de clase). Como enfrentamiento plebeyo, el duelo de la poesía gauchesca se ha convertido en el crimen cuyas noticias son traídas por el periodismo:

> Una canción de gesta se ha perdido
> en sórdidas noticias policiales.[126]

---

[126] Jorge Luis Borges, "El Tango" *El otro, el mismo*, *Obras Completas*, p. 888.

La era de la venganza es pasional y concreta. La era de la justicia es intelectual y abstracta. En el acto de venganza, un individuo retoma aquellas potencialidades que ha entregado a la sociedad, sostenido por la creencia en la legitimidad de actuar por sí mismo, en lugar de delegar esa acción en otros. Algunas circunstancias excepcionales pueden restablecer e incluso legitimar esta creencia. ¿Qué

La virtud de la venganza circunstancias sostienen la emergencia de una pasión de excepción? ¿Qué circunstancias sostienen el público despliegue del odio? ¿Cuáles son las circunstancias de excepción que cambiarían la naturaleza moral de un hecho de venganza o que, simplemente, suspenderían el juicio moral sobre ese hecho?

Pasión de venganza y excepción

"La excepción [escribió Kierkegaard y citó Carl Schmitt] explica lo general y a sí misma. Y si lo general pretende estudiarse correctamente, sólo hay que buscar una verdadera excepción, la cual revela todo con mucha más claridad que lo general. A la larga se cansa uno de la palabrería eterna sobre lo general; existen excepciones. Si no hay explicación para estas, tampoco la habrá para lo general. Por lo común no se repara en esta dificultad, porque lo general ni siquiera se concibe con pasión sino de una manera cómoda y superficial. La excepción, en cambio, concibe lo general con enérgica pasión".[127] Giorgio Agamben, a continuación de esta cita, define: "La excepción es una especie de la exclusión. Es un caso singular que está excluido de la norma general".[128] En efecto: excluida de la norma, cuya vigencia pone en suspenso, la excepción no remite a una serie, sino que, en todo caso, la inaugura. Después, los hechos de la serie dejan de ser excepcionales, pero el hecho primero, el fundante, sigue conservando esa cualidad única de primero excluido.

El asesinato de Aramburu es un hecho de este tipo. Y quie-

---

[127] Carl Schmitt concluye con esta cita "Una definición de la soberanía", *Teología política I* (traducción tomada de *Carl Schmitt, teólogo de la política*, prólogo y selección de textos de H. O. Aguilar, México, FCE, 2001, p. 29).

[128] Giorgio Agamben, *Homo sacer; Il potere sovrano e la nuda vita*, Turín, Einaudi, 1995, p. 20.

nes lo realizaron sabían que jugaban su futuro a esta intervención excepcional. No sólo en los términos de "jugarse la vida",

La excepción

sino en los de sentar las bases de un nuevo
ordenamiento, tanto de las ideas como de
los mitos de la leyenda peronista y, a partir
de eso, de repartir el poder en el movimiento y fuera de él.

Hubo violencia política antes y, de modo creciente en intensidad y en cantidad de acciones, después del asesinato de
Aramburu. Pero este hecho no se suma sencillamente ni como
comienzo cronológico (porque no lo fue) ni como una culminación (que tampoco fue). Sencillamente *no se suma* a otros, sino que tiene el efecto precisamente inverso: divide un antes y
un después, y dentro de la sucesión empírica de los hechos es
una anormalidad por su carácter de irrepetible. Por otra parte, la naturaleza de la víctima era, como se trató de mostrar,
también completamente irrepetible, lo que no fue el caso de
los ajusticiamientos de dirigentes sindicales. El carácter liminar
(que todo el mundo, de algún modo, reconoció en ese momento) debe ser tomado en un sentido fuerte porque muestra el
ejercicio de una potencia política independiente que, de un tajo, no sólo separó lo que hasta allí había sucedido de lo que iba
a suceder sino que decidió que el orden de los hechos fuera diferente entre un antes y un después.

Montoneros remitió el asesinato de Aramburu a la historia
y al futuro. Las dos temporalidades se cruzan en la argumentación sobre la necesidad del hecho. Del lado de la historia, está
la Nación irredenta, el pueblo despojado de su soberanía, la
proscripción del líder, los fusilamientos de 1956 y el robo del
cadáver de Eva Perón. Estas razones no son todas de la misma
índole: algunas de ellas (la proscripción de Perón y del pueblo
peronista) podrían encontrar una resolución política, aunque
la experiencia de los quince años transcurridos desde 1955 no
autorice a confiar en que el régimen acepte, sin que sea obligado por los hechos y sin que estos hechos sean ingobernables
por las fuerzas represoras, una reparación y el establecimiento

de nuevas reglas no proscriptivas. Aramburu mismo, con un discurso engañoso, dice inclinarse hacia una solución amplia que, en la perspectiva montonera, no será sino un nuevo intento de domesticar la potencialidad disruptiva del movimiento peronista y apoyarse para hacerlo en los traidores de adentro (a los cuales se irá ejecutando). Como sea, el "discurso engañoso" hubiera podido encontrar una escucha.

Otras razones históricas son difícilmente redimibles. La enormidad moral y el escándalo estigmatizan el robo y la profanación de un cadáver. Esta es una herida abierta por el odio y el revanchismo de la Revolución Libertadora y no podrá cerrarse con una improbable restitución (aunque eso también se busque con el secuestro) sino con una humillación de una magnitud equivalente. Con el cadáver de Eva se tocó un límite y son ilimitadas las consecuencias de este acto. El límite cruzado no admite la simple equivalencia porque se trata no sólo de una sustracción sacrílega sino también de una humillación que toca lo irreparable. Si el cadáver de Eva Perón fuera devuelto (algo que parecía imposible en 1970), de todas maneras el crimen subsistiría hasta que se lo vengara y, aun así, el recuerdo del crimen subsistiría como algo sobre lo cual no hay medida de reparación completa.

Los fusilamientos de 1956 son un hecho por el cual se puede aspirar a una reparación por la venganza. Aramburu es nominado el responsable de los decretos de pena de muerte y su propia muerte compensa la deuda de sangre. La venganza en este caso es una solución retributiva de magnitud aceptable (aunque hayan sido decenas los fusilados de 1956). Los Montoneros actuaron convencidos de que la justicia institucional nunca se haría cargo de esta deuda, porque esa institución judicial es formalista, abstracta, antipopular, ciega a los reclamos más ecuánimes. Frente a ella, entonces, la venganza es una justicia sustancial, concreta, popular y sensible a la magnitud de los crímenes cometidos. El pasado no se cierra excepto que el presente lo tome a su cargo y, para que ello suceda, el presente debe ser movido por quienes poseen una potencia reconocida y legítima que los agresores del año 55 desconocen.

Esa legitimidad se funda en la herencia de una tradición política, la representación de aquel pueblo que ha quedado sin representantes después del golpe contra Perón, y la autoridad moral que proviene de los fines adoptados y de la resolución de entregar todo para lograrlos. Es una autoridad basada en la representación y el despojamiento, aunque en un orden inverso: primero se realiza el hecho (secuestro, juicio y sentencia) arriesgando la vida, para obtener luego la representación popular que se identifica con lo realizado. En este sentido, Montoneros es claramente una vanguardia.

La venganza de los fusilamientos (retribución satisfactoria del crimen aunque nunca sea completamente equivalente ya que fueron muchos los muertos del campo popular) implica un pasaje desde una modernidad burguesa definida por la justicia formal a una modernidad revolucionaria que insiste sobre los valores de una justicia sustantiva. La acción de Montoneros descansa sobre la idea del "único camino posible", después de esos quince años ignominiosos para el peronismo y, en consecuencia, para la nación. Vengando una ofensa que sólo superficialmente puede considerarse limitada al peronismo, Montoneros restituye una noción profunda de orden, que debería ser vista como benéfica para la patria en su conjunto, ya que el pueblo y la patria, en condiciones de dependencia imperialista, son indiscernibles. Ese pueblo (o esa patria) no tienen otra salida que la venganza, porque se le han cerrado todos los recursos de las instituciones. Cuando la justicia no existe o está quebrada, el acto de justicia regresa a los hombres que estén en condiciones de encararlo.

Nozick distingue entre la venganza y la retribución, en el sentido en que la primera es más personal que la segunda. La venganza sólo sería deseada por quien ha sido injuriado directamente o por alguien completamente próximo. La retribución, en cambio, puede ser tarea de cualquiera. La operación

Aramburu fue una venganza no porque sus jóvenes ejecutores fueran, de modo directo, los ofendidos por las acciones pasadas, ni porque alguien muy próximo a ellos (como hubiera sido el caso de la hija del general Valle cuya voz se oyó en los días del secuestro) hubiera padecido la ofensa. Se trata de una venganza porque Montoneros se sintió *representante* de los injuriados y, en consecuencia, ocupó su lugar.

Es sobre la representación (un hecho del orden de lo imaginario) que se articula la identidad montonera. Representantes de vanguardia del pueblo, los vengadores son reconocidos por ese pueblo y por su líder. Así se construyó una identificación política, sobre el tono emocional e intenso de la situación de vengar y representar, vengar para representar, representar y por lo tanto ser legítimo vengador. Naturalmente, desde esta perspectiva, la muerte de Aramburu no fue un asesinato escenificado como un juicio, en realidad un verdadero escarnio a la idea de justicia, sino una venganza realizada con la prueba suplementaria aportada por una convicción sobre la culpabilidad, reafirmada en un juicio que para el pueblo no era necesario (el pueblo siempre supo) pero que tiene lugar, ante el estupor de los opresores, no como parodia sino como anticipo de un nuevo régimen de justicia.

Se festejó en junio de 1970 porque los hechos que se vengaron tenían una magnitud que justificaba moralmente la muerte de aquel que fue instituido como responsable. Además, la venganza abriría otra era: en este sentido fue un hecho excepcional, un punto en que todas las cosas salieron de su eje y nunca volvieron a acomodarse como en el pasado. Los medios de la venganza incluyeron la elección de Aramburu, que fue una definición política, porque (si se excluyen la dimensión cultural e imaginaria, la factibilidad de la operación, sus condiciones reales, que ya se analizaron) dependió de un juicio sobre el bloque de fuerzas antipopulares, sus direcciones, las tácticas de algunos de sus dirigentes, las hipótesis que podían trazarse sobre el futuro, además de la certeza de que, en el pasado, el general Aramburu había sido el gran responsable del desorden injusto en que vivía la nación.

Frente a una figura arcaica y recalcitrante como la del almirante Rojas, aislado en su gorilismo insular, Aramburu demostraba ser (y haber sido) el cerebro. Que esto coincidiera con lo que muchos en ese momento atribuían al ministro del Interior de Onganía, general Imaz, es irrelevante a las razones culturales de la elección aunque pueda no serlo a las posibilidades operativas del grupo si se consideran fundadas las hipótesis que vinculan a algunos de sus miembros con los servicios de informaciones del estado. Si Imaz impulsó a Montoneros, Perón no fue el único general que, en esos meses, jugó con un fuego que no podría dominar. En abril de 1970, la revista *Panorama* difundió una orden suya a los miembros de la Juventud Revolucionaria Peronista, según la cual habría llegado el momento de que "las bases empiecen a demoler el sistema, con el método que sea necesario".[129] La interpretación del método y de su necesidad quedaba a cargo de los protagonistas territoriales: cuestiones de estrategia y de táctica.

Como sea, la venganza debe elegir qué muerte, y la muerte de quién, le da contenido al hecho y asegura el principio de reparación. La de Aramburu pareció, con razón, más adecuada que ninguna otra. A esto se sumaron razones políticas de coyuntura: los proyectos de Aramburu de domesticar el peronismo e incorporarlo al sistema de partidos del régimen, anulando su potencial revolucionario. También por eso, bien visto, merecía morir en la medida en que quería rebajar a política de transacción el carácter inasimilable, salvaje, revolucionario, sagrado, del movimiento peronista.

Ni temprana ni tardíamente, los Montoneros nacen a la venganza en el momento preciso. Su víctima, por otra parte, estaba en condiciones ideológicas de acceder a una conciencia

---

[129] *Panorama*, número 155, 14-20 abril, 1970.

plena de los motivos del acto de venganza. Incluso, en dos tramos del relato de Firmenich y Arrostito, Aramburu parece comprenderlos o pensar que puede argumentar con sus secuestradores: jóvenes bienintencionados, pero equivocados, no saben que derramarán una sangre que los dejará manchados para siempre. Aramburu se defendió de las acusaciones con motivos que los Montoneros podían entender: una revolución mata a los contrarrevolucionarios, les dijo justificando los fusilamientos de junio de 1956. Exactamente eso es lo que estaba pasando a principios de junio de 1970. La revolución futura mataba al contrarrevolucionario del 55. La víctima de la venganza podía entender las razones de su muerte, aunque intentara argumentar sobre ellas.

La muerte de Aramburu era una venganza adecuada, aunque no lo fuera a la magnitud de los cargos de los que se lo hacía responsable. Como sea, la adecuación de la venganza a la afrenta es sólo relativamente un problema del vengador que puede siempre pensar que lo perdido por la afrenta nunca puede equivaler a lo ganado con la venganza. Sin embargo, un equilibrio se restablece porque ya no queda un crimen impago. La venganza restaura una herida, aunque no la borre; devuelve un honor, aunque no se olvide que ha sido humillado.

El acto de los Montoneros sería, desde su punto de vista, un acto "virtuoso". Su excepcionalidad lo arranca de la serie de asesinatos políticos, que comenzó un año antes, en 1969, con el de Vandor, reconocido como de su autoría en 1974 por los Montoneros, y siguió, tres meses después de la operación Aramburu, con el de José Alonso. La serie, naturalmente, no se cierra con esta muerte.

Pero fuera de la serie, como la excepción que irrumpe e inicia algo nuevo, está la operación Aramburu. Sólo después de completarla los Montoneros se dan a conocer y es ella la que los identifica. Ya nada sería igual en la Argentina. La pasión política había llegado a su punto de incandescencia.

El impulso de esa pasión no excluye ni el cálculo ni la paciencia. También necesita, como toda acción política, de la fortuna. Pese a que en pocas semanas, se descubre el cadáver de Aramburu, que los Montoneros contaban con mantener oculto como vejación, por una parte, y como objeto de canje, por la otra; pese a que en la toma de La Calera caen heridos y presos y a partir de ese hilo (nadie habló de delaciones) se cierra el cerco sobre el lugar donde habían enterrado a Aramburu; pese a que, en una cita realizada en un bar del Gran Buenos Aires, mueren Fernando Abal Medina y Carlos Ramus; pese a que en los meses siguientes sólo quedaron en condiciones de seguir actuando Firmenich y Arrostito, la operación Aramburu fue elegida por la fortuna.

Cualquiera hubiera podido juzgarla sencillamente imposible. Incluso, las sospechas que se levantaron sobre una complicidad de facciones del gobierno muestran de qué modo parecía inverosímil o improbable. Fuera de toda serie, contra toda previsión (la víctima misma se les entrega y, todavía en medio del juicio, no piensa que su suerte ya está echada), la operación Aramburu se cumplió plenamente. Las armas que la resistencia peronista debió procurarse en las peores condiciones, porque Perón cayó rodeado por la inmovilidad de la dirigencia sindical y política, las armas que, como dice el mito, Eva Perón había querido dar a los leales para defender un gobierno sobre el que temía, se dispararon en el sótano de la casa de campo. Y no callaron desde ese momento. No sólo la afrenta al cadáver de Eva Perón fue lavada; los Montoneros también quedan unidos a esa figura, la de Evita revolucionaria cuya imagen consolidan en sus carteles y consignas: Si Evita viviera, sería montonera.

Sobre esta hipótesis poco probable (pero ¿a quién le interesaba la probabilidad de una hipótesis a comienzos de los setenta?), también se fundó un mito político. Después de 1970, todo parecía posible, las cosas salían de su molde y se desbocaban las fuerzas de la pasión revolucionaria que tuvo tanto de terrible como de generoso. En mayo de 1970 la Argentina había vivido un hecho único. La sangre empezaba a correr.

Pasiones

El otro duelo

Volvemos al cuento de Borges que se mencionó al comienzo.[130] Dos paisanos uruguayos, en los años sesenta del siglo XIX,
rivalizan enconadamente. "Como el de otras pasiones, el origen del odio siempre es oscuro." Oscuro quiere decir inexplicable en lo que concierne a la medida de la afrenta y el sentimiento que ella provoca. Como para el odio no hay hechos
menores, fueron decisivos, aunque oscuros, los que enfrentaron a Manuel Cardoso y Carmen Silveira. Desde la perspectiva
del afrentado, todo tiene importancia y así lo entiende Borges,
que enumera: el azar de una carrera de caballos mal ganada o
de un partido de truco, la muerte de un perro favorito o la rivalidad por una mujer que ninguno de los dos quería demasiado, estuvieron en ese oscuro origen.

Borges dice ignorar si los hechos narrados "son efectos o causas". Movidos los dos paisanos por su pasión, los acontecimientos,
que desde afuera parecen provocarla, no necesariamente responden a una temporalidad que los identifique como causas. Cardoso y Silveira están enfrentados desde siempre y sólo quienes los
rodean atribuyen a algunos hechos la cualidad de haber motivado el conflicto. Cualquiera podía pensar que una broma de boliche o una desavenencia por algunos animales sin marcar estaban
en el principio de aquello que podía no tener ningún principio.

---

[130] "El otro duelo", de *El informe de Brodie*. Véase p. 9.

Esa atribución es una búsqueda de sentido al que la rivalidad no rinde su secreto. La rivalidad puede ser una pasión incausada, y convertirse en una razón de vida y muerte. El motivo desaparece porque no alcanza la densidad de la pasión, será siempre una cosa o un hecho, nunca un sentimiento excepcional que organiza el resto del mundo. El hecho que da origen sale fuera de serie; no vale por lo que es sino por lo que se expresa a través de él.

El teatro del odio entre los dos gauchos establece la forma de lo que vendrá: "En esas asperezas y en aquel tiempo, el hombre se encontraba con el hombre y el acero con el acero". Una cultura de la violencia a cuchillo define el tenor de la rivalidad más que los motivos que, desde afuera, parecen originarla. "Matar hombres no le costaba mucho a la mano que tenía el hábito de matar animales."

Por eso, los dos paisanos que nada entendían del enfrentamiento entre colorados y blancos, cuando, en 1870, se convierten en soldados blancos, ejercen, como si lo hubieran dominado desde siempre, el oficio rudimentario de la lanza en los encontronazos de esas guerras, y se sienten, después del primer combate, como si hubieran peleado toda la vida. Aprenden rápido lo que hay que saber. El cuchillo es la prolongación de la mano, la lanza es la ingeniosa prolongación del cuchillo, lancear de a caballo los convierte en su propia e ignorada figura mitológica. Y después de cualquier escaramuza, cuando llega el momento de ajusticiar a los prisioneros, los degolladores de a pie pasan, sin que nada cambie, de la lanza al cuchillo que permite la intimidad y la precisión en el corte.

Degollar es una suerte de culminación victoriosa del combate y, por supuesto, un honor y un gusto. Por eso, una noche de campaña "Cardoso se metió gateando en la carpa del jefe y le pidió en voz baja que si al día siguiente ganaban, le reservara algún colorado porque él no había degollado a nadie hasta entonces y quería saber cómo era". No sabemos si también ese favor lo pidió su rival Silveira, pero, en todo caso, la promesa del jefe no es objeto de una rivalidad; se trata de una recompensa que cada uno debe ganarse, porque la tropa acostumbra llevar sus degolladores expertos y, en consecuencia, reemplazarlos figura como distinción al mérito.

Esa noche, en que el jefe promete la distinción a Cardoso, transcurre durante 1871 (un siglo y un año antes de que Borges publicara este cuento).

Ha pasado un año desde que los dos gauchos fueron reclutados en un boliche, y en ese año "acabaron por sentir que ser compañeros les permitía seguir siendo rivales". En el combate del día siguiente, la montonera blanca, en la que peleaban Cardoso y Silveira, es derrotada. El jefe, a quien Cardoso le había arrancado la noche anterior la promesa de que le permitiría degollar a algún colorado, herido de gravedad, fue despenado en el propio campo de batalla. Los demás gauchos cayeron prisioneros y se preparó su degüello que no iba a tener el trámite acostumbrado, porque el capitán de los vencedores conocía la rivalidad de dos de sus prisioneros.

El capitán inventa una representación grotesca. Los dos gauchos van a ser degollados *primero* y luego, sin cabeza, correrán una carrera donde se demostrará quién de los dos es "el más toro" (ecos del *Martín Fierro*: "Yo soy toro en mi rodeo /y torazo en rodeo ajeno"). Borges no ahorra detalle: las apuestas son en dinero, en caballos, en armas blancas y prendas del recado, pero se dignifican porque su producido será entregado a los deudos; los apostadores le recomiendan a su elegido que no les falle; los demás prisioneros, futuros degollados de menor relieve que Cardoso y Silveira, esperan sentados en el suelo, las manos atadas a la espalda, aburridos pero con el sentimiento de que a cada uno de ellos no le tocó en suerte la expectativa que acompaña la ejecución de los dos rivales:

—A mí también me van a agarrar de las mechas —dijo uno, envidioso.

—Sí, pero en el montón —reparó un vecino.

—Como a vos —el otro le retrucó.

Lo que sigue es el degüello, que cada degollador practica con técnicas diferentes sobre el hombre que se le ha adjudicado: uno se esmera en un nítido tajo angosto; el otro practica una caladura de oreja a oreja. La carrera de los dos cuerpos descabezados es breve, apenas unos pocos pasos que, de todos modos, permiten decidir, por los brazos estirados al caer, quién había vencido sin saberlo. En la tarde polvorienta, sobró sangre.

Como le es habitual, Borges cuenta esta "historia" de 1871 sin certificar su veracidad. A él se la había contado Carlos Reyles (hijo del novelista, especifica) quien, a su vez, la había escuchado del capataz de la estancia de su padre, que la conocía porque circulaba como "tradición oral"; Borges lo engaña a Reyles cuando le asegura que ya había oído hablar de Juan Patricio Nolan, el jefe blanco que urdió la carrera de degollados (el nombre evoca los enfrentamientos nacionales irlandeses, que también le proporcionaron su escenario a Borges y, en consecuencia, no es del todo una mentira); finalmente, trasmite a los lectores su desconfianza frente a los "pormenores que ahora traslado sin mayor fe, ya que el olvido y la memoria son inventivos", lo cual lleva a preguntarse si se refiere a los olvidos de la tradición oral, o a sus propias invenciones. Tampoco puede pasarse por alto que los dos paisanos repiten la rivalidad de "Los dos teólogos", que los inscribe en el ciclo de desafíos que diferentes rivales reproducen y, al hacerlo, se reflejan; y también evocan la inevitable transitividad de la dominación por la cual imponerse es subordinarse ("sin sospechar, cada uno de los dos se convirtió en esclavo del otro"). La historia de Cardoso y Silveira, en su primitivismo gaucho, presenta un conocido tópico filosófico borgeano. Dobles y destino.

Borges insiste en 1970, a los setenta años, en escribir otro capítulo violento porque allí hay una cifra filosófica y porque también hay una cifra histórica. Atraído por los dos ciframientos, propone de nuevo, esta vez al fin de su vida, el interrogante sobre las pasiones de violencia, orgullo, amor propio y venganza, con el que puede recorrerse su literatura, que él criticó muchas veces y que visitó otras tantas porque, en ese merodeo por un pasado inventado, leído o recibido oralmente, encontraba las pasiones y las virtudes excepcionales que atribuyó a un linaje colocado en el núcleo imaginario e histórico de la Argentina.

Pasión de la violencia, virtud del coraje, en un paisaje social anterior a las instituciones, definen un ethos respecto del que Borges sintió atracción y conflicto:

> Entre las cosas hay una
> de la que no se arrepiente
> nadie en la tierra. Esa cosa
> es haber sido valiente.[131]

La barbarie en el centro de la cultura, una cifra, el cordel de Ariadna.

---

[131] "Milonga de Jacinto Chiclana", *Para las seis cuerdas, Obras Completas*, p. 960.

"Soy un hombre cobarde"

"...Un pasado apócrifo, a la vez estoico y orgiástico, en el que he desafiado y peleado para caer al fin, silencioso, en un oscuro duelo a cuchillo." La frase está en las "Páginas complementarias" que Borges agregó, muchos años después, a su *Evaristo Carriego*, publicado en 1930.[132] A diferencia de los poetas gauchescos, hombres que pelearon en las guerras del siglo XIX, guerreros, políticos improvisados, periodistas de batalla, Borges debió imaginar una familiaridad con la violencia. Este fingimiento habilita el adjetivo "apócrifo" y también hace posible que el pasado sea, contradictoriamente, "estoico" y "orgiástico", uniendo lo que Nietzsche separaba en el *Nacimiento de la tragedia*. El mito se sustenta en la fusión de los opuestos: una moral criolla, austera y silenciosa, y un impulso atávico, sanguinario e inmotivado.

En la biografía apócrifa de la también apócrifa *Enciclopedia Sudamericana*, del año 2074, que Borges agrega a sus *Obras completas*, insiste:

Pensaba que el valor es una de las pocas virtudes de que son capaces los hombres, pero su culto lo llevó, como a tantos otros, a la veneración atolondrada de los hombres del hampa. Así, el más leído de sus cuentos fue *Hombre de la esquina rosada*, cuyo narrador es un asesino. Compuso letras de milonga, que conmemoran a homicidas congéneres.[133]

---

[132] *Obras completas*, op. cit., p. 162. La cita "Soy un hombre cobarde" es de "El jardín de los senderos que se bifurcan".
[133] "Epílogo" a las *Obras completas*, op. cit., p. 1144.

El texto es irónico, pero sería un error leerlo sólo irónicamente.

Al siglo XIX, y a los antepasados que evoca, hombres todos del XIX, Borges les atribuye el temperamento que corresponde a un mundo gobernado por las pasiones y las virtudes que estas exigen. En las primeras décadas del siglo XX, ese núcleo afectivo se transforma pero no desaparece, migra de un sector social a otro (de gauchos y estancieros a compadritos), del espacio de la llanura a los suburbios de la ciudad, y del centro de una nación pastoril a las orillas de la cultura, orillas que visita Borges. Sometido a crítica, es, al mismo tiempo, un mito que articula un conflicto de ideas desde los primeros libros de poemas hasta los últimos cuentos de *El informe de Brodie*, donde se publica el bárbaro relato de la carrera entre los dos degollados.

Los antepasados, "soldados y estancieros", establecieron (según el mito borgeano) una relación no mediada con el espacio bárbaro y, más todavía, una relación pre-social con los elementos primordiales:

> Una amistad hicieron mis abuelos
> con esta lejanía
> y conquistaron la intimidad de los campos
> y ligaron a su baquía
> la tierra, el fuego, el aire, el agua.[134]

Frente a ellos, escribe Borges "soy un pueblero [...] soy hombre de ciudad, de barrio, de calle". ¿Cómo no serlo? El traslado de un espacio a otro implica no sólo un desplazamiento en el tiempo histórico, porque se ha clausurado un ciclo, sino también un cambio en la sociabilidad: los puebleros carecen de esas virtudes indispensables en la llanura, donde un mínimo de instituciones toleraba un máximo de autono-

---

[134] "Dulcia linquimus arva", *Luna de enfrente, Obras Completas*, op. cit., p. 68.

mía; donde las pasiones no habían sido dulcificadas por los intereses del comercio y el intercambio; donde, finalmente, las virtudes de la guerra (virtudes que exigían tanto la destreza física como el coraje del temperamento) no se oponían sino que garantizaban la vida, aun cuando en el ejercicio obligado del coraje pudiese perdérsela. De "soldados y estancieros" a "hombre de ciudad", así se dibuja el arco que Borges presentó con la resignación de haber tocado un límite después del cual termina el territorio que habilitaba el despliegue de las pasiones.

Magnífica pero finalmente ajena a ese mundo, está la literatura. La nostalgia por un escenario que la literatura inventa y luego toma como referencia perdida es, sencillamente, inevitable:

> No haber caído,
> como otros de mi sangre,
> en la batalla.
> Ser en la vana noche
> el que cuenta las sílabas.[135]

La "vana noche" es una hipálage: la vana cuenta de las vanas sílabas, en la noche. Un hombre ya viejo revisita la síntesis cultural que había inventado en los años veinte y, al hacerlo, encuentra nuevamente el conflicto clásico: por un lado, la oposición de vida y literatura; por el otro, la contradicción entre el espacio pretérito del mito heroico, que habilitaba pasiones y virtudes, y el espacio literario moderno que, paradójicamente, es la escena que funda el mito, dado que este no existe sino allí donde Borges lo ha escrito para, de inmediato, sentirlo perdido.

El exceso pasional del mundo de las llanuras contrasta con la caída de las pasiones en la ciudad y la cultura de la moder-

---

[135] "Tankas", *El oro de los tigres*, Obras Completas, op. cit., p. 1089.

nidad. Borges, un pueblero, está sometido al doble peligro de la pérdida de un nexo imaginario con el pasado y de la exageración de ese mismo vínculo. Escribe (como si lo que dice fuera consecuencia de acciones ajenas que pueden ser juzgadas críticamente por su desacierto): "Me he convertido al culto idolátrico de militares muertos, con los que acaso no podría cambiar una sola palabra".[136] Esta frase reconoce la insistencia melancólica del mito (convertido en "culto idolátrico" porque ha perdido su mundo de referencia) y su imposibilidad; así, el mundo que necesitó de las pasiones es una construcción imaginaria, que no tendría el potencial de la leyenda primitiva. Es algo escrito y leído, en vez de dicho y escuchado. Define unas de las líneas de la literatura de Borges (que subterráneamente se comunica con las otras) y, al mismo tiempo, es el centro inventado al que todo regreso resulta imposible.

Conflicto típico de la modernidad, en la medida en que sólo un pueblero puede reinventar, juzgar y extrañar el mundo que está describiendo como bárbaro; conflicto pasional, porque sólo el hombre de pasiones mitigadas envidia el infierno de las pasiones no controladas por el juego de instituciones e intereses. Conflicto de saberes, sobre los que, a veces, es posible pensar un intercambio:

Déjame, espada, usar contigo el arte;
yo que no he merecido manejarte.[137]

Quien no merece manejar la espada, vive un tiempo desencantado, donde los valores y los sentimientos de un pasado legendario (que, hay que reconocerlo, tiene la moderada lejanía a que estamos acostumbrados en América: apenas un siglo, en

[136] "El centinela", *El oro de los tigres, Obras Completas,* op. cit., p. 1115.
[137] "Espadas", *El oro de los tigres, Obras Completas,* op. cit., p. 1085.

la más generosa de las hipótesis) no sólo han desaparecido sino que su relato mismo se ha degradado en la crónica roja del periodismo de masas.

"Un misterio parcial" es un breve parágrafo extrañamente evocador de los ensayos sobre el ser nacional que intentaron Raúl Scalabrini Ortiz y Ezequiel Martínez Estrada; el texto pertenece a "Historia del tango", uno de los apéndices agregados al *Evaristo Carriego*, que también podría leerse como un ensayo sobre el ser porteño. Allí Borges abre una de esas características interrogaciones generales sobre las identidades de los pueblos, preguntándose la razón por la cual los argentinos se identificarían con el coraje de los viejos criollos o los más recientes compadritos y no con el que dicen poseer los militares. La respuesta tiene que ver con las formas de la institucionalidad. El argentino, desafecto del Estado, tiende a admirar a los rebeldes que se le oponen. Para probar esta hipótesis, que en sí misma no tendría sino el interés de las observaciones genéricas, Borges une la tradición gauchesca con el *Quijote* (porque ambos condenarían un alineamiento automático de los hombres en función de valores que les sean exteriores; es decir, de valores no apoyados en la subjetividad y la pasión); y busca un testimonio en el *Martín Fierro*, escribiendo una de sus perfectas paráfrasis:

> Esa desesperada noche en la que un sargento de la policía rural gritó que no iba a consentir el delito de que se matara a un valiente y se puso a pelear contra sus soldados, junto al desertor Martín Fierro.[138]

Se sabe que esas paráfrasis del *Martín Fierro* entroncan la escritura de Borges en un canon presidido por el libro que, como

---

[138] *Evaristo Carriego*. También en "Biografía de Tadeo Isidoro Cruz (1829-1874)": "Amanecía en la desaforada llanura; Cruz arrojó por tierra el quepís, gritó que no iba a consentir el delito de que se matara a un valiente y se puso a pelear contra los soldados, junto al desertor Martín Fierro". *El Aleph, Obras Completas*, op. cit., p. 563.

la *Odisea* para la cultura mediterránea, ofrece todas las posibilidades de relato. Por la paráfrasis, Borges repite la escritura de Hernández, se la apropia y la corrige.[139] Lo que, en el poema de Hernández, es un acto inevitable de Cruz y, en consecuencia, una acción "natural" que no requiere explicaciones, Borges lo convierte en un punto crucial de la literatura argentina al que volverá muchísimas veces. ¿Se trata solamente de la fascinación que él mismo atribuye a los argentinos, más inclinados a simpatizar con la rebeldía que con el orden?

En el caso de Borges, esa explicación sería insuficiente o parcial. Lo que deslumbra en la "desesperada noche" (otra hipálage) es precisamente la silenciosa desesperación del coraje llevado a su límite por la pasión: Fierro es un desertor que prefiere la muerte a obedecer órdenes como soldado en el miserable puesto de frontera de donde ha huido. El sargento Cruz, cuando abandona su bando y se convierte *ipso facto* en un criminal, lo hace porque admira las virtudes que esa pasión necesita y potencia. Cruz elige pelear del lado de Fierro por el coraje que este demuestra; no pasa de su lado sólo porque la lucha le parezca desigual (una partida contra un gaucho), sino porque el perseguido lo ha ganado por su valor. Cruz pasa del lado de Fierro porque este demuestra su virtud, no porque necesite ayuda (lo cual, por otra parte, es evidente).

En la ciudad del siglo XX, sólo el guapo conserva (mientras no se convierta en alarde de virtudes que, si se exponen demasiado, es porque no se poseen) un rastro de aquello que definía al criollo. El guapo es la excepción. En *Evaristo Carriego*, Borges juzga que los pobres trabajadores y decentes, esa categoría social propia de la Buenos Aires en expansión hacia los nuevos barrios, carecen de las virtudes del temperamento y están libres de los excesos de la violencia:

---

[139] Sobre la corrección del precursor, véase: Harold Bloom, *The Anxiety of Influence*, Londres y Oxford, Oxford University Press, 1973, especialmente pp. 49-73.

En lo que se refiere a la realidad, es de fácil observación que
los barrios más pobres suelen ser los más apocados y que flo-
rece en ellos una despavorida decencia.

El adjetivo "des*pavo*rida" es la palabra fatal. El *pavor* es un
sentimiento innoble, tanto para el criollo perseguido como para el soldado, para el gaucho cuyo primitivismo estoico le impone la aceptación del destino, como para el hombre de leyes
que (como Laprida en "Poema conjetural") acepta el destino
americano de la muerte violenta, o para Quiroga que, en "La
tentación", la provoca al repetir el camino por donde viajan
quienes van a matarlo. Contra el miedo, la cultura criolla opone la postura distante de quien espera la muerte sin rehuirla y
sin alardear: el momento estoico de la violencia.

Los barrios ordenados de la ciudad moderna no son el paisaje propicio para ejercer estas virtudes, salvo que la ficción logre capturar aquello que todavía en ellos puede existir como materia de leyenda. Y Borges lo hace con su invención de las orillas,
donde se conserva, en personajes de excepción, algunas de las
cualidades que definieron el horizonte valorativo del pasado. Sobre el duelo, criollo u orillero, repite la historia de un desafío inmotivado, una provocación que, vista desde afuera de la cultura,
es tan incomprensible como, desde adentro, parece inevitable
su aceptación, aunque, como en "Hombre de la esquina rosada",
los verdaderamente valientes logren sortear el duelo a cambio
de perder su renombre. Esos desafían un destino.

Lo fundamental, en la llanura o en las orillas, es el estilo del
enfrentamiento. Borges imagina duelos "desinteresados"[140], en
los que, como en los preliminares de una payada, los futuros
combatientes intercambian cortésmente las fórmulas del salu-
do, recuerdan pormenores triviales, y ponen de manifiesto el

---

[140] El adjetivo es usado por Borges también en *Evaristo Carriego*: "Lo desinte-
resado de aquel duelo lo grabó en mi memoria".

respeto que uno siente por el otro, indispensable para que el enfrentamiento sea socialmente legítimo. Así sucede en "El fin" y en los microrrelatos que rodean la biografía de Evaristo Carriego. En uno de ellos, los futuros duelistas (que tienen mucho de Joseph Conrad porque han sabido buscarse y esperarse, no piden explicaciones imposibles, aceptan la inevitabilidad del desafío) "conversan. ¿De qué? Sospecho que de temas de sangre, de temas bárbaros, pero con atención y prudencia".

En "Biografía de Tadeo Isidoro Cruz", es el gesto de sacarse el quepís el que decide la acción: Cruz se saca el quepís y pasa del otro lado, con un ademán nítido pero casi excesivo para la urgencia del encuentro que Fierro está librando con la partida policial. Sin embargo, Cruz tiene que sacarse el quepís, que es una marca formal de pertenencia a las fuerzas policiales, tiene que cumplir ese requisito en la medida en que el respeto de las formas es esencial para que ese entrevero de tercera categoría, banal como cientos de entreveros en la pampa, pueda ser repetido, varias veces en la literatura argentina, como condensación ideológica y narrativa. El quepís de Cruz es un elemento de estilo, una marca. En un mundo de violencia confusa esas marcas son esenciales. Del mismo modo, la cortesía previa al duelo indica la solemnidad del desafío que todos respetan y que necesita tiempo para ponerse en escena.

Borges presenta el movimiento pasional de la muerte buscada siguiendo las reglas de un arte: "Ya sabía yo, señor, que podía contar con usté", le dice el Moreno a Martín Fierro en "El fin". Sólo las reglas de la cortesía, las marcas del estilo, las opciones cuidadosas de la lengua, permiten que la venganza se convierta en un acto de justicia desde la perspectiva de los dos actores comprometidos. Justicia y venganza, en el mundo dominado por la pasión y el coraje, son configuraciones equivalentes a un equilibrio de los actos. Pero sólo pueden serlo a condición de que la venganza tenga el mismo rigor formal que la justicia, la misma majestad, un ritual que separe el acto vengador del mal que este repara. Sin el rigor formal, la venganza sería sólo una degradación bárbara de la justicia. En efecto, la venganza se escribe con el cuidado deliberado con que las instituciones escriben la justicia. Ello evita la pesadilla del caos (como ausencia de forma), que es el peligro nunca conjurado del todo en el Río de la Plata.

Esta mezcla, de enfrentamiento bárbaro y contenida formalidad del trato, es un ideal estético. La civilidad del estilo criollo, esa distancia respetuosa e irónica al mismo tiempo, tiene el tono del *understatement* borgeano que presenta los hechos más atroces desde una perspectiva desviada. Un ejemplo, en otro registro temático, lo da el final de "La casa de Asterión":

> El sol de la mañana reverberó en la espada de bronce. Ya no quedaba ni un vestigio de sangre.
> —¿Lo creerás, Ariadna? —dijo Teseo—. El minotauro apenas se defendió.

En "El otro duelo" esta contención de lo narrado se rompe. Fluye la sangre, que no había manchado la espada de Teseo, y a los gauchos rivales ni siquiera se les ha deparado idear las circunstancias de su encuentro final. Una broma siniestra desplaza los ritos del desafío. Esta excepción de las ficciones borgeanas, que rechaza el *understatement,* es tan intrigante hoy como lo fue en 1970. De pronto Borges eligió otra estrategia y fue más directo que nunca. El exceso, esa cualidad que se intentó explicar, también separa al cuento de una serie aunque no lo vuelve irreconocible. Por el contrario, desde su exceso, la afirma porque vuelve a resaltar la cuestión de la forma (de la forma del duelo, que parcialmente contradice, y de la forma del cuento, que sostiene).

El sueño de un matrero

Las guerras civiles parecen "menos la colisión de dos ejércitos que el sueño de un matrero".[141] Para que no lo sean en su registro literario, la voluntad de ficción y el establecimiento de reglas formales inscriben a esos encontronazos primitivos en el suceder de una historia. Sin embargo, desde una perspectiva que Borges no puede olvidar del todo, la que recibe de los libros y de la cultura europea, el asesinato de Quiroga, la confusa batalla de Masoller, la muerte de Laprida son sucesos mínimos.

Sólo la escritura puede transformar ese desorden que parece el "sueño de un matrero". Borges trabajó con esos sueños. En la historia de Pedro Damián, de "La otra muerte", una conducta ignominiosa puede convertirse en un heroísmo ilusorio si vuelve a ser vivida y contada en un tiempo que no es el de los hechos sino el de su reconstrucción imaginaria. Del pasado queda sólo lo que imaginamos.

Pero, en todo caso, ¿por qué contar esos sueños? El primer texto de *El Hacedor* muestra a Homero en el momento en que "gradualmente, el hermoso universo fue abandonándolo". En ese momento, su memoria capta la plenitud de un recuerdo: una pelea en la que se había enredado con torpeza, armado de un puñal de bronce, y había vuelto a su casa ensangrentado. Su primera afrenta y su primera defensa del honor. Borges, que también se está quedando ciego en ese final de los años cincuenta,

---

[141] "La otra muerte", *El Aleph*, *Obras Completas*, op. cit., p. 571.

inicia ese libro de síntesis que es *El Hacedor*, con dos ciegos: Lugones, con quien se encuentra imaginariamente en la página liminar, y Homero, en este primer texto. Un suicida y un muchacho primitivo que ha cobrado su primera muerte. El segundo texto del libro es "Dreamtigers", cuyo comienzo expone, una vez más, la fascinación por el tigre como cifra ("ejercí con fervor la adoración del tigre") y como imagen que es imposible volver a capturar después de la infancia, figura que vuelve en los sueños degradada hasta la condescendencia ("disecado o endeble, o con impuras variaciones de forma, o de un tamaño inadmisible, o harto fugaz, o tirando a perro o a pájaro").[142]

El gesto hacia Lugones (Borges sueña que ha entrado en la Biblioteca y que le entrega a Lugones un ejemplar de *El Hacedor*) repara una relación que se había fracturado, con singular violencia, en los años veinte, cuando el modernismo y Lugones en primer lugar fueron objeto de demolición. Treinta años después, Borges ensaya unir esa fractura y establecerse en una continuidad de tradiciones poéticas. Es la época en que corrige muchos de sus viejos textos, atenuando siempre la fuerza de su ruptura formal.

Inmediatamente después, la evocación de Homero (cuyo nombre no aparece escrito en el texto que lleva como título el mismo del libro, "El Hacedor") instala otra línea. No se trata, como podría pensarse de modo demasiado sencillo, de una repetición biográfica, la ceguera de Homero, la de Milton, la de Groussac, la de Borges, sino de la postulación de una referencia sociocultural y literaria. Como lo ha dicho y lo seguirá diciendo, la *Odisea* es matriz de todas las historias, y surge de un suelo todavía mágico: el mundo bárbaro, de muertes confusas y desprolijas, dioses quisquillosos y vengativos que Homero va a convertir en materia de una mitología cuyo magnetismo no se ha igualado en Occidente. Homero, en "El Hacedor", viene de un fondo primi-

---

[142] "Dreamtigers", *El Hacedor, Obras Completas*, op. cit., p. 783.

tivo, donde el cuerpo todavía recuerda los impulsos de la fiera
aunque reconozca ya los atributos del orden cultural:

> Las impresiones resbalaban sobre él, momentáneas y vívidas;
> el bermellón de un alfarero, la bóveda cargada de estrellas
> que también eran dioses, la luna, de la que había caído un
> león, la lisura del mármol bajo las lentas yemas sensibles, el
> sabor de la carne de jabalí, que le gustaba desgarrar con den-
> telladas blancas y bruscas.[143]

Homero, según Borges, no termina de abandonar ese mundo (cuyas formas sensibles la ceguera irá borrando), pero las
historias que ha contado traspasan ese mundo a la literatura
arrancándolo de la inmediatez de la experiencia. La ceguera
de Homero abre la escena de la literatura ("un rumor de gloria y de hexámetros"). El hombre que, como una fiera, desga-
rra la carne con blancos dientes, encontrará un orden. Las guerras de aqueos y troyanos no serán "el sueño de un matrero",
ni la fantasía confusa de un casi primitivo.

Esta es la invención que Borges busca para su literatura (y
que funda la literatura argentina de este siglo). En "La trama",
otro texto de *El Hacedor*, vuelve a escribir el asesinato de Julio César y, enseguida, el de un paisano anónimo como si formaran
parte de una misma configuración de sentidos y de un mismo
pliegue de tiempo. La literatura teje una red donde diferentes
actos de violencia son pensados según un mismo patrón formal:

> Para que su horror sea perfecto, César, acosado al pie de una
> estatua por los impacientes puñales de sus amigos, descubre
> entre las caras y los aceros la de Marco Junio Bruto, su prote-
> gido, acaso su hijo, y ya no se defiende y exclama: *¡Tú también,
> hijo mío!* Shakespeare y Quevedo recogen el patético grito.
> Al destino le agradan las repeticiones, las variantes, las simetrías;
> diecinueve siglos después, en el sur de la provincia de Buenos

[143] "El Hacerdor", *El Hacedor, Obras Completas*, op. cit., p. 781.

Aires, un gaucho es agredido por otros gauchos y, al caer, reconoce a un ahijado suyo y le dice con mansa reconvención y lenta sorpresa (estas palabras hay que oírlas, no leerlas): *Pero, che!* Lo matan y no sabe que muere para que se repita una escena.[144]

La línea queda trazada. Pero no se trata simplemente de tejer una red de historias sino de sostener una legitimidad cultural. Para ello, por supuesto, es necesario que Borges escriba esa frase final ("Pero, che!") que pide más la escucha que la lectura. Esa frase, cuya oralidad es casi antiliteraria y que sólo puede ser dicha en el Río de la Plata, se pone en línea con el clásico *tu quoque*. En esa constelación formal se construye la igualdad en la jerarquía de las invenciones.

Pero hay más que la fascinación de la barbarie. La guerra está en el origen de la nación, unida a los nombres de su propia estirpe (nombres menores, sin duda, que Borges subraya, armando la tradición familiar con recuerdos de batallas secundarias o lugares secundarios en las grandes batallas). Borges mantiene abierto el conflicto que estas posiciones le plantean a la flexión liberal de su pensamiento.

Algunos de sus relatos indican, cifradamente, la ausencia de un orden que se ha fracturado en un pasado remoto, se ha disuelto en la horizontalidad sin cualidades de las democracias de masas, o ha sido liquidado, junto con la tolerancia pluralista, en los regímenes totalitarios.[145] La cuestión del orden preocupa a Borges, que no encuentra, ni en sus ficciones ni en los escenarios políticos contemporáneos, una resolución al conflicto entre república, jerarquía espiritual y moral, y democracia. Este conflicto no existía cuando las sociedades se organizaban según el ethos heroico; tampoco cuando la guerra reordena las jerarquías según líneas que responden al patrón de los ejércitos.

---

[144] "La Trama", *El Hacedor, Obras Completas*, op. cit., p. 781.
[145] Sobre el tema he presentado algunas hipótesis en *Borges, un escritor en las orillas*, op. cit., capítulo VII: "La cuestión política".

Cuando el ethos heroico se debilita y comienza el largo proceso que ha sido pensado como el desplazamiento de las pasiones por los intereses,[146] cuando la paz del comercio se impone sobre la turbulencia de los enfrentamientos, las sociedades pierden en intensidad pasional lo que ganan en riqueza y saber.

Este esquema clásico (que, por supuesto, no describe un proceso histórico sino una idea de movimiento) permite organizar una "historia": las pasiones y las virtudes que se relacionan con ellas (el arrojo y el coraje) pertenecen a un modo pasado, donde la guerra era caótica como el "sueño de un matrero". Las tecnologías bélicas del siglo XX no pertenecen a esta constelación de pasiones y destrezas. El heroísmo intelectual (hecho de deliberación y de cálculo) de Yu Tsun, en "El jardín de los senderos que se bifurcan", se inscribe en un orden de cualidades diferente al del mundo pasional donde la muerte tiene la inmediatez de la pulsión y la intimidad del cuchillo.

La violencia del arma blanca pertenece al heroico mundo pretérito. Borges usa, muchas veces, la palabra "bárbaro" para calificarlo. La "barbarie" (opuesta a los ideales de tolerancia que Borges también respeta) atrae como un centro denso y oscuro, es el tigre que aún sigue vivo. En la dimensión cultural "bárbara", la pasión del miedo es derrotada por el arrojo, el valor, el despliegue de la destreza física. Las pasiones "felices" derrotan a las pasiones "tristes". Las sociedades burguesas invierten este orden (al que juzgan precisamente como desorden) y, suprimiendo la barbarie, también establecen un dominio sobre la violencia de los cuerpos enfrentados en la pelea.[147]

---

[146] Al respecto, el límpido ensayo de Albert Hirschmann, *The Passions and the Interests*, Princeton, Princeton University Press, 1977.

[147] Escribe Marilena Chaui: "Sob o signo da sensatez, os ideais agonísticos —glória, fama, honra, coragem e riqueza— transformam-se em paixoes que a moral (burguesa, para sermos explícitos) sente-se compelida a suprimir e, simultaneamente, conservar" ("Sobre o medo", en Sergio Cardoso y otros, *Os sentidos da Paixao*, San Pablo, Companhia das Letras, 1991, p. 45).

El saber de los cuerpos (del que habló Spinoza), un saber hecho de insistencias y de recuerdos, se despliega, como una virtud, en el mundo bárbaro. Ese saber es una forma de conocimiento irremisiblemente perdida. Borges no la posee; la reconoce en sus mayores, soldados y hombres de campo, y en una categoría particular de personajes: la cautiva (también el cautivo).

Ellos saben con el cuerpo y se mueven por "un ímpetu secreto, un ímpetu más hondo que la razón".[148] Pero no son los únicos que saben: como la cautiva, sabe el guerrero longobardo (un bárbaro) que "en el asedio de Ravena abandonó a los suyos y murió defendiendo la ciudad que antes había atacado". En verdad, el ímpetu que sacude a Droctulft, aunque tan físico e irreprimible como el de la cautiva, tan instalado en el cuerpo, responde sin embargo a un llamado diferente. Droctulft, sin entenderlo, descubrió en la ciudad "una inteligencia inmortal", "un conjunto que es múltiple y sin desorden" (para Borges esta sería precisamente la cualidad de una equilibrada configuración utópica, perseguida vanamente). Somete a ese orden perfecto todo lo que tiene y entrega su cuerpo, en la batalla, a la muerte. Su pasión ignora el miedo, es ímpetu irrefrenable, pero su objeto está hecho de una materia diferente. Su pasión viene de un mundo, el objeto que la despierta pertenece a otro. En cambio, el ímpetu de la cautiva, cuando ve degollar un cordero y se arroja del caballo para beber su sangre, pertenece al mismo orden que los objetos que la retienen en la toldería. No hay fractura cultural entre el ímpetu de la pasión y el objeto que esta desea.

De todos modos, Borges argumenta que tanto Droctulft como la cautiva cambian de bando, ganados por aquello, precisamente, que les es extraño. El ímpetu que los impulsa es poderoso porque está movido hacia lo diferente. Pero Borges

---

[148] "Historia del guerrero y la cautiva", *El Aleph*, *Obras Completas*, op. cit., p. 560.

también argumenta que la fuerza del ímpetu no está en un saber del intelecto sino en lo que no se entiende ni se gobierna: el saber inmediato del cuerpo. En la modernidad, ese ímpetu se ha perdido.

El cautivo, cuya historia Borges cuenta en *El Hacedor*, cuando es conducido a la casa de sus padres, después de años vividos en la toldería, se arroja sobre un recuerdo que no tiene traducción discursiva. Busca y encuentra su cuchillito de asta: "sin vacilar", escribe Borges. Sabe dónde lo escondió en su infancia, aunque la casa en donde lo escondió le resulte completamente extraña ("miró la puerta, como sin entenderla" porque había olvidado esa disposición del espacio que, incluso en el elemental mundo criollo, es una marca de la privacidad impuesta por la cultura). No entiende la casa donde vivió de chico. No sabemos si sabe lo que se arroja a buscar. Sólo sabemos que lo encuentra en un solo movimiento donde no hay deliberación sino impulso. Al recobrar el cuchillito de asta, sin embargo, el cautivo no recuerda el pasado, porque ese objeto no entra a formar parte de una configuración de la memoria. Todo su pasado está en la toldería adonde regresa. El cuchillito encontrado sólo sirve para que otros (que viven en un mundo de signos y recuerdos) comprueben que el cautivo es el hijo perdido. Pero el cautivo ya no es ese. Del mundo donde había nacido y vivido su infancia, sólo le queda ese lugar, el fondo del pozo. Un fondo de pozo, no un recuerdo. Y lo que allí busca no es cualquier objeto, sino un cuchillo, probablemente el único objeto que establece un vínculo entre la toldería y la casa adonde lo han llevado.

Droctulft y estos dos cautivos pampeanos tienen en común que cambiaron de bando fascinados por lo que debía resultarles ajeno. En estas narraciones, la barbarie ejerce tanto magnetismo como Ravena. Allí hay algo que presenta la vida con intensidad, algo que Borges piensa perdido definitivamente, que él ha perdido o no ha tenido nunca:

Vida y muerte le han faltado a mi vida.[149]

Por todo el continente anda mi nombre;
no he vivido. Quisiera ser otro hombre.[150]

Yo, que tantos hombres he sido, no he sido nunca
aquél en cuyo abrazo desfallecía Matilde Urbach.[151]

Lo que queda es, entonces, un ímpetu, un saber del cuerpo que ya no puede recuperarse, un deslumbramiento del bárbaro frente a la perfección latina, del hombre blanco frente a la barbarie, del escritor frente al sujeto pasional. También son estos rastros los que le quedan a la literatura en Argentina. Borges, a quien le gusta pensar que toda la vida de un hombre se resume en un solo momento crucial, donde este se enfrenta con su único acto verdadero, también piensa que toda una literatura se resume en un texto, y, menos que en un texto, en el momento en que ese texto encuentra su perfección, que es un instante, también intenso y probablemente irrepetible. Las batallas de la historia y las palabras escritas por quien creía ser el poeta nacional, Lugones, "son como si no hubiesen sido". Pero queda el momento en que Martín Fierro

alza a un moreno con el cuchillo, lo tira como un saco de huesos, lo ve agonizar y morir, se agacha para limpiar el acero, desata su caballo y monta despacio para que no piensen que huye.[152]

¿Qué queda entonces? Un acto gratuito (la provocación incausada de Fierro al Moreno, hecha de prejuicio, bravucone-

---

[149] Prólogo a *Discusión*, de 1932. *Obras Completas*, op. cit., p. 177.
[150] "Emerson", *El otro, el mismo, Obras Completas*, op. cit., p. 911.
[151] "Le regret d'Héraclite", en "Museo", *El Hacedor, Obras Completas*, op. cit., p. 852.
[152] "Martín Fierro", *El Hacedor, Obras Completas*, op. cit., p. 797.

ría, orgullo borracho); la crueldad con que este acto se realiza
(la imagen con que Hernández presenta el cuerpo herido de
muerte); el cuidado parsimonioso con que se limpia la sangre
del cuchillo porque va a volver a su contacto íntimo y caliente
con el cuerpo de su dueño; el desafío, más importante que el
duelo porque prueba no sólo la ausencia de miedo ante la
muerte sino la distancia indiferente con que se la considera.

Queda un ethos bárbaro, y sin embargo, virtuoso. Sus virtudes son imposibles en el siglo XX y en la ciudad. Sin embargo
sólo en la ciudad del siglo XX pueden ser percibidas. Desde la
cultura urbana, ese mundo bárbaro atrae con ímpetu ciego y
gracia desafiante porque está bien lejos de la autoconciencia
fracturada de la modernidad.[153] Atrae por la pasión con que se
defiende una idea del honor y por la minuciosa atención con
que se cumplen los ritos del *savoir faire* criollo. Las cualidades
necesarias son coraje y estilo, una virtud del temperamento y
una virtud de la forma.[154]

A fines de los años cincuenta, Borges comenzó el estudio del
anglosajón. En *El otro, el mismo*, de 1964, se publican varios poemas que remiten a los ciclos de la épica nórdica. La "Composición escrita en un ejemplar de la gesta de Beowulf" comienza así:

---

[153] Incluso Borges le atribuye uno de los regímenes discursivos que él más valora. La ventaja diferencial del criollo sobre otros pueblos campesinos reside
en que "eran capaces de ironía" ("Los gauchos", *Elogio de la sombra*). *Obras
Completas*, op. cit., p. 1001.

[154] "E justamente porque as paixoes eram muito fortes que os homens convencionaram regras para nao se ofenderem uns aos outros" (Renato Janine
Ribeiro, "A glória", en *Os sentidos da Paixao*, op. cit., p. 111). También puede
pensarse que, aun entregados los individuos a sus pasiones, en las sociedades
donde honor y etiqueta están relacionados, las normas formales encuentran
algún modo de manifestarse. Sarmiento, en su retrato de Facundo Quiroga,
señala justamente que, en el caso del caudillo riojano, la pasión lo dominaba hasta tal punto que las reglas formales desaparecían. Y este es un componente de la monstruosidad animal que Sarmiento le atribuye.

A veces me pregunto qué razones
me mueven a estudiar sin esperanza
de precisión, mientras mi noche avanza,
la lengua de los ásperos sajones.[155]

Cuando por primera vez escribió sobre las kenningar, esas razones, que todavía no lo habían conducido al estudio del anglosajón, tenían que ver con la discusión de los principios formales de la imagen poética. Pero, treinta años después, Borges lee los poemas épicos nórdicos en otra clave, que es más ideológica que formal. Se trata de una literatura de héroes y de batallas, una épica anclada en el mundo de valores que había encontrado en el pasado rioplatense. Mejor dicho, una épica que viene de otro mundo, inconmensurable con el de la llanura pampeana, pero también impulsado por las virtudes que se desplegaban en los más modestos duelos criollos que Borges había reescrito.

A través de los siglos, le llega la voz de Snorri Sturluson. Puede escuchar esa voz, porque la había escuchado antes. Quizá sería más exacto decir que esa voz nórdica es poéticamente audible porque hace eco con la voz surera de la gauchesca y de la épica matrera de las guerras civiles. Sombra y eco, las espadas de la epopeya nórdica reflejan la forma y repiten el sonido metálico de los cuchillos criollos. En los poemas de un ciclo nórdico, publicados en *El otro, el mismo*, Borges nombra la espada (también arma familiar de sus antepasados), que no ofrece la intimidad física del cuchillo, pero que brilla en la "hermosa

---

[155] Incluida en *El otro, el mismo; Obras Completas*, op. cit., p. 902. Véase también "A una espada en York Minster"; "A un poeta sajón"; "Snorri Sturluson". En 1962, en una Postdata a "Las Kenningar", corrige su lectura de la década del treinta (basada en traducciones al inglés moderno), precisando que ha dedicado "dos años al estudio de los textos anglosajones" (*O.C.*, p. 380).

batalla" y prodiga "el oro rojo". Esa épica europea tiene ruido de espadas como los cielitos de Ascasubi y tiene sangre como "La refalosa".

Borges, finalmente un vanguardista, es decir, un escritor que rompe los límites entre las literaturas y desconoce la prelación de las historias literarias, podía leer en los textos más distantes, aparentemente más ajenos, aquello que había leído en los menos prestigiosos poemas del Río de la Plata. En ambas series, encuentra la sombra de su deseo: él, que es un pueblero, alcanza a tocar un mundo más apasionado y brutal, irremediablemente pretérito excepto cuando, como en "El sur", alguien cruza, por alucinación o como resultado de una operación fantástica, la línea que separa el norte del sur, en la misma mitad de la ciudad de Buenos Aires. En ese cuento ("que acaso sea mi mejor cuento"), el paso de una región a otra termina con la muerte.

El mundo donde a un desafío inmotivado se responde con una aceptación resignada, se ha transformado en una alucinación anacrónica. Esa historia clausurada, donde se agitaron las pasiones, atraviesa la obra del escritor más moderno como una hipótesis, una reminiscencia o la predicción de un regreso. El exceso sanguinario de "El otro duelo", con su grotesca carrera de degollados, la duplicación de los gauchos enemigos, y la futilidad de una victoria desconocida por el vencedor, presentan el ápice de un modelo y su *non plus ultra*. Borges no había ido hasta donde llegó en ese cuento de 1970. En el libro donde lo publica revisita otra historia suya, "Hombre de la esquina rosada". A su modo, también "El otro duelo" es un regreso a la serie, pero resulta en ella excepcional y la desborda por el lado de la brutalidad simple y del cinismo primitivo del comandante que organiza el último combate. En este cierre, Borges, no repite.

Cifras

Borges es la excepción. Inesperado y original, durante décadas provocó lecturas en conflicto. Es el escritor refinado que explora una nación bárbara que le permite sostener una versión menor y desplazada de la leyenda heroica. Y escribe esa versión orillera en la inflexión rioplatense con la que el paisano que apuñala a su protector traduce, sin saberlo, el *tu quoque* pronunciado por Julio César al descubrir a Bruto entre sus agresores.

"El otro duelo", publicado casi simultáneamente al secuestro de Aramburu, narra un hecho desmesurado que está a la vez dentro y fuera de la norma de los enfrentamientos criollos del siglo XIX. El secuestro de Aramburu, como se trató de mostrar, es un momento de giro que resuena con los ecos del magnicidio, es decir del suceso único. Los responsables reclamaron el cadáver de Eva Perón, cuyo robo en 1955, un acto también extraordinario, indicó de qué modo el odio mueve a los hombres. De esas coincidencias partió este libro, no para explicarlas, ya que es en vano tratar de explicar una coincidencia, sino para jugar dentro del campo simbólico que marcaban.

La enormidad de lo que se relata en "El otro duelo" es inexplicable. No hay lectura del cuento que pueda reducirla y menos todavía porque no se trata de un texto "primitivo", sino de una narración que exhibe todas las marcas del refinamiento. ¿Por qué Borges, a los setenta años, eligió imaginar o recordar precisamente esa historia? Tampoco es posible encontrar una respuesta sino hipotética (interpretativa) a esta pregunta. Posiblemente porque lo interesante es la pregunta misma, lo interesante es la incongruencia, la inconmensurabilidad del tema y el procedimiento formal, una inconmensurabilidad que recuerda que la literatura puede hacer saber incluso aquello que no sabe del todo.

"El otro duelo" provoca una suerte de desconfianza porque tiene, en la hipérbole de crueldad que pone en escena, algo de intratable, una resistencia a la norma, incluso a todo lo que pueda decirse de la literatura de Borges (incluido lo que se ha tratado de decir acá, naturalmente). Leído desde el mundo de pasiones que Borges imaginó, el cuento culmina y exagera una serie. Como los escritores no son extranjeros al país donde han vivido, Borges, y sobre todo Borges, puede ser una cifra. Sus "argumentos" (no sólo en el sentido de las historias que narra sino en el sentido de la trama que organiza esos hechos imaginados) permiten pensar otros hechos, de la historia o de la literatura. Borges dibuja un campo que no está aislado y su nostalgia de las pasiones es no sólo un tema típico de la modernidad, sino la realización de ese tópico en las condiciones argentinas. Si en un punto "El otro duelo" es ilegible, lo es por el desconcierto que provoca. Tomada seriamente toda resistencia a la interpretación supone una invitación. ¿A qué invita este cuento? Cada uno podrá decirlo. En este caso, se trató de sostener el carácter indómito del relato (su lado bárbaro) y, al mismo tiempo, pensarlo como punto límite en una serie imaginaria, argumental, de escenario y de historia, que ponía de manifiesto el extremo excepcional de las pasiones.

La venganza interesó a Borges tanto como la rivalidad. La venganza demuestra la persistencia del odio que puede correr subterráneamente hasta que llega el momento en que un héroe (una heroína) decide saldar las cuentas impagas. Con la venganza se trata de restablecer un orden moral, en el que cada uno recibe lo que ha merecido de manera directa, personalmente, en un acto de conocimiento y de acción intransferibles. La determinación de la venganza, como en "Emma Zunz", es fría y calculadora; como en "El fin", sabe esperar su momento, no excluye sino que exige el reconocimiento del otro, de aquel sobre el que se ejercerá el acto de venganza. Articulada de modo complejo, la venganza es obsesiva como la rivalidad pero la supera en deliberación y en artificio.

El cuento de 1970 tiene la enormidad de ese otro hecho, el asesinato de Aramburu, tantas veces mencionado, pero que era preciso contar sin perder detalle. Su excepcionalidad no se mitiga porque hubo, después, otros secuestros. Más bien, sigue siendo excepcional por los motivos únicos que movieron a la acción, por el ritual de juicio y venganza que fue su centro y por las consecuencias que desencadenó dentro y fuera del peronismo. El punto resistente y oscuro de este acontecimiento no fue la ideología de sus protagonistas, que pudo parecer un misterio, de breve duración, en 1970, pero que hoy se lee a la luz de la radicalización católica y de la radicalización peronista que, como dos trenes lanzados a toda velocidad, se encontraron en los últimos años de la década del sesenta. El punto oscuro está en el relato de los hechos, relato que parece fiel a su desarrollo, que Firmenich y Arrostito hicieron pocos años después. Extensamente citado, pero no analizado, por quienes han estudiado la época, fue necesario volver a él no simplemente para decir "esto pasó", sino para captar aquello que comunicaba sin proponérselo.

En el relato montonero hay una desmesura y una incongruencia. Cuando se publica por primera vez, incluso en ese momento de intensidad política y de violencia revolucionaria, causaron estupor sus pormenores sórdidos y la franqueza con que se los comunicaba. Se narraba un ajusticiamiento como si se hubiera tratado de un trámite sobre el que simplemente había que tomar algunas precauciones de secreto; se narraba una ejecución como si la condena a muerte fuera un hecho más de una serie que había comenzado con la desaparición del cadáver de Eva Perón y los fusilamientos de junio de 1956. El hecho excepcional obtiene una narración casi banal.

Hay que volver a analizar palabra por palabra ese relato (y eso es lo que se trató de hacer) para encontrar en la naturalidad de su forma un eco de la cultura de una época. Muchos actos de violencia en los años setenta pudieron ser errores estratégicos o tácticas equivocadas, incluso desde la perspectiva de sus protagonistas. En cambio, el secuestro de Aramburu fue completamente exitoso. A muchos en ese momento, el éxito veló la enormidad de la acción que no puede ser medida sólo en la lógica de los enfrentamientos de esos años, sino que tiene un suplemento de sentido.

El cadáver de Eva Perón, cuyo reclamo figura en los comunicados de Montoneros, le da al suceso su dimensión no sólo en las luchas peronistas sino en la leyenda peronista. El secuestro de Aramburu trabajó al mismo tiempo sobre el cuerpo de su víctima y sobre el cuerpo de un mito nacional. Tiene más sentido que una operación política porque comprometía el cuerpo, en sentido literal, del mito. Al reclamar el cadáver de Eva, el hecho actualizaba una historia.

Respecto de ese cuerpo mítico se intentó contestar una pregunta: ¿cómo esa mujer, a la que nada parecía distinguir demasiado, se convirtió en una cifra? Y no se eligió el camino de insistir sobre su excepcionalidad psicológica o moral (sobre la que podría seguir debatiéndose hasta el fin de los tiempos), sino el de buscar la excepcionalidad de su construcción física, material, como la cara emblemática del régimen. La excepcionalidad de Eva Perón respecto de algo. Pero ¿de qué? De una tipología femenina de época: aquello que no la había favorecido demasiado mientras intentó triunfar como actriz; lo que ella tenía de diferente e inasimilable respecto de las "otras" que eran consideradas superiores, justamente eso fue la base de las transformaciones que le dieron su cara y su cuerpo al régimen peronista. Una idea sencilla, que no había sido explorada. La excepción construida desde lo que falta y no desde lo que se tiene. También la belleza de Eva fue extraordinaria, es decir fuera de la norma.

El secuestro de su cadáver toca la sustancia material y simbólica del mito peronista. Cuando los Montoneros reclaman ese cuerpo, en 1970, entienden que sus actos responden a ese sustrato imaginario del peronismo. Llegan desde fuera con la aspiración de colocarse en el centro mismo del movimiento. Al tocar a Aramburu para llegar a Eva, tocan ellos también una cifra.

La pregunta sobre la excepcionalidad de una mujer, Eva Perón, de un acontecimiento, el asesinato de Aramburu, y de unos textos de Borges, leídos en el mismo momento en que se desarrollaban otros hechos decisivos, tuvo, como se dijo al comienzo, un origen biográfico. Estas páginas trataron, al mismo tiempo, de pagar esa deuda y de olvidarla, aunque olvidarla, después de todo, sea tan difícil como acertar con el sentido de estas cifras.

Hipotextos

hipertextos

Otra lectura de "Evita Perón". Mi lectura es la opuesta a la de Jorge Monteleone en "Ser Evita (lectura de *Eva Perón* de Copi)", cuando escribe: "No es la Evita santificada y pasiva del cincuenta y dos la que se halla presente en la representación de Copi, sino el cadáver maquillado que en su ausencia afirma la muerte como signo activo de una acción vital. Debería pensarse en ese núcleo histórico e imaginario de 1969/1970 para comprender el gesto de la pieza teatral de Copi, que explora el mito de Eva y expone una violencia metafórica que no elude su virulencia política". No cabe duda de que el texto de Copi es violento, pero la metáfora no trabaja con los materiales de la Eva política revolucionaria, sino con los de una Eva juzgada y calificada por los antiperonistas de 1952 (ellos sí virulentos), que se escandalizaron con las honras fúnebres y las consideraron un capítulo más de la humillación que el peronismo infligía a las tradiciones republicanas, después de haberle infligido la de una mujer "de mala vida" con mando absoluto en la casa de gobierno. Incluso la imagen de un Perón con migraña, enfermedad femenina, coincide con las habladurías gorilas acerca de la cobardía de Perón y de que era Eva quien, como dama del látigo, tomaba las resoluciones consideradas más extremas. En la versión sesentista y setentista de la pareja, Perón no era un audaz (mientras que sí lo era Eva) pero su morosidad tenía que ver con el carácter estratégico de la dirección que ejercía sobre el movimiento. Sin duda, la oposición Perón/Eva que estaba presente en el antiperonismo anterior a 1955, sobrevivió transformada en el peronismo nuevo de los radicalizados, pero la obra de Copi evoca más bien los discursos antiperonistas que los de la radicalización peronista. Copi trabajaría con esos discursos de infancia y, naturalmente, les hace dar un giro paródico, pero no para el lado de la revolución política sino hacia el lado de un populismo negro que dice: pues bien, en la Rosada hay una puta vestida por Dior ¿y qué? Monteleone señala, y en esto coincide con el estudio de César Aira sobre Copi, que el travestismo es un rasgo del personaje de la obra. Es precisamente desde ese rasgo que Copi no tiene problemas en presentar a Eva como una puta vestida de señora, travestida en inclemente y poderosa, aunque también (como un travesti pobre) victimizada por Perón. Atribuir a Copi una virulencia política en línea con las ideologías setentistas es colocarlo en un lugar donde él no se coloca. Su virulencia es de otra índole. Monteleone observa bien que Copi se vale de la "mitologización antiperonista". Pero creo que se equivoca cuando afirma que también se vale de la mitologización peronista. Monteleone dice, con razón, que "se trata de una representación crítica de una imagen mitificada", pero la imagen mitificada no es la del "peronismo oficial" sino la del antiperonismo. En este sentido, la obra de Copi tiene una especie de frenesí isabelino que culmina en el asesinato de la enfermera que cuida a Evita.

Pasión y conocimiento. Remo Bodei critica una tradición filosófica que opone, de modo irreconciliable, pasión y razón, e instala a la pasión en una secuencia de enajenación, locura temporaria o enceguecimiento. Por el contrario, "nada impide pensar las 'pasiones' (emociones, sentimientos, deseos) como estados que no se añaden del exterior a un grado cero de la conciencia indiferente, para enturbiarla y confundirla, sino que son constitutivos de la tonalidad de cualquier modo de ser físico y hasta de toda orientación cognitiva. ¿Por qué no concebirlas, pues, como formas de comunicación tonalmente 'acentuada', lenguajes mímicos o actos expresivos que elaboran y transmiten, al mismo tiempo, mensajes vectorialmente orientados, modulados, articulados y graduables en la dirección y en la intensidad. Las pasiones preparan, conservan, memorizan, reelaboran y presentan los 'significados reactivos' más directamente atribuidos a personas, cosas y acontecimientos por los sujetos que los experimentan [...] De la eventual verificación de una semejante hipótesis podrían desprenderse algunas importantes consecuencias. Se debilitaría, en particular, la idea de una energía íntimamente opaca e inculta para someter y disciplinar. La pasión aparecería de esta manera como la sombra de la razón misma, como una construcción de sentido y una actitud ya íntimamente revestida de una propia inteligencia y cultura, fruto de elaboraciones milenarias, mientras la razón se manifestaría a su vez 'apasionada', selectiva y parcial, cómplice de aquellas mismas pasiones que dice combatir. Se descubriría así lo inadecuado del concepto de pasión entendida como mero enceguecimiento" (*Geometría de las pasiones; miedo, esperanza, felicidad: filosofía y uso político*, México, Fondo de Cultura Económica, 1995, p. 10). Y poco más adelante: "Conocer las pasiones no sería otra cosa que analizar la razón misma a 'contrapelo', iluminándola con su misma presunta sombra" (p. 11). Bodei, siguiendo a Spinoza, afirma que los afectos, cuando se vuelven comprensibles, cuando pierden su subordinación sufriente y su pathos frente a aquello exterior que los provoca, son el camino que conduce al conocimiento más elevado, el *amor intellectualis*. En su exposición sobre Spinoza, Susan James afirma: "Nuestras afecciones son, como su nombre lo implica, ideas sobre el modo en que las cosas nos afectan, y presuponen nuestra capacidad para reaccionar ante ellas. [...] De acuerdo con Spinoza, las reacciones que son nuestras pasiones, ponen de manifiesto la lucha para perseverar en nuestro ser, que es nuestra esencia" (*Passion and Action; the Emotions in Seventeenth-Century Philosophy*, Oxford, Clarendon Press, 1999, p. 146, trad. BS). De este modo, el *conatus*, o persistencia en el ser, define el nexo de las afecciones con la identidad y la conciencia, constituyendo el escalón primordial del conocimiento al establecer una relación entre el sujeto y aquello exterior a él que lo conmueve.

Gasto. Un poema cualquiera, olvidado con la piedad de la justicia estética, un poema largo, especie de epopeya evitista escrito por un español de nombre curioso, Eutiquio Aragonés, periodista, conferencista, director de revistas en Madrid, plumífero en Buenos Aires, se llama "El manantial de la prisa", título ridículo que trasmite, sin embargo, esta cualidad de la pasión de Eva:

> Tanto vuela su prisa, que consume
> la antorcha en que se abrasa su perfume
> luminoso de gracias celestiales.

> [El manantial de la prisa]
> corre por todos los cauces

sin reposo, noche y día;
corta todos los senderos;
arrasa lodos y espinas;
sube, se remonta, asciende
como una fuerza inaudita
y una gracia y un fervor
de dulzura y fiebre místicas,
que contagia y arrebata,
que derrota y clarifica.

(Eutiquio Aragonés, *El manantial de la prisa; poema épico-lírico a Eva Perón*, Buenos Aires, Alrededor de América, 1954, segunda edición, pp. 11 y 75).

Aragonés insiste, después de la muerte de Eva, con su poema "La noche trágica", donde la compara con un "jazmín de fuego": exactamente, una flor que se consume, cuya original belleza es la de la unión de vida y muerte que el fuego evoca. Esta imagen se duplica en el "hilillo de sangre transparente que en la blancura de la nieve asoma". Lo de Aragonés no es sino un ejemplo de una vasta literatura celebratoria que encontró también sus autores, menos rebuscados, en quienes escribían libros de lectura para la escuela. Pero no sólo la literatura celebratoria señaló este rasgo. En *El libro negro de la segunda tiranía*, se lee: "Ella recibía ideas, pero ponía pasión y coraje. El dictador simulaba muchas cosas; ella casi ninguna. Era una fierecilla indomable, agresiva, espontánea, tal vez poco femenina [...] Su misión no era la de persuadir sino la de promover la acción, de encender las pasiones, de disponer las venganzas" (cit. por Marysa Navarro, "La Mujer Maravilla ha sido siempre argentina y su verdadero nombre es Evita", en Marysa Navarro (comp.), *Evita. Mitos y representaciones*, Buenos Aires, FCE, 2002, p. 27).

Absoluta pasión y fanatismo. "Las pasiones están en el espacio que una civilización deja abierto entre su noción de locura y su noción de ironía", escribe Philip Fisher (*The Vehement Passions*, Princeton y Oxford, Princeton University Press, 2002, p. 47). Y continúa: "Las pasiones instalan una sola realidad en su estado de más alta energía". Por eso, las pasiones no pueden ser conservadoras, en el sentido en que no permiten al sujeto reflexionar sobre el equilibrio entre presente y futuro, es decir, entre sus acciones y las consecuencias. En este punto, las pasiones se oponen a una ética de la responsabilidad, tal como la definió Max Weber. "Nada es puesto en reserva. Tanto como el futuro se desvanece el sujeto calculador… La prudencia, como la moderación en Aristóteles, es una tecnología íntima que ofrece el negativo fotográfico de las mismas pasiones que debería gobernar" (p. 48). La experiencia del tiempo en el sujeto apasionado obliga a una "identificación total del ser con su estado momentáneo… Se toman decisiones y se dan pasos como si este estado fuera el ser mismo del sujeto" (p. 44). Frente al paradigma moderno de un sujeto fracturado, la pasión instala su paradigma de sujeto indivisible. Tanto uno como otro modelo coexisten en una lucha de tipologías en la cual la ironía (que se sitúa en el extremo opuesto a la pasión) marca la división interna del sujeto, la ambivalencia de su autoconciencia. El fanatismo expulsa esta dimensión de la autoconciencia irónica. En el caso del fanatismo (como de otras pasiones), las emociones y sentimientos, que pertenecerían al universo cotidiano del sujeto, se aplanan por el imperio del sentimiento único que llamamos pasión. "Las emociones y sentimientos son categorías que dan absoluta prioridad al mundo cotidiano, como todas las categorías de las clases medias. Allí reside su fuerza. Tales categorías custodian lo ordinario y preservan sus diferentes reclamos. Son condiciones democratizadas y heterogéneas de una vida interior que es tolerante hacia los otros y sus diferentes vidas. Ser tolerante ante los sentimientos de los otros es un rasgo esencial de la fuerza moderada de las emociones y sentimientos. Las pasiones, por el contrario, son intolerantes ante el estado de los otros e incluso ante las consecuencias que las pasiones del yo pueden provocar a esos otros" (pp. 45-6). Más allá de una discusión, irrelevante, sobre la justificación política del fanatismo, lo que se quiere mostrar acá es el nexo entre indivisibilidad del sujeto, ausencia de la forma irónica de la autoconciencia y pasión dominante. El sujeto misional (Eva) *debe* ser fanático porque necesita de una pasión que componga toda posible fractura por ironía, distanciamiento o autorreflexividad; y que, al mismo tiempo, haga una virtud de la ausencia de prudencia.

Virtud y jacobinismo. Remo Bodei, en referencia al Terror, presenta reflexiones que desbordan el marco histórico para convertirse (como de hecho ha sido desbordado cada capítulo de la Revolución francesa) en "modelo" que especifica las relaciones discursivas y morales entre virtud y fervor revolucionario. Bodei afirma que los jacobinos (una tipología tanto como un actor histórico) escindieron el concepto de "virtud" de su relación con lo que Maquiavelo llamaba la "fortuna" del político. Autonomizada de este modo, la virtud se mueve con la seguridad de que todos los obstáculos pueden ser desbaratados por la misma legitimidad moral-política que esta virtud reclama para sí. El círculo de la virtud jacobina es, naturalmente, inconmovible: "Sólo la 'virtud' es un criterio adecuado para reconocer el bien, para distinguir a los amigos de los enemigos, para elevar un templo a la libertad o para utilizar el terror en función del rescate de un pueblo" (*Geometría de las pasiones; miedo, esperanza, felicidad: filosofía y uso político*, op. cit., p. 366). Hay un nexo entre la virtud y el ejercicio de un poder sin limitaciones que le adjudica a la virtud su autoridad para denunciar, repeler o reprimir a quien se le oponga: "Terror y virtud son inseparables, pero deben expresarse y contenerse recíprocamente: 'La virtud, sin la cual el terror es funesto, el terror, sin el cual la virtud es impotente' [Robespierre]. El proyecto jacobino articula la voz del miedo, en prioridad muda o aullante, y provee a una razón antes discursiva o sólo verbalmente agresiva, el tono cortante y amenazador de un poder efectivo que sigue a una rudimental organización 'científica' del miedo, utilizando los *rumores* y las habladurías populares para alimentar procesos de cambio. La razón utiliza con tal fin un nuevo modelo de despotismo teológico-político, que vuelve a acercar Estado e Iglesia, de modo que la fe en la patria y en las instituciones se una a aquella en el Ser supremo y en la inmortalidad del alma para generar obediencia, disciplina tendiente a la emancipación y no a la esclavitud" (Bodei, op. cit., pp. 364-5). El fanatismo es el tono político de la virtud emancipada de toda otra consideración.

Legislación de los medios de radiodifusión. La revolución de junio de 1943 se ocupó inmediatamente de los medios de comunicación, centrando sus preocupaciones en el más extenso y popular, la radio. En agosto, se promulgó una nueva reglamentación del broadcasting, detallada e intervencionista, que incluía prohibiciones absurdas, como la de la presencia de público en las emisiones. Esta limitación fue rápidamente derogada, entre otras razones porque ese público, que llenaba los estudios y hacía largas colas para conseguir las entradas que daban acceso a las emisiones, formaba parte de la estrategia propagandística de las radios y de sus avisadores. De esa normativa, se conservó el espíritu pedagógico que sostenía la necesidad de mayor número de programas con temas nacionales, la obligatoriedad por parte de cada emisora de poner en el aire media hora diaria destinada a difundir conocimientos sobre la historia y la geografía argentinas; cierta limitación a la difusión de "cuestiones baladíes" sobre la vida de los artistas, y una cuota máxima de música grabada, para asegurar el empleo de los músicos y cantantes en vivo. A las indicaciones sobre la necesidad de presentar contenidos históricos nacionales responden varias radionovelas de la época, entre ellas algunas en las que participó Eva Duarte. La indicación que buscaba la elevación del gusto popular también encontró respuesta en las radionovelas de tema histórico "universal", escritas por quienes luego serían *ghost writers* del aparato propagandístico peronista (como Muñoz Aspiri). Bien conocida es la vocación de purismo lingüístico que prohibía los "rellenos en los que se desfigure el idioma nacional" y los números cómicos basados en el "remedo de otros idiomas" (texto completo en *Radiolandia*, número 803, 7 de agosto de 1943). Esta última indicación, como sucedió con algunas de las políticas culturales del peronismo, desconoce la vitalidad de la mezcla lingüística que, en el teatro porteño y en los números de "variedades" de la revista teatral, no tuvo sólo funciones paródicas. La normativa de 1943 también da respuesta a reivindicaciones presentadas desde comienzos de la década por la Asociación Argentina de Artistas de Radio, presidida por quien será un amigo del régimen de junio, de Perón y de Eva: Francisco Lomuto. La Asociación había reclamado el establecimiento de un límite a la actuación radial de artistas extranjeros (que visitaban Buenos Aires con mucha frecuencia o eran parte de la industria cultural local, como en el caso de los españoles) y la reglamentación de los contratos de trabajo de modo que aseguraran un mínimo de tres meses corridos, para que el salario de los actores, sobre todo los de reparto, no dependiera del éxito de las producciones radiales y teatrales (*Sintonía*, número 385, 13 de noviembre de 1940).

El cuerpo del rey. Kantorowicz (*Los dos cuerpos del rey*; Madrid, Alianza) cita al Anónimo normando, tratadista de comienzos del siglo XII: "Debemos por tanto reconocer [en el rey] una *persona geminada*, una

proveniente de la naturaleza geminada, y otra de la gracia... Una por
la cual, en virtud de la naturaleza, se asemejaba a los otros hombres;
y otra por la cual, en virtud de la eminencia de [su] deificación y por
el poder del sacramento [de la consagración], superaba a todos los
demás. En lo que concierne a una de las personalidades, era, por naturaleza, un hombre individual, en lo que concierne a su otra personalidad, era, por la gracia, un *Christus*, esto es, un Dios hombre" (p.
57). Esta teoría filosófico-jurídico-mística de la realeza encuentra, en
el discurso jurídico de la Inglaterra de los Tudor, varios desarrollos y
"aplicaciones". En efecto, los juristas reales, en los primeros años del
reinado de Isabel I, discutiendo casos concretos donde el monarca
había actuado, adquirido o cedido posesiones, casos para los cuales
era preciso definir qué unía o qué escindía esos actos y la capacidad
para realizarlos, postularon la unidad "indivisible" de los dos cuerpos
del rey, unidad forjada, según lo expone Kantorowicz, por "fuerzas
misteriosas que actúan sobre el cuerpo natural mitigando, e incluso
eliminando, todas las imperfecciones de la frágil naturaleza humana"
(p. 21). En el caso Willion v. Berkley, los juristas establecieron: "El rey
tiene dos Capacidades, puesto que tiene dos Cuerpos, uno de los cuales es un Cuerpo natural compuesto de Miembros naturales como el
de cualquier otro Hombre; el otro es un Cuerpo político, cuyos Miembros son sus Súbditos, y la reunión de él y estos forman la Corpora-
ción, como dijo Southcote, de forma que él se halla incorporado con
ellos, y ellos con él, siendo él la Cabeza y ellos los Miembros, y él tiene la absoluta facultad de Gobierno sobre ellos, y este cuerpo no está expuesto a las Pasiones como el otro, ni a la Muerte, pues en lo que
se refiere a este Cuerpo, el Rey nunca muere, y su muerte natural no
se llama en nuestro Derecho (como Harper dijo) la Muerte del Rey,
sino la Sucesión [Demise] del Rey, Palabra [Demise] que no significa que el Cuerpo político del Rey esté muerto, sino que se ha producido la separación de los dos Cuerpos" (Plowden, *Reports*, cit. por Kantorowicz, p. 25). Lo que los juristas isabelinos dirimen para, a su vez,
laudar en casos judiciarios concretos, tiene un linaje que se remonta
no sólo al Anónimo normando del siglo XII sino a la teología cristiana. El cuerpo místico de Cristo (la Eucaristía) era, con toda evidencia, una doble materia en la que la sustancia terrenal contenía y se ge-
minaba en el cuerpo presente divino. Esa noción fundadora trasmigra
a la teoría jurídico-religiosa sobre la Iglesia, cuyas distintas líneas Kan-

torowicz expone concluyendo: "Finalmente, en esa nueva afirmación de los 'Dos Cuerpos del Señor' —en los cuerpos natural y místico, personal y corporativo, individual y colectivo— es donde parece que se encuentra el precedente concreto de los 'Dos Cuerpos del Rey'" (p. 193). En el transcurso de cien años, el concepto comenzó a secularizarse (incluso desde la misma perspectiva eclesial que lo utilizó para pensarse como cuerpo institucional) y en el siglo XIII "Vicente de Beauvais, para designar el cuerpo político del Estado utilizó el término *corpus republicae mysticum*... Se trataba de un evidente caso de aproximación de nociones eclesiásticas, y la transferencia al estado secular de una serie de valores sobrenaturales y trascendentes que normalmente pertenecían a la Iglesia. La intención de ensalzar al estado por encima de su existencia meramente física, y hacerlo trascendente..." (p. 202). La idea extensiva de "cuerpo místico del estado" también fue trasladada a la del Pueblo organizado, la *multitudo ordinata*. A partir de las indicaciones de Kantorowicz, lo que se propone esta lectura del cuerpo de Eva es implicarlo en una secuencia filosófico-religioso-política cuyos términos serían: cuerpo místico, cuerpo eclesial, cuerpo de la república, cuerpo del rey (y sus correspondientes duplicidades). La importancia fundamental adjudicada al cuerpo vivo y al cadáver de Eva se inscriben en este registro simbólico.

Lo sublime. En la *Crítica del juicio*, Kant sostiene que lo bello es siempre una cuestión de forma, mientras que lo sublime puede encontrarse en un objeto despojado de forma pero que comunique la expresión de lo ilimitado. Podría decirse que lo sublime se vuelve pasional. En *Lo bello y lo sublime*, Kant afirma que, en la exageración de las pasiones correspondientes a cada uno de los temperamentos, se establece lo sublime; y que ciertos temperamentos están más preparados para "las conmociones de lo sublime" que para el "inquieto encanto de lo bello". La *Analítica de lo sublime* establece que el placer producido por lo sublime merece el nombre de "placer negativo", porque se impone a nuestros sentidos como forma que desafía nuestra posibilidad de juzgarla, como si fuera "una exageración de la imaginación". Frente a lo bello, la mente descansa contemplativa; frente a lo sublime, es convulsionada por un movimiento, una "afección dinámica de la imaginación". Lo sublime radica en este desborde. Para Kant, lo matemático sublime tiene una grandeza *absoluta, que no se somete a comparación*: es una grandeza que no puede medirse con otra grandeza, que no admite criterios exteriores a ella misma. Pero tales objetos no se encuentran en propiedad en la naturaleza (aunque, para Kant, a diferencia de Burke, lo sublime sólo puede sostenerse en la naturaleza) porque lo sublime es un estado, una disposición del sujeto para experimentarlo: no son las montañas gigantescas, coronadas por el hielo, ni el mar embravecido, sino su contemplación la que puede llamarse sublime, como cualidad de una experiencia que sobrepasa la imaginación. La imaginación adivina que está cerca de un abismo que no puede conocer. Por eso, la experiencia de lo sublime, que está lejos del reposo que produce la percepción de lo bello, es comparada por Kant con una "vibración", en la que se suceden la atracción y el horror. La agitación del sujeto que se somete (o está sometido) a una experiencia de lo sublime (agitación que sólo disminuye cuando se siente a salvo de aquello que contempla) contribuyó, desde el siglo XIX, a un modelo pasional. Aunque sus reflexiones difieran de Kant en cuanto a los objetos que están en posición de provocar esa experiencia, también Edmund Burke subraya la cualidad pasional de lo sublime y, en consecuencia, de las potencias con las que este se enfrenta: Burke, afirma Peter de Bolla, "nombra el poder como el *primum mobile* de lo sublime"*(The Discourse of the Sublime*, Londres, Basil Blackwell, 1989, pp. 67-8). Por eso, escribe Burke, lo sublime debe capturar la mente, "suspender los movimientos del alma de modo que esté completamente ocupada por su objeto, no pueda concebir otro, ni razonar sobre ese mismo objeto que la ocupa. De aquí sale el gran poder de lo sublime". A pesar de las discrepancias entre Kant y Burke, en ambos la experiencia de lo sublime evoca y recurre tanto al lenguaje de las pasiones como al que muestra la captación del sujeto por una potencia que este no puede medir ni evaluar; y en ambos, el vocabulario de lo sublime se toca con el del terror.

Vituperio. Andrés Avellaneda propone una lectura algo distinta de este cuento, al que llama "breve vituperio", contraponiendo la representación del velorio por Borges con "los muchos velorios que hicieron las clases populares en 1952". Más allá del indiscutible antiperonismo de Borges, "El simulacro" no presenta solamente "una farsa", sino que registra una ambivalencia. La impostura no es sólo una impostura, la imitación desborda la indigencia de la representación para inscribirse en un círculo mágico de representación. Avellaneda afirma: "El funeral es aquí una farsa donde todo está falsificado". Me inclino a leer otra cosa: si hubo funerales como el de "El simulacro" en 1952 en las provincias argentinas, quienes los visitaron sabían, tanto como Borges, que no se velaba allí el cuerpo verdadero de nadie. Entonces, el velorio de "El simulacro" es tan farsesco como los velorios populares, o ninguno lo es. Avellaneda también afirma que cuando Borges escribe "El enlutado no era Perón y la muñeca rubia no era la mujer Eva Duarte" porque "tampoco Perón era Perón ni Eva era Eva", Borges "cierra la curva de sentido: el funeral no existe porque tampoco existió Evita (doblemente negada en el texto al ser Eva Duarte y no Eva Perón)". En este punto también debo anotar una diferencia con esta lectura: el tema filosófico de que un hombre (o mujer) no es, desde otra perspectiva, quien se cree que es, o quien él mismo cree, el tema de que alguien es otro, no lo inventa Borges para el "El simulacro". No es una negación de identidad dedicada a Eva ni a Perón, sino a un conjunto más vasto. La mención del apellido Duarte, en cambio, va en la dirección que señala Avellaneda: se trata de una sospecha y de una injuria sobre la legalidad del vínculo que unía a Eva con su esposo. (Véase: Andrés Avellaneda, "Evita: cuerpo y cadáver de la literatura", en Marysa Navarro (comp.), *Evita. Mitos y representaciones*, Buenos Aires, FCE, 2002, pp. 123-4; se trata, por lo demás, de un estudio abarcativo e inteligente de un corpus de literatura culta.)

Otra interpretación de "El simulacro" es la de Paola Cortés Rocca y Martín Kohan (*Imágenes de vida, relatos de muerte. Eva Perón: cuerpo y política*, Rosario, Beatriz Viterbo, 1998, pp. 73-4). Coinciden con Avellaneda en el término "farsa"; pero interpretan semiológicamente la palabra "simulacro". Borges habría utilizado esa palabra, en lugar de "representación", para subrayar una definición à la Baudrillard de lo que sucedía en el falso velorio. En efecto, Kohan y Cortés Rocca piensan que la palabra "simulacro", en el cuento, hace colapsar la distinción entre "real" y "apariencial", entre "ser" y "representar". De este modo, el patetismo grotesco del cuento queda borrado por la categoría semiológica y, naturalmente, se pierde la ambivalencia de la situación. Lo que es lenguaje figurado es interpretado como lengua

teórica. Generalizando afirman: "...no sólo la escena en el rancho cha-
queño —que, por otra parte, se multiplica en todo el país—, sino la
realidad misma, la realidad política argentina misma, se revela como
irrealidad y como farsa". De nuevo acá, al atenerse a la idea de indistinción de lo real y las apariencias, Kohan y Cortés Rocca pasan por
alto que, en la época, se calificaba como farsa y comedia los usos y costumbres del peronismo, sin creer que el régimen era por eso menos
materialmente existente, ni mucho menos pensar que esas palabras
arrojaban al peronismo hacia la "irrealidad". Hubiera sido el deseo
de la oposición, por supuesto, pero carecían de una confianza tan absoluta en los efectos de su propio discurso.

Spinoza. A propósito de lo que puede un cuerpo: "Y el hecho es que nadie, hasta ahora, ha determinado lo que puede el cuerpo, es decir, a nadie ha enseñado la experiencia, hasta ahora, qué es lo que puede hacer
el cuerpo en virtud de las solas leyes de su naturaleza, considerada como puramente corpórea, y qué es lo que no puede hacer salvo que el
alma lo determine. Pues nadie hasta ahora ha conocido la fábrica del
cuerpo de un modo suficientemente preciso como para poder explicar
todas sus funciones, por no hablar ahora de que en los animales se ob-
servan muchas cosas que exceden con largueza la humana sagacidad, y
de que los sonámbulos hacen en sueños muchísimas cosas que no osa-
rían hacer despiertos; ello basta para mostrar que el cuerpo, en virtud
de las solas leyes de su naturaleza, puede hacer muchas cosas que resul-
tan asombrosas a su propia alma. Además, nadie sabe de qué modo ni
con qué medios el alma mueve al cuerpo, ni cuántos grados de movimiento puede imprimirle, ni con qué rapidez puede moverlo. De donde se sigue que cuando los hombres dicen que tal o cual acción del cuerpo proviene del alma, por tener ésta imperio sobre el cuerpo, no saben
lo que dicen [...] Ya he demostrado que ellos ignoran lo que puede el
cuerpo, o lo que puede deducirse de la sola consideración de su naturaleza" (Spinoza, *Ética demostrada según el orden geométrico*, Madrid, Orbis,
1980. III, 2). Escribe Deleuze: "Una de las tesis teóricas más célebres de
Spinoza se conoce con el nombre de *paralelismo*: ella no consiste solamente en la negación de toda relación de causalidad real entre el espíritu y el cuerpo, sino que también rechaza toda preeminencia de uno
sobre el otro. Si Spinoza refuta toda superioridad del alma sobre el cuer-

po, no lo hace para instaurar una superioridad del cuerpo sobre el alma, que tampoco sería inteligible. La significación práctica del paralelismo aparece en la inversión del principio tradicional sobre el cual se fundaba la Moral como empresa de dominación de las pasiones por parte de la conciencia: cuando el cuerpo actuaba, el alma padecía, se dijo, y el alma no actuaba sin que el cuerpo padeciera a su vez (regla de la relación inversa, cf. Descartes, *Traité des passions*, artículos 1 y 2). Según la *Ética*, al contrario, lo que es acción en el alma es también necesariamente pasión en el cuerpo. No hay preeminencia de una serie sobre la otra. ¿Qué quiere decir Spinoza cuando nos invita a tomar el cuerpo como modelo? Se trata de mostrar que el cuerpo supera el conocimiento que se tiene de él, *y que el pensamiento también supera la conciencia que se tenga*. No hay menos cosas en el espíritu que superen nuestra conciencia que las cosas que en el cuerpo superan nuestro conocimiento". (Gilles Deleuze, *Spinoza; Philosophie pratique*, París, Minuit, 1981, pp. 28-9; trad. BS.)

Anacronismo. En *Devant le temps; histoire de l'art et anachronisme des images* (París, Minuit, 2000), Georges Didi-Huberman diferencia el "anacronismo trivial", del anacronismo legítimo e, incluso, necesario. Los objetos (en su ejemplo, el fresco de la Madonna de las Sombras, en el convento de San Marcos, Florencia), considerados en la larga duración son "un ensamblaje de anacronismos sutiles, fibras de tiempo entremezcladas, campo arqueológico a descifrar" (p. 36). Siguiendo a J. Rancière ("Le concept d'anachronisme et la vérité de l'historien", *L'Inactuel*, número 6, 1996), Didi-Huberman sugiere que estos objetos nos colocan frente a un tiempo que desborda los marcos de una cronología: "Ese tiempo, que no es *exactamente el pasado,* tiene un nombre: es la *memoria* [...] que humaniza y configura el tiempo, entrelaza sus fibras, asegura las transmisiones, y se condena a una esencial impureza [...] La memoria es *psíquica* en su proceso, *anacrónica* en sus efectos de montaje, de reconstrucción o de 'decantación' del tiempo. No puede aceptarse la dimensión memorativa de la historia sin aceptar, junto a ella, su anclaje en el inconsciente y su dimensión anacrónica" (p. 37). El argumento de Didi-Huberman es convincente cuando se trata de examinar el modo según el cual la interpretación presente se construye, de modo inevitable (y, en consecuencia, lo mejor es que lo sea de manera explícita), con capas de sentidos y de experiencia que son posteriores a los hechos o a los objetos. El caso que él presenta es el de un panel "abstracto" del fresco de Fra Angelico, cuya visión actual no puede prescindir de lo que vino siglos después en la historia del arte, es decir la no figuración. Didi-Huberman no propone, por cierto, ninguna hipótesis extravagante sobre las tendencias abstractas de Fra Angelico; sólo dice que su visión no puede prescindir de ellas. El panel había resultado invisible a los historiadores del arte, hasta que el tiempo mixto y conflictivo de una visión anacrónica vuelve a hacerlo visible para Didi-Huberman. Siguiendo a Walter Benjamin, afirma: "En esta operación se consuma finalmente la ruina del positivismo histórico: los 'hechos' (*die Fakten*) del pasado no son cosas inertes que se encuentran, se las aísla y luego se las captura en un relato causal, lo que Benjamin considera como un mito epistemológico. [...] La 'revolución copernicana' de la historia habría consistido, con Benjamin, en desplazarse del punto de vista del *pasado como hecho objetivo* al del *pasado como hecho de memoria*, es decir como hecho en movimiento, hecho psíquico tanto como material. La novedad radical de esta concepción —y de esta práctica— de la historia, es que parte, no de los hechos pasados "mismos", una ilusión teórica, sino del movimiento que los recuerda y los construye en el saber presente del historiador. No hay historia sin teoría de la memoria" (p. 103). Frente a estos argumentos, entonces, ¿por qué renunciar, en este trabajo, a las recopilaciones memorialísticas producidas con técnicas etnográficas? Varias razones: en primer lugar, porque el tiempo transcurrido entre el asesinato de Aramburu y esos relatos es *demasiado corto* como para producir los efectos interpretativos de un anacronismo productivo. Quienes recuerdan son actores intelectuales o políticos (cuadros o militantes) que, con todo derecho, juegan sus recuerdos en la arena del presente. Sería necesario examinar esos recuerdos con la óptica de una intencionalidad que, a todo efecto, resulta poco interesante excepto para el debate ideológico y político. En segundo lugar, porque esa materia memorialística está ella misma fuertemente volcada a una interpretación de la historia (el caso más evidente es el de Miguel Bonasso, pero, por cierto, no es el único ni, quizás, el más intenso); esos relatos ya han practicado todas las estrategias del anacronismo. En tercer lugar, porque la respuesta que busco tiene pistas en discursos contemporáneos al hecho, extremadamente locuaces, que es necesario "redimir" de una relativa oscuridad producida por los discursos presentes sobre la violencia revolucionaria de los años setenta. Saber cómo pensaban los Montoneros en 1970 y no cómo los ex Montoneros cuentan hoy que pensaban y vivían entonces, lejos de parecerme una operación reificante guiada por un "mito epistemológico", es una ambición, quizá de cumplimiento imposible, pero adecuada a una idea de la historia que no expulsa la subjetividad ni la memoria sino que obedece a su impulso aunque no confíe en que la "verdad" resulte de esclavizarse a esos límites. Después de todo, la pregunta ¿por qué festejamos el asesinato de Aramburu? tiene mucho de anacronismo en la palabra "asesinato", que no estaba presente en el festejo de 1970. Esa palabra, "asesinato", es como la no figuración que permite ver el panel abstracto que Fra Angelico pintó en su fresco de la Madonna de las Sombras.

La narración del hecho. Los diarios, por supuesto, hicieron, día a día, la narración del hecho. Si se sigue *La Nación* o *Crónica* (para mencionar dos polos del periodismo de la época), lo primero que salta a la vista es el desconcierto. No se entendía lo que estaba pasando. Una revista como *Gente* reconstruyó lo sucedido dentro del departamento de Aramburu, sobre la base de las declaraciones de su esposa Sara Herrera, con la técnica de la historieta, como si una puesta en secuencia gráfica fuera el anclaje de sentido que escapaba todo el tiempo. Los amigos de Aramburu, el grupo más recalcitrante y gorila de la Revolución Libertadora, colaboraron activamente con sus hipótesis conspirativas para aumentar la confusión: "El doctor Silvano Santander afirmó que 'desde anteayer [27 de mayo] circulaban versiones de que iban a detener a militares. Hace dos días concurrí al departamento de Aramburu a quien informé de esta versión'... Aramburu —dijo— está enfrentado con el gobierno que es el único que puede favorecerse con este secuestro. Es posible que este secuestro haya sido planeado para distraer la atención pública. Sindico como responsables a una agrupación integrada por nazis, peronistas y tacuaras" (*La Nación*, 30 de mayo 1970). Evidentemente, un liberal de derecha como Santander no vaciló en la caracterización del peronismo como un magma formado por el barro del nazismo y del nacionalismo local igualmente condenable. Su amigo Aramburu había comenzado a percibir que las cosas eran diferentes, pero sus acompañantes en este camino no serían sus viejos camaradas del 55, sino quienes, como Santander, confluyeron desde otras vertientes en UDELPA. Junto con las declaraciones de Silvano Santander, *La Nación* transcribió comunicados de "entidades clandestinas" que se atribuían el secuestro. Al día siguiente domingo 31 de mayo, un conocido militante de la derecha nacionalista y aventurero político, Guillermo Patricio Kelly, creyó necesario aclarar que no tenía nada que ver con el hecho. Aparecieron, en distintos lugares de la ciudad, notas con diferentes firmas: en la iglesia de San Ignacio, una en la que un "Comando Militar de la Generación Tacuara" se adjudicaba el secuestro y pedía la libertad de los presos guerrilleros de Taco Ralo y de los que habían asaltado el Policlínico Bancario (tacuaras radicalizados, como todo el mundo sabía entonces). El 1º de junio los diarios dieron a conocer los comunicados 2 y 3 de Montoneros. En el número 2 se aseguraba la autenticidad de un primer comunicado del "Comando Juan José Valle" y para corroborar la autenticidad del texto donde, a su vez, se autentificaba ese comunicado anterior, se ofrecían datos concretos que demostraban que el secuestrado estaba en poder de los firmantes: la lista de sus efectos personales, con sus descripciones detalladas. El comunicado 3 anunciaba la constitución de un "tribunal revolucionario" frente al que Pedro Eugenio Aramburu se reconoció culpable de los cargos presentados; en consecuencia, el tribunal lo condenó a muerte "en lugar y fecha a determinar", resolviendo también "dar cristiana sepultura a sus restos" (*La Nación*, 1º de junio 1970). El 2 de junio, los diarios recibieron diferentes copias del mismo comunicado. La de *La Nación* se encontró en un bar de Corrientes y Yatay: "La conducción de Montoneros comunica que hoy a las 7.00 horas fue ejecutado Pedro Eugenio Aramburu. Que Dios Nuestro Señor se apiade de su alma" (*La Nación*, 3 de junio de 1970). El 12 de junio los diarios informan que se encontraron pertenencias de Aramburu en uno de los buzones del Banco de Galicia, después de que un llamado anónimo alertó al periodismo. El día anterior, un llamado a *La Nación* anunció que se encontraría un comunicado en el baño de un bar de Caseros y Treinta y Tres. Llevaba fecha del 7 de junio; "ante el desconcierto y las maniobras creadas por los servicios represivos del gobierno", los Montoneros se veían en la obligación de aclarar las cosas: la organización está formada por hombres y mujeres profundamente argentinos y peronistas que siguen la doctrina justicialista de "inspiración nacional y cristiana", opuesta a lo único foráneo que hay en la Argentina, esto es: el capital extranjero y la "mentalidad vendepatria de los gobernantes de turno". Después de esta definición ideológica, el comunicado volvía a dar novedades sobre la ejecución y repetía la lista de efectos personales del muerto; la frase fundamental es, sin embargo, la que anuncia: "El cuerpo de Pedro Eugenio Aramburu sólo será devuelto luego de que sean restituidos al Pueblo los restos de nuestra querida compañera Eva Perón". Se aclaraba también que ningún detenido por las fuerzas de seguridad era miembro de la organización (*La Nación*, 12 de junio). El 2 de julio, un comando montonero tomó por algunas horas la localidad de La Calera, provincia de Córdoba. Los volantes que dejaron al retirarse estipulaban: "Los hombres y mujeres que componemos los Montoneros, brazo armado del movimiento peronista, hemos asestado un golpe a la oligarquía gorila, ocupando militarmente la localidad de La Calera y recuperando armas y dinero que serán destinados a la lucha por construir una nación justa, libre y soberana". El mismo día 2 de julio, los diarios comunicaron la detención de Luis Lozada y media docena más de personas. El 9 de julio ya se tuvo la certeza de que se estaba en la pista del secuestro de Aramburu: "Habría dos detenidos confesos", informó *La Nación*, al tiempo que comunicaba la muerte de Emilio Maza, cuyo cadáver, al día siguiente, la esposa de Aramburu reconoció como el de uno de los militares que llegó a su casa la mañana del 29 de mayo. Todos los diarios publican las fotos de Esther Norma Arrostito, Mario Eduardo Firmenich y Fernando Abal Medina. Sobre Abal Medina se da la siguiente información suplementaria: "El 1º de mayo de 1967 Fernando Abal Medina fue detenido por la Policía Federal a raíz de un incidente que protagonizó en la catedral junto con Juan García Elorrio, presidente de la agrupación denominada Cristianismo y Revolución, quien falleció hace poco en un accidente automovilístico... Otras personas fueron aprehendidas y en la ocasión se supo que algunos de ellos pertenecían a la agrupación conocida como Tacuara" (13 de julio). El sábado 18 de julio todos los diarios titularon con el reconocimiento del cadáver, encontrado el día anterior. El 21 de julio, *Crónica* estaba en condiciones de hacer una reconstrucción bastante detallada y exacta de los

252   Beatriz Sarlo

hechos, con los roles que habían jugado algunos de los participan-
tes. Sin embargo, en paralelo a estas informaciones que, de modo
relativamente rápido, ordenaban lo sucedido a partir del 29 de mayo hasta la aparición del cadáver en Timote, los diarios registraban
otra serie de trascendidos, rumores y sobre todo las sospechas de los
amigos de Aramburu, Silvano Santander, Bernardino Labayru y el
Capitán Gandhi (Aldo Luis Molinari) especialmente, que no dejaron de indicar vínculos políticos entre los secuestradores y miembros del gobierno de Onganía, especialmente el general Imaz, ministro del Interior; en opinión de este grupo, que desarrolló una
investigación independiente, el cerebro del secuestro era externo
al cuerpo de la incipiente organización montonera. Y desde un punto de vista ideológico, el puente habrían sido elementos católicos y
nacionalistas de derecha. Para estos amigos de Aramburu, los Montoneros carecían de autonomía operativa y habían sido incitados
desde afuera. Un año después, en el primer aniversario del secuestro, la revista *Primera Plana* (número 435, 1º de junio 1971) presentó un dossier, titulado "Escándalo Aramburu", y envió a cinco periodistas a seguir las pistas del Informe que la Comisión de Homenaje
a Pedro Eugenio Aramburu había entregado a la Junta de Comandantes en Jefe. Por canal 13, el Capitán Gandhi y el general Bernardino Labayru anticiparon la acusación: "Lo que se dirá, las declaraciones que giran por el espinoso tema, la esencia de los sucedidos y
de la muerte que recibió el Teniente General Pedro Eugenio Aramburu, se retuercen sobre el escándalo. Pero la culpa no es del informe sino de quien lo mató". Naturalmente, la Junta de Comandantes rechazó el Informe que hacía recaer todas las sospechas sobre
militares como el general Imaz y abría una línea de hipótesis que,
un año después, sonaban disparatadas. Una de ellas sugería que el
secuestro habría tenido lugar a cambio de un pago para que los verdaderos secuestradores simularan un autosecuestro. Este barroquis-
mo de la investigación se completa con la figura de un estanciero
que habría sido el nexo mediante el cual el dinero debía circular
entre quienes pagaban y quienes realizaban el trabajo. El asesinato
fue un desenlace inesperado y "sorpresivo", un hecho torpe antes
que deliberado: "El general era una bomba de tiempo, algo demasiado peligroso: sin más lo ultimaron". El estanciero, que todavía tenía que entregar el pago por el secuestro, citó a Fernando Abal Me-

dina y a Carlos Ramus en un bar de Ramos Mejía; no apareció y la
que llegó fue la policía; "los Montoneros mueren baleados" (se trata del enfrentamiento en William Morris). Como en un film policial, los Montoneros sobrevivientes se juramentaron para vengar a
los muertos y recuperar la plata que se les debía. Norberto Rodolfo
Crocco fue designado para saldar la cuenta impaga. Fue al campo
del estanciero, lo mató y, acto seguido, se suicidó. Después de este
capítulo escrito en el género negro, *Primera Plana* recoge las hipótesis lanzadas y comienza a examinarlas encontrándolas poco vero-
símiles. Y pasa a otras de mayor contenido político: "Algunos integrantes de la investigación particular [la que realizaron los amigos
de Aramburu] recuerdan al general Miguel Ángel Iñíguez, un militar peronista ligado a los sectores duros. En los últimos tiempos
—dicen— había mantenido varias entrevistas con el ex presidente...
Hubo contactos con Iñíguez: se pretendía la liberación de Aramburu, y era el hombre indicado como nexo, para el caso de que los rap-
tores fueran peronistas ortodoxos. Iñíguez respondió, tras establecer contacto, que el rumbo estaba errado. Poco después, un
comunicado montonero informaba sobre la lipotimia sufrida por
Aramburu al ser puesto frente al tribunal que lo juzgaría. Una especie, nunca confirmada, daba al general Iñíguez presidiendo esa corte. En suma, todo conduce a los acompañantes de Labayru y Molinari hasta los Montoneros, ese sector juvenil del nacionalismo
revolucionario peronista". La novela de los amigos de Aramburu
contada por *Primera Plana* pasa por alto que ese comunicado donde se informa sobre la lipotimia es un invento que ningún diario registra en su momento; y también pasa por alto las dos líneas diver-
gentes de hipótesis. Como sea, el general Imaz figura en esas dos
líneas. El hecho de que la revista retome el caso de este modo, un
año después, cuando ya los Montoneros habían dado a conocer *ur-
bi et orbi* su identidad política, indica no sólo una oscuridad de fondo (que es verosímil) sino también la novedad del hecho que, precisamente por su carácter desconocido en la política argentina,
habilitaba a proliferar en interpretaciones poco económicas. En primer lugar, la hipótesis no descartada hasta ese momento de un autosecuestro que habría terminado con la muerte de quien lo imaginó, o de la imitación de un autosecuestro cuando, en verdad, se
trataba de un secuestro realizado para desprestigiar a Aramburu ha-

ciendo correr la noticia de que, para avanzar en sus posiciones políticas, era capaz de autosecuestrarse. La fórmula misma es un des-
trabalenguas. Como sea, no es posible descartar que verosímilmente alguno de los Montoneros pudo haber sido tocado por algún
servicio de informaciones o conocido al mismo ministro Imaz. No
eran muchachos que venían del pueblo, sino graduados del Colegio Nacional Buenos Aires, militantes católicos, frecuentaban círcu-
los nacionalistas como el de Marcelo Sánchez Sorondo. Por supuesto que quienes entendieron todavía menos lo que había pasado
fueron militares como el general Eduardo Señorans que inscribió
sin refinamiento ni dudas a la operación Aramburu en el esquema
de enfrentamiento de la guerra fría: "Todo indica que quienes tienen poderosas razones para enfrentar al gobierno con los grupos
representativos de la Revolución Libertadora y minar la cohesión
del ejército atacando a un general de la nación, ex presidente de la
república, no pueden ser otros que los comunistas enrolados en los
movimientos subversivos, que vienen actuando desde hace más de
un año". La frase de Señorans, que cita *Primera Plana* (número 435)
es contrapuesta por la revista a la de otro militar más perceptivo de
las transformaciones ideológicas: "José Rafael Cáceres Monié no
aceptaba fácilmente el esquema... Ciertos términos del comunicado montonero provocaban serias dudas sobre la ideología de sus autores: preocuparse por la cristiana sepultura no parecía prejuicio de
discípulos del autor del manifiesto de 1847 [sic]".

Disfraces. El relato que hacen los Montoneros del secuestro deja
abierto un interrogante, secundario si se quiere pero que es parte
de la intriga: en el secuestro hubo una utilización extensiva de disfraces, una especie de exageración carnavalesca con que disimulan
su identidad todos los que participan del hecho y que les exigió
prácticas "actorales" previas. Es obvio que, para entrar en la casa
de Aramburu, el disfraz militar es perfectamente adecuado. Fernando Abal Medina y Emilio Maza llegaron vestidos de oficiales,
con uniformes comprados en sastrerías de rezago, a las que acudie-
ron con el pelo corto para hacerse pasar por conscriptos enviados
por algún superior; y una chaqueta cedida por un militar retirado
que simpatizaba con ellos aunque ignoraba el papel que iba a ju-

gar su donación. Norma Arrostito fue la costurera de estos disfraces demasiado grandes para Abal Medina, aunque no para Maza. Uno y otro, bajo la instrucción de Maza, que "era bastante milico" porque había pasado por el Liceo Militar, practicaron los saludos propios de dos oficiales frente a un general. Un gran capote disimulaba la metralleta que estaban dispuestos a usar si Aramburu se resistía a acompañarlos. Pero además de estos disfraces hay otras transformaciones que no responden a la misma necesidad operativa. Quienes apoyaban la operación también estaban disfrazados: Firmenich, de policía; Maguid, de cura; Norma Arrostito llevaba peluca y mucho maquillaje. Si los disfraces militares de Abal Medina y Maza eran indispensables para entrar al departamento de Aramburu, el disfraz de cura (es sencillo suponer de dónde provenía la sotana: había diversos candidatos a prestarla) parece una sobreactuación, incluso un toque aventurero porque ¿qué tenía que hacer un cura en cualquiera de los tres autos que participaban de la operación? Y también, ¿por qué un cabo de policía mezclado con esas personas de civil, aunque todos los hombres llevaran el "pelo bien cortito"? ¿Por qué correr el riesgo de que la imitación fuera descubierta como, de hecho, estuvo a punto de suceder cuando Firmenich debió saludar un móvil policial u ordenar a un automovilista que circulara fuera del área de la operación? ¿Por qué Norma Arrostito, que era alguien completamente desconocido, llevaba una peluca y un gran maquillaje? Estas preguntas no tienen respuestas simplemente funcionales a la operación. Los disfraces son un plus, el gasto innecesario, un dispendio secreto que subraya la cualidad de la aventura.

Comunicado número 3 de Montoneros. El comunicado número 3 de Montoneros es la síntesis "judicial" de la narración. Se lo transcribe completo, tomado del diario *Crónica*, 1º de junio de 1970:
"Al pueblo de la nación.
En el día de la fecha, domingo 31-5-70, la conducción de nuestra organización, constituida en Tribunal Revolucionario, luego de interrogar detenidamente a Pedro Eugenio Aramburu declara:

I) Por cuanto Pedro Eugenio Aramburu se ha reconocido responsable:

1º) De los decretos 10.362 y 10.363 de fecha 9 de junio de 1956 por los que se 'legaliza' la matanza de 27 argentinos sin juicio previo ni causa justificada.

2º) Del decreto 10.364 por el que son condenados a muerte 8 militares, por expresa resolución del Poder Ejecutivo Nacional, burlando la autoridad del Consejo de Guerra reunido en Campo de Mayo y presidido por el general Lorio, que había fallado la inocencia de los acusados.

3º) De haber encabezado la represión del movimiento político mayoritario representativo del movimiento argentino, proscribiendo sus organizaciones, interviniendo sus sindicatos, encarcelando a sus dirigentes y fomentando la represión en los lugares de trabajo.

4º) De la profanación del lugar donde reposaban los restos de la compañera Evita y la posterior desaparición de los mismos, para quitarle al pueblo hasta el último resto material de quien fuera su abanderada.

II. Por cuanto el Tribunal lo ha encontrado culpable de los siguientes cargos, que no han sido reconocidos por el acusado:

1º) La pública difamación del nombre de los genuinos dirigentes populares en general y especialmente de nuestro líder Juan Domingo Perón, y nuestros compañeros Eva Perón y Juan José Valle.

2º) Haber anulado las legítimas conquistas sociales instauradas por la Revolución Justicialista.

3º) Haber iniciado la entrega del patrimonio nacional a los intereses foráneos.

4º) Ser actualmente una carta del régimen que pretende reponerlo en el poder para tratar de burlar una vez más al pueblo con una falsa democracia y legalizar la entrega de nuestra Patria.

5º) Haber sido vehículo de la revancha de la oligarquía contra lo que significaba el cambio del orden social hacia un sentido de estricta justicia cristiana.

El Tribunal Revolucionario resuelve:

1º) Condenar a Pedro Eugenio Aramburu a ser pasado por las armas en lugar y fecha a determinar.

2º) Hacer conocer oportunamente la documentación que fundamenta la resolución de este tribunal.

3º) Dar cristiana sepultura a los restos del acusado, que sólo serán

restituidos a sus familiares cuando al Pueblo Argentino le sean de-
vueltos los restos de su querida compañera Evita.
¡Perón o muerte! ¡Viva la Patria! Montoneros".

El proyecto político de Aramburu. *Primera Plana*, en el dossier que dedica al caso Aramburu en su número 435 ya citado, hace un recuadro
con una información extremadamente verosímil y que, por las características del personaje, el abogado Ricardo Rojo, resulta creíble. Rojo, viejo amigo del Che Guevara, era uno de esos cuadros políticos sin
partido, simpatizante sólido de la Revolución Cubana y amigo de los
ensayistas nacionalistas, peronistas o marxistas que, como Arturo Jau-
retche o Rodolfo Puiggrós, mantenían relaciones estrechas tanto con
sectores nacionalistas como con fracciones más radicalizadas. El 18 de
diciembre de 1969, Ricardo Rojo le envió una carta a Perón, a pedido
de Aramburu, con quien se había entrevistado en París. De ese encuentro en París, *Primera Plana* tiene noticias directas comunicadas a
un periodista de la revista por Rojo: "Me acuerdo que nos encontramos el 12 de diciembre. Lo primero que me dijo fue: 'En marzo toma-
mos el poder... Onganía va a ser derrocado y el Comando en Jefe tomará diez días para elegir el candidato; ese hombre seré yo' ... Me
aseguró que 'habría una apertura leal al peronismo'". Después de esa
entrevista Rojo le escribió a Perón; la revista publica un facsímil de la
respuesta de Perón que parece auténtica. En su carta, Rojo relata dos
entrevistas que tuvieron lugar en París. La primera con Frondizi, quien
creía "en la debilidad de Onganía y la imposición de su reemplazo",
que enfrentaría a los políticos y militares con la necesidad de "coincidir en un plan mínimo". La segunda entrevista, central en la carta, es
con Aramburu. El informe a Perón es el siguiente: "Sobre la administración de Onganía la considera 'mediocre', sin rumbo; parálisis en la
economía; descontento social creciente; entrega y satelización. Sostuvo que 'nuestros males demandan una solución política previa, con la
participación real de las grandes corrientes de opinión, en especial del
peronismo y el radicalismo... Cuando le pregunté acerca de la actitud
de las Fuerzas Armadas dijo que hay quien comprende la necesidad
de sustituir a Onganía'. Dejó entrever que él sería la figura llamada...
y agregó que luego de arar profundo, la ciudadanía sería consultada
en elecciones sin exclusiones ni vetos... Dado sus antecedentes, le pre-

gunté por usted a lo que contesto: 'El general Perón podría regresar al país y participar decisivamente en el gran esfuerzo común'". Perón, que seguramente prestó atención a estos informes, le respondió a Rojo, el 31 de diciembre de 1969, tomando distancia: "Tanto a Frondizi como a Aramburu les preguntaría ¿por qué no hicieron todo eso cuando estuvieron en el gobierno?". Las más fuertes imprecaciones se las destina a Frondizi, naturalmente. Luego agrega: "Si presienten que uno de los peores males ha sido la entrega del país ¿cómo ha sido posible que ellos hayan sido precisamente los que comenzaron la entrega?... Cada vez que los oigo hablar de estas cosas, no puedo menos que indignarme". Como sea, *Primera Plana*, que sigue como fuente directa a Rojo, informa que este visitó la casa de Aramburu justamente el día del secuestro a las 11 de la mañana. Tenían una cita que, obviamente, no tuvo lugar. La coincidencia es llamativa, aunque nada más puede avanzarse sobre ella: ¿Rojo siguió escuchando a Aramburu, y trasmitiendo lo que escuchaba a Perón incluso después de la carta en que Perón se mostraba indignado? ¿Hubo otros intercambios entre Rojo y Perón que desconocemos? Las preguntas se inscriben dentro del campo de posibilidades que la estrategia multiforme de Perón siempre dejaba abiertas. Por lo demás la extrema vocación dialoguista de su delegado personal, Jorge Daniel Paladino, no se contrapone sino que potencia los interrogantes.

Demócratas cristianos. Ya en 1965, estos jóvenes demócratas cristianos advertían: "...No nos sentimos comprometidos a usar interminablemente la vía legal y pacífica en elecciones amañadas, del partidismo odioso y del parlamentarismo estéril. Nosotros mismos vamos a decidir... cuándo vamos a dejar las parcelas de un poder mutilado y sometido, para reclamar y arrebatar, por medios más contundentes, el poder total que ha de entregarse al pueblo para rescatar y realizar definitivamente la comunidad nacional" (Juventud Demócrata Cristiana, Carta al Ministro del Interior, 5 de marzo de 1965). Contra las instituciones y los partidos liberal-burgueses, hacerse del poder y entregarlo al pueblo: esta lengua de la radicalización ya no era monopolio de la izquierda marxista, sino por el contrario podía escuchársela en las parroquias donde se predicaba la opción por los pobres, que indicaban las encíclicas de Juan XXIII, y en las traducciones de la promesa evangélica en promesa

política cuya realización debía ser de este mundo. Carlos Altamirano
ha señalado que la radicalización de los católicos es un capítulo que no
recibió todavía la atención necesaria pese a haber sido decisivo en la
configuración de la cultura de los primeros Montoneros, pero no sólo
de ellos. Recuerda la participación muy temprana de los católicos inte-
gralistas en las filas del movimiento estudiantil, especialmente en el interior, la fundación en 1966 de *Cristianismo y revolución*, y dos años después del Movimiento de Sacerdotes para el Tercer Mundo. Pero todo
no termina de cristalizar en la configuración que se llamará Montoneros, hasta que jóvenes de origen y militancia católica descubrieron que
el compromiso con los pobres "se hizo sinónimo (escribe Altamirano)
de compromiso radical con el peronismo. 'Yo fui antiperonista hasta
los 26 años y mi proceso de acercamiento al peronismo coincidió con
mi cristianización', dirá el padre Carlos Mugica, hablando ante un au-
ditorio de militantes católicos 'villeros'. Del Evangelio y del ejemplo de
Cristo había aprendido que debía mirar 'la historia humana desde los
pobres'. Y en la Argentina, 'la mayoría de los pobres son peronistas, para decirlo simplemente'. En este lenguaje, en que los términos de la fe
religiosa se continúan en los términos de la política, resuena aún la actitud 'integrista' –es decir, la afirmación de la integridad de la doctrina
cristiana en todas las esferas de la vida, en oposición a la discontinui-
dad de los lenguajes y la diferencia de los dominios que acompañan a
la secularización de la sociedad moderna. Pero este 'integrismo' no ani-
ma ahora, como el de no mucho tiempo antes, la búsqueda de un orden socialcristiano, igualmente contrario al liberalismo y el comunis-
mo. Ahora sigue siendo antiliberal, pero ya no será antimarxista;
encuentra inspiración y ejemplos no sólo dentro de la Iglesia, su tradición y sus hombres, sino también fuera de ella (los nombres de Helder
Camara, Camilo Torres o Teilhard de Chardin se entremezclan con los
del 'Che' Guevara, Perón, Mao, etc.), y el proyecto político cobra una
dimensión escatológica. Ya no se tratará de 'hacer cristianos', sino de
hacer la Revolución". (*Peronismo y cultura de izquierda*, Buenos Aires, Temas, 2001, pp. 128-9.)

Jacobinos. Remo Bodei (*Geometría de las pasiones: miedo, esperanza, felicidad: filosofía y uso político*, op. cit.) define a los jacobinos como políticos de los extremos. Siguiendo a Maquiavelo, argumenta Bodei, la

modernidad elige, cuando el estado es de excepción, "las virtudes de los extremos. Se aleja del centro y de la *mesotes*, imprimiendo así un fuerte impulso de movimiento y de cambio a los pensamientos y a los comportamientos políticos y éticos y eligiendo el criterio de 'la desmesura por la desmesura'". (p. 316). Sólo en "tiempos normales" pueden gobernar los prudentes y maduros. En "épocas atormentadas, tiene más éxito el 'impetuoso', el joven, que está provisto de mayor valor y apertura a lo nuevo y de menor respeto por el pasado y lo existente" (p. 315). Las "épocas atormentadas" trasmiten a sus protagonistas la sensación de "que las cosas se mueven rápidamente, convergiendo y conspirando hacia un fin [y] cambia de manera radical la orientación de las pasiones y de los sentimientos" (p. 350). Las mutaciones del imaginario tienen lugar en estas épocas que, como la Revolución Francesa, imprimen "nuevas arquitecturas de ideas, de pasiones y de instituciones"; en ellas, "las lógicas políticas milenarias pierden todo punto fijo de referencia en el interior de estas paradojas y oxímoros" (p. 361). Uno de estos oxímoros es el "despotismo de la libertad" que define a los jacobinos. Bodei afirma que los protagonistas adecuados a estas épocas tienen el sentimiento de "haber llegado a un punto decisivo de cambio en el multimilenario curso de los acontecimientos: *Es ist Zeit*, ha llegado, está maduro el tiempo de cambiar radicalmente el rostro de la historia, a costa de sacrificar, con opuesto destino, a los malvados y a los virtuosos sobre el altar del bien público" (p. 458). La ética de los jacobinos (o de quienes, como Thomas Munzer, encabezaron las "rebeliones de época") es sacrificial y exige la dilación del presente en nombre de un futuro mejor. Los revolucionarios están preparados para morir antes del advenimiento de ese futuro; del mismo modo, están preparados para ejercer el terror en su nombre. El jacobinismo es un arquetipo de esos movimientos políticos de la modernidad, "movimientos de emancipación radical [donde] el miedo se cambia en terror, iluminado por una razón armada y regido por una voluntad colectiva que se concentra en las manos de pocos hombres" (p. 30). Si Maquiavelo recomendaba al Príncipe que disimulara la violencia que se veía obligado a ejercer, el revolucionario no necesita de este disimulo que iría en un sentido contrario a sus objetivos: la violencia "es exhibida y puesta en público. Se presenta, aunque con intenciones quizás oblicuas o indirectas, como aquello que quiere ser" (p. 404). Bodei cita las palabras del *citoyen* Gabeau, pronunciadas el

27 brumario del año II de la Revolución Francesa: *"Sainte Guillotine est dans la plus brillante activité, et la bienfaisante terreur produit ici, d'une manière miraculeuse, ce que ne devait espérer d'un siècle au moins, par la raison et la philosophie"* (p. 401). La exhibición de la violencia no produce sólo esos evocados efectos benéficos del terror sino que arma una escena propicia a la ética sacrificial: "Los jacobinos son inducidos no sólo a utilizar el miedo de la muerte como medicina social, sino también a transformarse a sí mismos en víctimas sacrificiales ofrecidas a la patria y a la humanidad. Como ya había observado Jaurès, Robespierre está poseído por una 'familiaridad excesiva' con la idea de la muerte ... Hay en él, a la manera de los estoicos, una constante anticipación, mediante el pensamiento del momento de su desaparición" (p. 415). La dimensión religiosa, como *forma mentis*, marca este imaginario político. En la cita, que se refiere a los jacobinos, hay elementos que los Montoneros activaron en la construcción de su propio mito político, tomados de la teología de la liberación y de otras versiones del catolicismo milenarista, fundamentalista e integrista: "La revolución es una teodicea del *Deus sive natura*, en cuanto pone fin al escándalo y a la humillación de la historia y redime, al mismo tiempo, la naturaleza humana de la esclavitud. El mal no proviene míticamente del pecado original y de la soberbia de Adán, sino del poder y la tiranía de los pocos y de la complementaria tolerancia de aquellos muchos que —en términos espinosianos— no han sido todavía provistos (ni individualmente ni *collegialiter*) del *conatus* suficiente para resistirse a la opresión" (p. 455). Para el jacobinismo, el revolucionario debe actuar de modo tal que su figura "coincida con la del reformador religioso, según el modelo tradicionalmente ofrecido por Moisés. La finalidad es la de soldar la observancia exterior de las leyes a su credibilidad interior y de desarrollar de tal modo un sentimiento de pertenencia a un todo providencialmente ordenado", que legitimaría, en una dimensión religiosa, el orden político de la revolución y sus métodos (p. 457).

Las ideas de Montoneros. En noviembre de 1970, la revista *Cristianismo y revolución* (año IV, número 26) publicó, con el título "Hablan los Montoneros", un documento que antes habría aparecido en un "periódico del interior", dirigido a activistas y militantes, donde las ideas montoneras encuentran una temprana y completa exposición. Un sello ilustra la nota: dentro de un óvalo la V y la P de "Perón vuelve", y rodeando el perímetro del óvalo la palabra Montoneros entre dos estrellas federales. En su primera parte, el documento expone la siguiente síntesis del pasado argentino, en una versión tomada del revisionismo, con algunos detalles distintivos cuando el relato aborda el siglo XX, por ejemplo la incorporación de la emigración al cuerpo del Pueblo (constituido desde entonces por criollos e hijos de inmigrantes), al cual aportó el sindicalismo y sus formas de lucha. Este agregado, que no está en la tradición revisionista clásica, es el giro marxista de esa tradición, y se acomoda bien en un esquema de dos líneas enfrentadas como el que sostiene el documento, líneas que se prolongan hasta el presente y cuyos representantes están perfectamente señalados. En su primera parte, y con el subtítulo de "La historia", se sostiene lo siguiente:

> Por lo mismo que desde nuestro primer comunicado nos hemos identificado como peronistas y montoneros, no creemos que las luchas populares comiencen con nosotros, sino que nos sentimos parte de una última síntesis de un proceso histórico que arranca 160 años atrás, y que con sus avances y retrocesos da un salto definitivo hacia delante a partir del 17 de octubre de 1945. A lo largo de este proceso histórico se desarrollaron en el país dos grandes corrientes políticas: por un lado la de la oligarquía liberal, claramente antinacional y vendepatria, por el otro la del Pueblo; identificada con la defensa de sus intereses que son los intereses de la Nación, contra los embates imperialistas de cada circunstancia histórica.
>
> Esta corriente nacional y popular se expresó tanto en 1810 como en 1945, como en todas las luchas del Ejército sanmartiniano y las montoneras gauchas del siglo pasado, en las luchas heroicas de aquellos inmigrantes que dieron su vida en los orígenes de nuestro sindicalismo y en el nacionalismo irigoyenista. Así es que a través de ella, el pueblo argentino ha ido escribiendo en etapas su verdadera historia.
>
> Pero en 1945 los hijos del país y los hijos de los inmigrantes se unieron definitivamente para compartir el poder por primera vez a través de quien sigue siendo su líder, el entonces coronel Perón, siendo representados ante él por su abanderada Evita.
>
> Este es el principal significado del Peronismo: ser la única expresión de la unidad nacional en 160 años desde La Quiaca hasta

Tierra del Fuego y desde Mendoza hasta Misiones. Esa unidad popular es la que permitió conseguir las mayores conquistas de toda nuestra historia. Hoy esa unidad que se sigue expresando en el Gral. Perón, es el principal freno al imperialismo y a los opresores nativos. Y la proscripción del Gral. Perón sigue marcando el grado de proscripción de las mayorías argentinas.

Este proceso liberador se interrumpió en 1955 porque ese poder era compartido con los enemigos del pueblo y con los traidores. Pero esa contrarrevolución depuró nuestras filas quedando el Movimiento constituido casi exclusivamente por las fuerzas populares.

Así en 1956 se comenzó a forjar la Resistencia Peronista, de la CGT Auténtica, los sindicatos clandestinos y la embrionaria Juventud Peronista, el pueblo respondió con sus rudimentarias bombas caseras a la metralla gorila. Ese mismo año fue asesinado junto con sus compañeros militares y civiles el Gral. J. J. Valle, el último general muerto por la causa popular. Tres años más tarde, en la época del Plan Conintes, una juventud ya fogueada y cuadros sindicales combativos realizan operaciones más perfeccionadas: asaltos a canteras, fábricas de armas, atentados, expropiaciones económicas, hechos individuales acompañados de movilizaciones colectivas como la huelga del frigorífico Lisandro de la Torre en enero de 1959.

Muchos de los que hoy componen la plana mayor de la traición ya pactaban en ese entonces, pero también habían incorporado su nombre a la historia popular, los Uturuncos al llevar la resistencia armada a las zonas rurales, J. W. Cooke al frente de la dirección del Movimiento y el COR en la lucha urbana.

El proceso no pasa solamente por las acciones de comando sino también por la creciente efervescencia popular, ya que aun habiendo estado prisioneros muchos combatientes y dirigentes sindicales, la conciencia de los trabajadores fue avanzando hasta producir el Plenario de Huerta Grande y romper el fraude del 18 de marzo de 1962.

Asimismo luego de la proscripción y el consiguiente fraude de las elecciones presidenciales de 1963, se intentó montar una guerrilla, la del Ejército Guerrillero del Pueblo, comandado por J. R. Masetti, en las montañas de Salta. El intento no prosperó al ser derrotado el grupo inicial por las fuerzas de la represión. Por otro lado las 62 Organizaciones, a pesar de algunos de sus dirigentes, arremetían contra el régimen lanzando planes de lucha, que constituyeron una experiencia muy rica para las bases en cuanto a la expropiación de la propiedad patronal. Ya en aquel entonces dirigentes políticos como Framini sostenían que no había salida dentro del sistema capitalista.

Por eso no se puede hablar de división de las filas populares en izquierdas y derechas porque los sectores combatientes del peronismo seguían buscando la senda de la revolución, diferenciándose cada vez más de la burocracia negociadora y chantajista. Decimos que no [sic], porque estaban reflejando la capacidad del pueblo para organizarse en formas independientes de sus enemigos de clase.

Y si bien la influencia de la Revolución Cubana se hizo sentir sobre el pensar popular, fue la propia experiencia del accionar de las masas a través de sus luchas cotidianas y de la acción directa de sus combatientes en el enfrentamiento al régimen gorila, la que con aciertos y errores, fue clarificando y radicalizando la conciencia de sus activistas más lúcidos.

Así el peronismo combatiente, con el aval del Gral. Perón, en el histórico Plenario del 5 de Agosto de 1964, tomó nombre y apellido en el *Movimiento Revolucionario Peronista* dando nacimiento al primer intento de verdadera organización nacional revolucionaria, levantando las banderas de la Independencia Económica, la Justicia Social y la Soberanía Política a través de la vía armada, como señaló en su programa, en los documentos surgidos de ese Plenario y en la prensa política posterior.

Este programa, el Decálogo, aún tiene plena vigencia al igual que la intención de desarrollar una organización que abarque todo el país. Y todos los que como nosotros hemos asumido la continuación de esa línea, no hemos hecho más que asumir consecuentemente lo apoyado por Juan Perón y el pueblo.

Al calor de la lucha fueron surgiendo más organizaciones como el Movimiento Juvenil Peronista, la Juventud Revolucionaria Peronista, la Acción Revolucionaria Peronista, el Frente Revolucionario Peronista, las Juventudes Peronistas de las distintas zonas y muchas otras. Pero la coherencia revolucionaria lograda durante este proceso no es patrimonio exclusivo de ninguna organización sino de todo el peronismo combatiente. Y es la que permitió incorporar al peronismo a sectores cristianos que no se integraban originariamente, al estudiantado con vocación nacional revolucionaria y a muchos nacionalistas e izquierdistas que comprendieron que el peronismo sólo puede terminar en revolución con el pueblo en el poder.

Luego del fracaso de la operación retorno en 1965, producido por el sabotaje de los burócratas, y del golpe gorila de Onganía en 1966 apoyado por los mismos, se acelera el proceso de radicalización del Movimiento al entregarse la burocracia sindical (entrega del Plan de Lucha de 1967, intervención de los sindicatos combativos, surgimiento de la Nueva Corriente de Opinión liderada por Alonso y Coria, expulsiones en las 62) y desarrollarse apoyado desde el Régimen, el Neoperonismo o peronismo sin Perón.

Paralelamente surgen nuevos impulsos de lucha que dan lugar al nacimiento de la CGT de los Argentinos el 28 de marzo de 1968 dirigida por Ongaro, a la formación del nucleamiento llamado Peronismo Revolucionario en agosto de 1968 encabezado por el Mayor Alberte, al desarrollo de diversas agrupaciones estudiantiles nacionales y peronistas en todas las Universidades del país (el FEN y UNE en capital e interior, FURN en La Plata, Integralismo en el interior, FANDEP, CENAP y JAEN en capital) y la aparición de la corriente popular de la Iglesia denominada del Tercer Mundo.

Pero fundamentalmente surge la que será el esbozo inicial del futuro Movimiento Armado Peronista. En setiembre de 1968 cae el Destacamento 17 de Octubre de las FAP (Fuerzas Armadas Peronistas), en Taco Ralo, a pesar de lo cual éstas seguirán combatiendo en las ciudades y aún están desarrollándose en la lucha. Todo ese proceso convergente hace eclosión en las gloriosas jornadas de mayo y septiembre de 1969, donde el pueblo se volcó a las calles del país para expresar su repudio al Régimen y al Sistema que aquél representa.

Este año, 1970, marcó la creciente actividad de las distintas organizaciones armadas peronistas e izquierdistas que hostigaron constantemente al Régimen desgastándolo y demostrando su vulnerabilidad. Simultáneamente las luchas de las bases se desarrollaron con intensidad en las huelgas y tomas de fábrica de El Chocón y Córdoba.

Hasta aquí la historia, un verdadero esfuerzo político para integrar diferentes vertientes ideológicas, mantener la escisión conceptual entre Pueblo y Régimen, y ordenar los hechos en función de un desenlace armado.

El terrorismo como personaje del año. Sin duda, 1970 fue el año clave. La revista *Panorama*, en su número del 29 de diciembre, dedicó la tapa al terrorismo, nominándolo "el personaje del año": "Suman alrededor de cien los golpes de violencia política que se asestaron en la Argentina durante 1970... A partir de la muerte de Pedro Eugenio Aramburu, de los asaltos a La Calera y Garín, de los atentados contra José Alonso y Osvaldo Sandoval, de las incursiones incesantes a bancos y comisarías, los argentinos dejaron de ser lo que eran, olvidaron su indiferencia y quedaron sumidos en un proceso de cambio radical". El año había comenzado el 6 de enero con un reparto de juguetes, realizado por las FAP en Villa Piolín: "Al iniciarse el año, Las Fuerzas Armadas Peronistas parecían ser el único grupo subversivo organizado a nivel nacional. Al menos ellos se habían declarado responsables de una ocupación simultánea de destacamentos policiales en Tortuguitas, de la voladura de las instalaciones televisivas desde donde se retransmitía un discurso de Richard Nixon y de la explosión de 18 bombas en empresas de la Capital Federal en 'celebración' del combate de Vuelta de Obligado... Las FAP pretendían recoger la herencia terrorista que los epígonos de Juan Domingo Perón protagonizaron durante los gobiernos de Aramburu y Frondizi. Recogían sin duda también la influencia de la Revolución Cubana. Así, en las consignas de las FAP se mezclan habitualmente el reclamo por la vuelta del líder y la convicción de que ello sólo se logrará con la instauración del socialismo". Sobre las FAL se informa que el 24 de marzo se descubrió su central de operaciones; pero ese mismo día, la organización contraatacó secuestrando al cónsul paraguayo en Goya, para ofrecerlo en canje de los compañeros que habían caído presos. Pero "la mayor noticia del año" es el secuestro de Aramburu por los Montoneros, "una organización flamante, peronista como las FAP, aunque de sesgo menos izquierdizante". *Panorama* cita sus palabras: "Creemos que la operación Aramburu es el primer hecho militar realizado por una organización revolucionaria que implica por sí solo definirse políticamente".

Y la revista comenta: "El país parece sumido en el estupor"; dos meses después, vienen la toma de La Calera; en agosto, el asesinato de Alonso; en septiembre 96 bombas y la caída de Fernando Abal Medina y Carlos Ramus en William Morris. El 18 de septiembre un comando Emilio Jáuregui liquida al dirigente sindical Rogelio Coria. El 25 de ese mismo mes, las FAL asaltan y roban un tren. En octubre estalla una bomba en Swift y se reparte leche en Córdoba. En noviembre los Montoneros asaltan el Jockey Club de Córdoba y las FAL matan al jefe de la División Asuntos Políticos de Coordinación Federal. Durante ese año, las organizaciones secuestraron mucho armamento. La lista que da *Panorama* como resultado de una sola operación de las FAP en la Prefectura Naval, es verdaderamente impresionante. El terrorismo merece el título de "personaje del año" que *Panorama* le adjudica y la investigación que le dedica, hecha con eficacia periodística y de la que provienen datos organizativos que han repetido todos los estudios sobre Montoneros desde entonces.

La virtud de la venganza. En su libro provocador y desafiante, Peter A. French teoriza la legitimidad de la venganza (*The Virtues of Vengeance*, Lawrence, University Press of Kansas, 2001; todas las citas son traducción de BS): "En el caso de que no exista ningún sistema comunitario que administre las penalidades adecuadas, o en el caso de que ese sistema se haya corrompido, el vengador virtuoso es la última y mejor esperanza de la moral" (p. 225). Si este es el caso de sociedades premodernas, donde no funciona universal y plenamente una administración de justicia, también puede serlo allí donde esa administración exista, pero no cumpla ciertas condiciones; incluso puede serlo, aun cuando esas condiciones se cumplan, pero la acción del vengador pueda ser juzgada más rápida, ejemplarizadora y apropiada. French sostiene que "una venganza virtuosa" constituye un derecho aunque no una obligación moral de los particulares. Esta distinción entre derecho y obligación se apoya en la idea de que los potenciales vengadores "tienen opciones" (p. 223). Además de plantearse esas opciones, la venganza virtuosa requiere el cumplimiento de condiciones de adecuación a la ofensa y de autoridad moral del vengador. French argumenta así el carácter "apropiado" del vengador y la venganza: "En defensa de las *virtudes de la venganza*, Santo Tomás distingue entre los vengadores cuya intención está 'centrada fundamentalmente en el mal ejercido sobre la víctima' ... y vengadores que utilizan métodos confiables para evitar una incorrecta aplicación del castigo, y cuya intención primera es 'el bien a alcanzar'. Santo Tomás exige que se 'proteja el derecho', lo cual podría interpretarse como que se sostengan principios morales. El vengador moralmente legítimo no actúa como un surrogante de la víctima, sino en nombre de la moral, no para causar daño a alguien sino como forma de repeler un mal" (p. 171). Las pasiones unidas tradicionalmente a la venganza, ira y odio, podrían incluso tener un poder de salvación moral porque "el que odia y ansía una revancha, no sólo desearía lastimar

o matar a su objetivo, sino que también desea restaurar un equilibrio
moral de la comunidad que ha sido roto por un acto" (p. 110). En
síntesis, las condiciones de una venganza virtuosa serían las siguientes: la autoridad moral e intelectual del vengador; el merecimiento
(culpabilidad) de quien es objeto de la venganza; la adecuación de la
venganza a la ofensa; la acción en nombre no de la víctima sino de la
comunidad moral; y la incapacidad del ofensor de comprender el
mensaje que la sociedad le hubiera dado a través de un castigo institucional. Esta última condición, por un lado, reduce el campo de los
posibles destinatarios sujetos a venganza, pero al mismo tiempo requiere de un juicio sobre las condiciones intelectuales, morales y psi-
cológicas de quien ha cometido la ofensa, que podría ser un motivo
legítimo de venganza si esta fuera el único modo que le pusiera en
evidencia, al culpable, la ofensa cometida. Se trataría de alguien para quien el castigo administrado por la justicia resultaría incomprensible (según sus capacidades o según sus valores y creencias). Es decir, alguien que no estaría en condiciones de entender las razones del
juicio al que podría sometérselo. Por eso, una precondición del acto
de venganza es la comunicación de que precisamente se trata de una
venganza por un hecho determinado y conocido por ambas partes.
French cita a Nozick: "Una pena se impone por una razón (un mal o
una ofensa) y con el deseo de que el otro sepa por qué está ocurrien-
do lo que ocurre y que también sepa que se ha buscado deliberada-
mente que él sepa" (op. cit. p. 70). La venganza, repite French en su
estudio, es un acto de comunicación.

La excepción. Fue Jorge Dotti quien, hace ya bastantes años, me llamó la atención sobre el pensamiento de Schmitt y no quiero dejar de
mencionar su filosófica insistencia, aunque él seguramente preferiría
que no se le atribuyera responsabilidad sobre las consideraciones que
siguen. Sobre la excepción: retomo aquí las ideas expuestas por Giorgio Agamben en *Homo sacer*. Con el título "La paradoja de la soberanía" que da al primer capítulo, Agamben plantea la paradoja por la
que el soberano es quien está en condiciones de proclamar el estado
de excepción, suspender la validez del orden jurídico, colocándose
él mismo fuera de ese orden y, sin embargo, conservándose, de algún
modo, dentro de él. De la fórmula de Carl Schmitt ("el soberano es-

tá al mismo tiempo dentro y fuera del orden jurídico"), Agamben propone una lectura que subraya las palabras "al mismo tiempo" dentro
y fuera de la ley. La paradoja tiene así una topología implícita: la excepción es precisamente el orden de esa topología donde la ley está
"fuera de sí misma" (p. 19). Agamben recuerda que ya Vico "había
afirmado ... la superioridad de la excepción como 'configuración última de los hechos', sobre el derecho positivo" (p. 21). Imprescindi-
ble, entonces, interrogarse sobre la "estructura" de la situación de excepción. La peculiaridad de esa estructura reside en que "la norma
se aplica a la excepción desaplicándose, alejándose de ella". Y continúa: "La situación que se crea por la excepción tiene un rasgo particular: no puede ser definida ni como situación de hecho, ni como situación de derecho, sino que instituye entre ambos un paradójico
umbral de indiferencia [...] Este es el sentido último de la paradoja
formulada por Schmitt, cuando afirma que la decisión soberana 'demuestra no tener necesidad del derecho para crear derecho'. En la
excepción soberana se trata, en realidad, no tanto de controlar o neu-
tralizar un exceso, cuanto (y sobre todo) de crear y definir el espacio
mismo donde el orden jurídico-político puede tener vigencia" (p. 23).
El sujeto político soberano sería el que se pone en el lugar de una decisión sobre la excepción; no el que decide sobre lo que es lícito o ilí-
cito sino el que, en el acto de excepción, modifica la relación misma
entre hechos y derecho. En la suspensión de la norma, esa relación
queda también suspendida y, afirma Agamben citando a Schmitt,
"rompe la costra del mecanismo rígido de la repetición" (p. 31).

En la *lex talionis* se pone de manifiesto el "carácter primordial de
la violencia como hecho jurídico" (p. 32). La venganza, en el secuestro y asesinato de Aramburu, opera como ese punto previo a todo (esa
cualidad "primordial" que proviene de un hecho excepcional) que
renueva la topología del peronismo, reasigna lugares, decide su propia forma, define lo lícito, en una palabra, *constituye*. "La violencia soberana abre una zona de indistinción entre ley y naturaleza, exterior
e interior, violencia y derecho; por eso mismo, el soberano es precisamente quien tiene la posibilidad de discriminarlos en la medida
misma en que los confunde" (p. 73). El carácter fundante de esa violencia (y vuelvo así al asesinato de Aramburu) es que, al ser externa
a la ley (e interna a cualquier ley futura), impide ser juzgada desde
aquella misma realidad que su acontecer se ha propuesto modificar

radicalmente. El operar de esta violencia soberana no puede estar sometido, en consecuencia, a ningún juicio. Su legitimidad proviene del hecho consumado de *tener lugar*.

"La excepción es lo no subsumible; escapa a la comprensión genérica", afirma Schmitt y traduce Jorge Dotti quien se pregunta a qué se alude con "no subsumible". Dice Dotti: "Ante todo, a la impotencia de la regla frente a lo radicalmente novedoso; o, mejor, a la lucha que lo excepcional entabla con la ley vigente, para no someterse a esta y fundar a partir de sí mismo una nueva legalidad. Al toparse con lo imprevisto, por imprevisible, las pautas de normativización hasta entonces vigentes entran en crisis, las categorías que ordenan jurídicamente el universo de situaciones vitales se revelan incapaces de aferrar el sentido de lo novedoso, el sistema ignora la especificidad de la fuerza de ruptura que impulsa a lo excepcional. Los universales en vigor, que sostienen el ordenamiento normativo asegurando el efecto de previsibilidad, no pueden sino tipificar o conceptualizar imperfectamente (mediante enunciaciones abstractas e identificaciones con lo ya regularizado) lo que en cambio es radicalmente nuevo, lo que es *quiebra vanguardista* y que en cuanto tal, cuestiona tales universales en su previa hegemonía" ("Teología política y excepción", *Daimon. Revista de Filosofía*, número 13, julio-diciembre 1996, p. 132; subraya BS).

"Quiebra vanguardista." En *Teología política*, Schimtt escribe: "En jurisprudencia, el estado de excepción tiene un significado análogo al del milagro en la teología" (cit., p. 43). Los Montoneros probablemente no se hubieran sentido inquietos por esta tesis.